四川师范大学马克思主义理论学术丛书

思想政治教育研究文库

——

当代中国大学生品德评价研究

易香君　著

光明日报出版社

图书在版编目（CIP）数据

当代中国大学生品德评价研究 / 易香君著. -- 北京：
光明日报出版社，2024.6. -- ISBN 978 - 7 - 5194 - 8056 - 1

Ⅰ. G641.6

中国国家版本馆 CIP 数据核字第 2024D2A514 号

当代中国大学生品德评价研究

DANGDAI ZHONGGUO DAXUESHENG PINDE PINGJIA YANJIU

著　　者：易香君

责任编辑：刘兴华　　　　　　责任校对：宋　悦　董小花

封面设计：中联华文　　　　　责任印制：曹　净

出版发行：光明日报出版社

地　　址：北京市西城区永安路 106 号，100050

电　　话：010-63169890（咨询），010-63131930（邮购）

传　　真：010-63131930

网　　址：http://book.gmw.cn

E - mail：gmrbcbs@gmw.cn

法律顾问：北京市兰台律师事务所龚柳方律师

印　　刷：三河市华东印刷有限公司

装　　订：三河市华东印刷有限公司

本书如有破损、缺页、装订错误，请与本社联系调换，电话：010-63131930

开　　本：170mm×240mm

字　　数：261 千字　　　　　　印　　张：15.5

版　　次：2024 年 6 月第 1 版　　印　　次：2024 年 6 月第 1 次印刷

书　　号：ISBN 978 - 7 - 5194 - 8056 - 1

定　　价：95.00 元

序　言

在探索人类文明的旅途中，品德的重要性不言而喻。"国无德不兴，人无德不立"简洁明了地揭示了"德"在国家发展和个人成长中的核心地位。随着社会的发展和变迁，品德在社会生活中扮演着越来越重要的角色，成为人们日渐关注的焦点。

进入新时代，实现中华民族伟大复兴的战略全局和世界百年未有之大变局，对教育的发展提出了新的要求。习近平总书记在党的二十大报告中指出："教育是国之大计、党之大计。培养什么人、怎样培养人、为谁培养人是教育的根本问题。育人的根本在于立德。全面贯彻党的教育方针，落实立德树人根本任务，培养德智体美劳全面发展的社会主义建设者和接班人。"① 大学生是我国高素质人才队伍最重要的来源，关系到国家、民族的前途和命运。因此，高等教育必须以"立德树人"为根本任务，才能把大学生培养成能够自觉担当民族复兴大任的时代新人。

品德作为个人品质的重要组成部分，它不仅决定了个体的行为方式，还决定了个体如何与他人交往、如何处理问题等方方面面。可以说，品德是大学生成长中的灵魂，是大学生成长成才中最强有力、最持久的内在动力。品德一旦缺失，不论哪种类型的人才都会在发展道路上出现不同程度的偏差，极有可能成为人才成长中的"阿喀琉斯之踵"。现实生活中人才异化的反面例证也为我们敲响了警钟。因此，品德的塑造是大学生素质全面提升的重中之重。从这个意义上看，如何定义品德，如何评价品德，就

---

① 习近平 . 高举中国特色社会主义伟大旗帜 为全面建设社会主义现代化国家而团结奋斗：在中国共产党第二十次全国代表大会上的报告［EB/OL］. 中国政府网，2022-10-25.

成为高校落实立德树人根本任务的关键环节。

品德是一个内涵丰富的概念，其构成是一个复杂的系统，并在现实中呈现出无形与有形、公开和内隐、静止与动态相互交织的状态。正是由于品德本身的这种复杂性，以及大学生品德表现出的特殊性，对其进行评价显然是一个需要突破的难点问题。同时，也正是因为品德的这些特征，对其进行科学评价就显得至关重要。评价作为人类实践活动的价值判断，将引导实践活动适应社会的发展需要，朝着社会发展的正确方向发展，同时还将对人们的价值观念产生影响，发挥导向作用。大学生品德评价是高校思想政治教育不可缺少的重要环节和有机组成部分。评价的出发点和落脚点都在于促进大学生的健康成长和全面发展。大学生品德评价通过导向功能、反馈功能、调节功能，不仅可以为教育部门和管理者提供必要的决策支持和辅助，为学校提高思想政治教育质量提供动力和建议，还有助于引导社会深刻认识大学生品德培育的重要价值，更为重要的是在评价中提升大学生自我教育的积极性和主动性。只有在科学评价大学生品德的基础上，评价的"指挥棒"作用才能得到充分发挥，才能更有效地提高人才培养质量，在立德树人的过程中更有针对性和实效性。

易香君所撰写的《当代中国大学生品德评价研究》一书，以大学生品德评价为研究对象，围绕"大学生品德评价是什么""为什么要进行大学生品德评价""怎样进行大学生品德评价"的逻辑思路展开研究。鉴于品德评价的复杂性，作者立足多学科视角，对马克思主义道德观、思想政治教育评估理论、人才素质测评理论、发展心理学理论等做了较为详细的解读，并在此基础上分析大学生品德评价的必要性和可能性，回答了为什么要进行大学生品德评价的问题。在具体的研究过程中，作者采用文献研究法、文本分析法、问卷调查法等多种研究方法，在客观分析当前高校大学生品德评价实施现状和大学生品德特殊性的基础上，分析了大学生品德评价的目标和原则、评价主体、评价理念、评价机制、评价方法、评价环境等，建构起了当代中国大学生品德评价的指标体系，回答了大学生品德评价是什么、如何进行大学生品德评价的问题。这些研究成果对于落实高校立德树人的根本任务、深入开展大学生品德评价具有重要的理论意义和实践价值。

　　大学生品德评价本身是一个极其复杂的问题，也可以说是一个难题。易香君以极大的学术勇气和责任担当，从博士研究生在读期间就开始研究这一问题，是非常难能可贵的。当然，作为一名青年学者，由于各种主客观条件的限制，在研究中还难免存在疏漏和不足，这也是可以理解的。但是，正如她自己所说，如果这项研究能够引起更多人对大学生品德评价的关注和重视，进而推动高校思想政治教育工作的深入开展，那么作为当代中国大学生品德评价理论体系的"添砖加瓦"人，也就感到欣慰了。青年学者有着极强的发展潜力，我们期待着易香君在这一领域继续深耕，不断取得新的突破。

马抗美

2023 年 11 月 12 日于北京

目　录
CONTENTS

导　论

　　改革开放 40 多年来，在党和政府的领导下，我国社会主义现代化事业取得了突飞猛进的发展。尤其是我国高等教育事业，实现了由相对封闭向全面开放、由精英教育向大众化教育、由高等教育弱国向高等教育大国的转变。自党的十八大以来，党和政府还对教育工作做出了一系列重大决策。其中，习近平总书记从中国特色社会主义事业后继有人的高度强调，要"全面贯彻党的教育方针，落实立德树人根本任务，培养德智体美劳全面发展的社会主义建设者和接班人"①。大学生是民族的希望、祖国的未来，他们的品德状况如何，不仅关系到他们自身整体素质的提高，还关系到整个民族和国家的长远发展。因此，对大学生品德评价进行研究是当代中国发展的重大课题。

一、研究背景和意义

　　任何一门课题的研究，只有深刻把握它的背景和意义，才能促使研究由被动向主动转变。否则，该项研究就不可避免带有一定的盲目性。同样，对大学生品德评价进行研究，必须深刻探讨其现实背景和长远意义，才能推动其研究的科学化。

（一）研究背景

1. 新时代建设社会主义现代化强国的迫切需要

　　2017 年 10 月 18 日召开的党的十九大对我国当前发展历史方位做出了清晰的定位："经过长期努力，中国特色社会主义进入了新时代，这是我国发展新的

---

① 习近平．高举中国特色社会主义伟大旗帜 为全面建设社会主义现代化国家而团结奋斗：在中国共产党第二十次全国代表大会上的报告［EB/OL］．中国政府网，2022-10-25.

历史方位。"① "新时代"是对所处社会历史阶段的一种表述,而不同的时代具有不同的深刻意蕴,"新时代"同样具有特定的意义,它是一个更高层级历史方位的表述,不仅准确反映了党和国家取得的成就和变革,而且标志着我国迈向建设社会主义现代化强国这一新征程。这也是党和国家站在新的历史方位上做出的战略安排。这个战略安排在新时代伟大长征路上发挥着极强的方向引领性、现实可行性和实践激励性作用,必将凝聚起全党全国各族人民的强大力量为之奋斗。事实上,要想实现这一目标并不是个人之功,它需要全党全国各族人民团结一心、勠力前行。"新时代属于每一个人,每一个人都是新时代的见证者、开创者、建设者。"② 因此,要想把我国建设成社会主义现代化强国必须发挥每一个人的开拓作用。对此,必然要求培养出更多更好的优秀人才为之奋斗。事实上,党和政府高度重视人才工作,从改革开放初期的"尊重知识、尊重人才",到"人才是第一资源",到"人才强国战略",再到"人才是实现民族振兴、赢得国际竞争主动的战略资源"③ 等思想,都充分说明了党和政府对人才问题的认识不断深化和细化。尤其是进入新时代以来,对优秀人才的渴求越来越为迫切。因此,优秀人才必然成为新时代发展的重要推动力,而大学生必然成为优秀人才培养的重中之重。

2. 高校思想政治工作的必然要求

党和国家历来高度重视思想政治工作。回顾历史,这一工作在新民主主义革命时期、社会主义建设时期以及社会主义改革时期都发挥着"生命线"的重要作用,体现了其重要价值。自党的十八大以来,在改革进入攻坚克难的新形势下,以习近平同志为核心的党中央在充分把握世情、国情和党情的背景下,仍然强调要把思想政治工作放在第一位,是与经济工作同样重要的"一项极端重要的工作"。其中,作为一项重要内容的高校思想政治工作肩负着重大使命。"高校思想政治工作关系高校培养什么样的人、如何培养人以及为谁培养人这个根本问题。要坚持把立德树人作为中心环节,把思想政治工作贯穿教育教学全

---

① 习近平. 决胜全面建成小康社会 夺取新时代中国特色社会主义伟大胜利 [M]. 北京:人民出版社,2017:10.

② 习近平. 在第十三届全国人民代表大会第一次会议上的讲话 [N]. 人民日报,2018-03-21 (2).

③ 习近平. 决胜全面建成小康社会 夺取新时代中国特色社会主义伟大胜利 [M]. 北京:人民出版社,2017:64.

过程，实现全程育人、全方位育人，努力开创我国高等教育事业发展新局面。"① 因此，高校思想政治工作就必须肩负起伟大的时代责任和历史使命，即提高大学生的思想品德，促进大学生的全面发展，激励大学生为实现中华民族伟大复兴而奋斗。

3. 大学生品德评价实践的殷切呼唤

大学生品德评价是思想政治教育评价的一个重要组成部分，但由于品德内涵、外延的丰富性和德育过程的长周期性、多维性，大学生品德评价的变量因素繁杂、过程复杂，有效性难以把握，因而，大学生品德评价也成为大学生思想政治教育评价中最薄弱、最容易流于形式的环节。② 在现实的理论研究当中，大学生品德评价也陷入了困境，评价的顺利开展也遇到了一定的困难。虽然国内外关于品德评价的研究很多，众说纷纭，但大部分仍局限于对具体评价方法的分析，并没有着眼于大学生品德评价的理论和实践分析，仅仅是就问题谈解决对策，没有从整体上系统地建构大学生品德评价的基本理论。另外，从研究的数量来看：一方面，目前国内关于大学生品德评价的研究还没有形成专著，仅有的也是从教育评价、德育评价、人才评价的角度研究品德评价；另一方面，在中国知网（CNKI）上以"大学生品德评价"为主题进行检索，截至 2023 年 11 月 7 日共有相关学术论文 11 篇，其中，核心期刊 2 篇，硕士论文 2 篇。综上可知，有关大学生品德评价方面的研究在数量上和质量上都存在严重的不足。基于这样一种现实，加强大学生品德评价的研究迫在眉睫。

"赢得青年才能赢得未来，塑造青年才能塑造未来。"③ 大学生作为青年的重要组成部分，是祖国未来的建设者，是中国特色社会主义事业的接班人。大学生的品德素质如何，将直接影响到大学生的未来发展，甚至影响到国家的长远发展。因此，不断提高大学生的品德水平是理论和实践研究不能回避的重大问题。

（二）研究意义

大学生品德评价是一个既古老又常新的话题。随着社会的不断发展，党和

---

① 把思想政治工作贯穿教育教学全过程　开创我国高等教育事业发展新局面 [N]. 光明日报，2016-12-09（1）.

② 韦青松. 大学生思想品德评价的困境与对策探讨 [D]. 武汉：华中师范大学，2007：1.

③ 中共中央国务院印发《中长期青年发展规划（2016—2025 年）》[N]. 光明日报，2017-04-14（1）.

国家强调要以"立德树人"为中心环节培养全面发展的德才兼备的人才。基于这一时代背景，对大学生品德评价的理论和实践研究具有重大的意义。

1. 丰富和完善思想政治教育评估理论

自改革开放学科建立以来，思想政治教育的基础理论研究不断完善。尤其是评估理论，从 20 世纪 80 年代初开始，经历了评估理论的萌芽、评估理论的初步系统化、评估理论的相对成熟以及评估理论的继续繁荣等不同的发展阶段，到现在已基本形成了相对完善的理论体系。事实上，思想政治教育评估不仅是对思想政治教育的过程和取得效果的评估，还包括对思想政治教育对象的素质进行评估。而大学生的品德评价主要就是针对大学生综合素质中的其中一项"品德"进行的评价。因此，对大学生品德评价进行研究可以丰富和完善评估理论。

2. 提高大学生思想政治教育的有效性

思想政治教育归根结底是一项实践活动，它的最终目的是通过提高人的品德素质，促进人的全面发展，从而为党和国家的社会主义现代化建设事业贡献力量。这一目的能否实现，取决于思想政治教育的效果。但是，思想政治教育的效果还需要通过评价来判定，而大学生品德评价就是检验思想政治教育效果的一个重要方面。因为，对大学生的品德进行评价，主要就是依据一定的标准，对大学生的品德状况做出价值判断。通过这种价值判断，可以明确地分析出目前大学生品德的水平和状况。在此基础上，找出大学生品德培养的更优路径，从而为大学生思想政治教育指明方向，更好地提高大学生思想政治教育的有效性。

3. 促进大学生的全面发展

人的全面发展，是思想政治教育的根本目标。马克思主义认为，人的全面发展是"才能得到全面发展、能够通晓整个生产系统的人"[①]。随着历史和时代的发展，中国共产党继承和发展了马克思主义关于人的全面发展学说。以习近平同志为核心的党中央认为，人的全面发展是指德智体美劳各方面都得到发展。在这一体系中，德居于首要地位。可见，德的发展对于人的全面发展具有重要作用。大学生品德评价，就是对大学生的品德内容做出价值判断，这种价值判

---

① 中共中央马克思恩格斯列宁斯大林著作编译局 . 马克思恩格斯选集：第 1 卷 ［M］. 北京：人民出版社，2012：308.

断可以明确地观测出大学生的品德现状，为以后大学生的品德培养提供指南。基于此，大学生的品德水平就会越来越高，从而在一定程度上影响到大学生其他素质的发展。

4. 提升大学生选拔和使用的科学性

随着世情、国情、党情的不断变化发展，党和国家对卓越人才的渴求越来越强烈。因此，培养更具竞争力、更高素质的人才是当前党和国家工作的重中之重。人才培养关系到人才的质量问题，而人才的选拔和使用关系到党和国家各项事业的发展。基于此，能不能选拔出德才兼备、更高素质的人才，能不能正确合理使用人才就显得尤为重要。大学生作为党和国家社会主义事业的建设者和接班人，是未来人才的潜力股。因此，对大学生的培养就显得尤为重要。但是，只有简单的培养还不够，还需要发挥其才能在合适的岗位上为党和国家贡献力量。这一过程就涉及大学生的选拔和使用问题。一方面，人才选拔的"以德为先"原则和人才使用中的"任人唯贤"原则在一定程度上决定了大学生品德的重要地位。另一方面，如何使大学生的选拔和使用更具科学性，则离不开对大学生综合素质的评价。而大学生品德评价作为大学生综合素质评价的内容之一，在其中起就起到了重要作用。基于此，大学生品德评价在一定程度上能够帮助提升大学生选拔和使用的科学性。

二、研究现状

由于品德本身的抽象性和复杂性，以及大学生品德表现出的特殊性，对大学生品德进行评价的难度较大。综观目前理论界，国内外对品德评价都有一定的研究。

在国外，这方面的研究主要是建立在教育评价的理论和基础之上。比如，美国学者 B. S. 布卢姆在其《教育评价》一书中提出的"诊断性评价""形成性评价""终结性评价"等观点对品德评价的研究具有很好的指导作用；① R. L. 桑代克和 E. P. 哈根在其所著的《心理与教育的测量与评价》一书中提出诸多关于品德评价的可行性方法；② 日本学者吉田辰雄在其所著的《教育评价的理

---

① 盛影莹. 大学生思想品德评价的现状、问题及对策研究：以上海市不同类型高校为例 [D]. 上海：上海师范大学，2013：15.

② 盛影莹. 大学生思想品德评价的现状、问题及对策研究：以上海市不同类型高校为例 [D]. 上海：上海师范大学，2013：16.

论与实践》一书中阐述了品德等多方面的评价理论,① 法国为确保完成教育目标则通过 1975 年的《75—620 教育法案》和 1985 年国民教育部文件《方向与目标》将教育评估用法律的形式规定下来②;等等。

在国内,品德评价的研究最初进入国内学者的视野始于教育评价的研究。教育评价产生于 20 世纪,是西方的舶来品,在教育测验的基础上逐渐发展起来。自引入我国以后,教育评价先后经历了"间续发展(1900—1977)、理论积累(1977—1985)和持续发展(1985 年以后)"③ 三大阶段,特别是 1985 年 5 月颁布的《中共中央关于教育体制改革的决定》,使得党和政府高度重视教育评价工作。随后,"评价热"在教育领域逐渐兴起,"德育评价""思想政治教育评价""人才评价""品德评价"相继进入研究者的视野,而大学生品德评价在这个过程中逐渐崭露头角。需要注意的是,国内关于大学生品德评价的研究虽然取得了不少成绩,但仍然存在不少问题。以下主要对国内大学生品德评价的研究进行梳理,以期发现问题,从而为我国当代大学生品德评价提出更为科学的理论和实践指导。

(一)大学生品德评价的相关研究

笔者通过中国政法大学图书馆、中国知网等途径对大学生品德评价相关文献、资料的数量和内容进行了认真检索、统计和分析。

就专著而言,根据检索和查阅:以"品德评价"为题名的专著仅有一本,是竹立家所著的《品德教育与品德评价》,于 1991 年由中国发展出版社出版。该书第六、七、八章对品德评价的基本准则、基本方法和计划管理做了一定深度的阐述。以"大学生品德评价"为题名的专著尚未检索到,但与大学生品德评价相关的内容却散见于思想政治教育评价、德育评价、人才评价和教育评价里面。因此,探寻大学生品德评价问题还可以从思想政治教育评价、德育评价、人才评价和教育评价入手。

就论文而言,笔者在中国知网,分别以"品德""大学生品德""品德评

---

① 盛影莹.大学生思想品德评价的现状、问题及对策研究:以上海市不同类型高校为例[D].上海:上海师范大学,2013:15—16.

② 刘春梅.小学生品德评价存在的问题及对策研究:以湖南大学子弟小学为例[D].长沙:湖南大学,2014:4.

③ 王茂胜.思想政治教育评价论[M].北京:中国社会科学出版社,2006:14.

价""大学生+品德评价"为篇名或题名和精确匹配关系进行检索,其统计结果如表 0-1。

表 0-1　CNKI 期刊检索结果表(检索时间 2023 年 11 月 7 日))

检索词	检索时间	检索项	匹配方式	论文总数	学位论文
品德	1979—2023 年	篇名	精确	41 605	1650
大学生品德	1979—2023 年	篇名	精确	119	6
品德评价	1979—2023 年	篇名	精确	145	14
大学生+品德评价	1979—2023 年	篇名	精确	10	2

总之,通过专著、论义的统计整理发现,目前理论界关于品德评价的研究虽有不少的研究成果,但关于大学生+品德评价仅仅只有 8 篇期刊论文和 2 篇硕士论文。因此,单单从数量上来看,大学生品德评价的研究还很不足,亟须加强研究。需要注意的是,理论界在研究过程中存在将"评价"与"测评""测量""评定""考评""评估""量化"等概念混用的情况。因此,以下主要对相关"大学生品德评价"的研究成果进行梳理。

1. 大学生品德评价的内涵研究

明晰概念是科学研究的逻辑起点,对于大学生品德评价的研究同样需要厘清"大学生品德评价是什么"这一核心问题。综观理论界,学者们对大学生品德评价内涵界定的出发点各有不同。一是就品德评价的内涵来界定大学生品德评价。比如,周思勇、徐俊生、裘广宇认为,"思想品德评价是指评价主体依据一定的评价理论与标准,运用科学的评价方法与手段,对思想品德活动及其效果进行基于事实的价值性评判活动"[①]。井影、赵志远认为,"学生思想品德测评是采用科学合理的测评工具,收集被测学生在一段时期内的品德特征信息。然后根据这些信息对被测学生的思想品德素质做出判断,或者概括出其思想与行为的独特性"[②]。二是从思想政治教育学科视野中来界定。比如,韦青松认为,"大学生思想品德评价是指在思想政治教育的过程中,思想政治教育工作者

① 周思勇,徐俊生,裘广宇.论高职学生思想品德评价体系建设:基于养成教育的视角 [J].宁波职业技术学院学报,2017 (4):29.
② 井影,赵志远.基于大学新生思想品德测评的高校德育管理研究 [J].教育现代化,2016 (30):267.

依据一定的道德规范或标准，对大学生的思想品德形成和发展的状况所进行评价的过程"①。三是将大学生品德评价界定为德育方法的一种。比如，付外仁认为，"思想政治品德评价，就是依据一定的思想政治品德要求，对受教育者的思想品德表现，予以褒贬、判断的一种德育方法"②。四是突出大学生品德评价的作用来界定。比如，许文蓓认为，大学生品德评价是"依据高校德育目标和大学生行为准则对大学生思想品德发展水平进行的综合评价，是高校对学生实施目标管理的重要内容和基础性工作"③。五是突出品德评价的依据和内容来界定。比如，马晓燕、魏立平、房亮认为，"大学生思想品德评价，就是依据公民的基本道德规范'爱国守法、明礼诚信、团结友善、勤俭自强、敬业奉献'的原则，对大学生的道德品质和思想行为做出客观的判断"④。郭静认为，"思想品德评价，就是以德育大纲和德育目标为主要依据，运用一切科学可行的方法和技术，系统地收集有关的资料信息，对学生的思想品德诸因素做出事实分析和价值判断，促进学生的发展，并为德育决策提供依据"⑤。马征杰认为，"大学生思想品德评价就是教师，学生群体（包括自己）依据一定的社会评价标准，对学生的道德品质、思想行为等做出一定的价值判断"⑥。盛影莹认为，"大学生思想品德评价一般是指，教育相关工作者通过对高校在读学生进行思想、政治、品德、法纪、心理健康等方面进行一定的考评，从而对高校德育工作及其实际效果做出价值判断的一种实践活动"⑦。

综上可知，理论界学者们对大学生品德评价内涵界定的偏重各有不同。但总的来说，大学生品德评价离不开评价主体、评价内容、评价方法、评价标准这些基本要素。因此，在此基础上，可以将大学生品德评价定义为：在一定思想的指导下，运用科学、合理的方法，依据一定的道德规范或标准，评价主体

---

① 韦青松. 大学生思想品德评价的困境与对策探讨 [D]. 武汉：华中师范大学，2007：6.
② 付外仁. 大学生思想政治品德评价科学化的探讨 [J]. 阴山学刊，1993（2）：90.
③ 许文蓓. 构筑多维度大学生品德评价体系的思考 [J]. 高校理论战线，2008（3）：47.
④ 马晓燕，魏立平，房亮. 基于属性识别准则大学生思想品德量化的数学模型 [J]. 大学数学，2007（6）：123.
⑤ 郭静. 浅论大学生思想品德评价方法 [J]. 黑龙江科技信息，2011（34）：240.
⑥ 马征杰. 大学生思想品德定量评价体系设计与程序 [J]. 安康师专学报，2001（4）：79.
⑦ 盛影莹. 大学生思想品德评价的现状、问题及对策研究：以上海市不同类型高校为例 [D]. 上海：上海师范大学，2013：3.

对大学生品德诸要素的发展水平及状况做出事实判断和价值判断的过程。

2. 大学生品德评价的功能和作用研究

功能，是指一定事物相对于一定的主体而言所发挥的效能或作用，这种功能是该事物本身所固有的东西，正是其具有的特殊功能决定了其存在的可能性。同样，大学生品德评价本身也具有这样的特殊功能，正是这些功能使得大学生品德评价的研究成为可能。从现有的资料来看，理论界对大学生品德评价功能的看法基本一致，都认为大学生品德评价应具备以下功能：一是判断功能。这种功能主要表现为通过评价来确定评价对象品德水平的高低，是大学生品德评价的基本功能。这种功能的发挥能很好地起到教育、激励、强化、导向的作用。二是诊断反馈功能。评价主体可以在广泛了解大学生品德特征的基础上对其品德的形成和发展状况有一个清晰的认识。这种功能的发挥能起到咨询、决策、参考、调节与控制的作用。三是预测功能。这种功能可以依据大学生品德行为发展的历史轨迹及其趋向，帮助评价主体对大学生品德的发展进行某种预测。这种功能的发挥能起到选拔作用。四是导向功能。这一功能是根据大学生品德评价的目标和标准确定的，可以引导评价对象趋于理想的目标，从而促进教育者与受教育者的发展。①

作用，是指某一对象对人或事物产生的影响和效果。正是这种作用决定了该对象研究的必要性。同样，大学生品德评价也具有自身的特殊作用。对此，理论界学者们从不同的视角对大学生品德评价的作用做了分析。一是从高校学生评奖评优的角度来阐明大学生品德评价的作用。比如，刘才刚认为，"品德评价是高校学生评奖评优中一项具有伦理道德精神导向的教育实践活动，具有实践的能动有效性，能够丰富高校评奖评优的内容、明确高校评奖评优的导向、强化高校评奖评优的激励作用，进而提高高校评奖评优工作的科学性，帮助大学生全面成长成才，推动教育事业长远发展"②。二是分层次来阐明大学生品德评价的作用。首先，对大学生自身而言，"通过大学生品德评价，能够促使大学生提高对品德规范的认识，能够将这种品德认识转化为具体的品德行为，进而

① 韦青松. 大学生思想品德评价的困境与对策探讨 [D]. 武汉：华中师范大学，2007：6-9.
② 刘才刚. 品德评价在高校学生评奖评优中存在的问题及对策分析 [J]. 江苏高教，2016（5）：131.

督促和约束自己的品德行为，促进自身品德素质的提高"①。其次，对高校思想政治教育而言，"通过大学生品德评价，能够帮助思想政治教育者及时掌握大学生的品德情况，进而增强和提高大学生思想政治教育工作的针对性和科学性"②。最后，对高等教育而言，"通过大学生品德评价，能够检验高校德育工作的成效，使高校德育工作管理逐步走上科学化、系统化、规范化的轨道，在提高德育工作水平的基础上进一步提高高等教育的质量"③。

3. 大学生品德评价的方法研究

自理论界研究大学生品德评价以来，评价方法一直是其研究的重点。对此，学者们根据大学生品德评价实际情况提出了不同的评价方法。这些评价方法包括操行评语法、等第法、评等评分测评法、操作加减评分法、加权综合测评法、评等评分评语综合测评法④、模糊综合评价法⑤、定量模糊优化法⑥、档案袋评价法⑦、多因素四级赋分平均点评法⑧、FRC 品德测评法、德育学分制⑨、素质测量法⑩、数学方法中的属性识别理论和层次分析法⑪、定性定量分析方法⑫、

---

① 蒙晓毅. 构筑学生思想品德评价体系的思考 ［J］. 广西民族学院学报（哲学社会科学版），1999（3）：117.

② 韦青松. 大学生思想品德评价的困境与对策探讨 ［D］. 武汉：华中师范大学，2007：10.

③ 张辉. 大学生思想、政治、品德素质测试指标体系的研究 ［D］. 长春：东北师范大学，2003：6-7.

④ 郭静. 浅论大学生思想品德评价方法 ［J］. 黑龙江科技信息，2011（34）：240.

⑤ 梁斌. 模糊综合评价方法在高校学生思想品德评价中的应用 ［J］. 陇东学院学报，2014，25（3）：80.

⑥ 王蕾. 师范生思想品德评价的模糊优化算法 ［J］. 贵州教育学院学报（自然科学），2006（2）：26.

⑦ 姜旭英. 大学生思想品德评价：解构与重建——档案袋评价在大学生思想品德评价中的应用 ［J］. 文教资料，2010（17）：168.

⑧ 李卉，石丽艳. 高职生品德测评方法探索 ［J］. 职业技术教育，2012，33（29）：83.

⑨ 方黛春. 高职学生品德测评体系实践研究 ［J］. 南昌高专学报，2009，24（4）：141.

⑩ 胡炳仙. 素质测量法在大学生思想品德测评中的应用 ［J］. 江苏高教，2007（2）：109.

⑪ 马晓燕，魏立平，房亮. 基于属性识别准则大学生思想品德量化的数学模型 ［J］. 大学数学，2007（6）：123.

⑫ 付外仁. 大学生思想政治品德评价科学化探讨 ［J］. 阴山学刊，1993（2）：91.

教育统计方法①、多项考核分层打分定性限制的评定方法②等。另外，有学者还根据不同的标准提出了不同的方法。"从大学生品德评价的性质上来看，包括肯定性评价和否定性评价；从大学生品德评价的主客观上来看，包括自我评价和外部评价（外部评价可包括舆论评价、教师评审）；从大学生品德评价的动态上看，包括形成性评价和总结性评价。"③ 综上可知，学者们提出了多样化的大学生品德评价方法，一方面有助于大学生品德评价活动的开展，另一方面却给大学生品德评价的执行者增加了一定的难度。

4. 大学生品德评价的指标体系研究

大学生品德评价的指标体系涉及"大学生品德评价评什么"的问题，是对大学生进行品德评价的关键。对此，理论界在研究指标体系的构建中主要围绕以下几个问题展开。

首先，指标体系构建的依据。依据是确定评价内容的根据。对此，学者们主要归纳出四方面的依据：一是"辩证唯物主义原理、系统论、心理学理论、多元智力理论"④ 等为大学生品德评价指标体系的建构提供了理论依据；二是《中国普通高等学校德育大纲》《普通高等学校学生行为准则》《公民道德建设实施纲要》《关于进一步加强和改进大学生思想政治教育的意见》以及《中共中央关于构建社会主义和谐社会若干重大问题的决定》⑤ 等文件为大学生品德评价指标体系的建构提供了政策依据；三是"大学生的品德结构特征"⑥ 为大学生品德评价指标体系的建构提供了重要依据；四是"高校德育实践现状"⑦ 为大学生品德评价指标体系的建构提供了现实依据。

---

① 吴疆，郑文治，左伟. 当代大学生思想品德现状研究：教育统计方法在学生思想品德量化上的应用 [J]. 吉林师范学院学报，1996（1）：46.

② 张荷英，李华中，刘中文. 大学生思想品德评定方法新探 [J]. 煤炭高等教育，1990（2）：37.

③ 郑培宁. 关于高师学生品德评价的科学化问题 [J]. 临沂师专学报（社会科学版），1990（4）：8.

④ 张辉. 大学生思想、政治、品德素质测试指标体系的研究 [D]. 长春：东北师范大学，2003：13-14.

⑤ 方黛春. 高职学生品德测评体系实践研究 [J]. 南昌高专学报，2009，24（4）：140.

⑥ 张力群，李君. 社会转型期构建大学生思想品德评价指标体系的依据与原则 [J]. 理论导刊，2007（11）：105.

⑦ 张辉. 大学生思想、政治、品德素质测试指标体系的研究 [D]. 长春：东北师范大学，2003：15.

其次，指标体系构建的原则。大学生品德评价指标体系的构建不是随意而行，还需要遵循一定的原则。对此，学者们都有着不同的观点。一方面，部分学者普遍认可大学生品德评价指标体系的构建要坚持"指标体系与德育目标的一致性、指标体系的整体完备性、指标体系内各项指标的独立性、指标体系的可测性、指标体系的可比性原则"①；在此基础上，有学者认为还需要坚持"可接受性原则"② 和"同质性原则"③。另一方面，学者们还有着不同的观点。比如，马征杰认为，"建立大学生思想品德评价指标体系要坚持科学性原则、可比性原则、定量化原则和简易化原则"④。孟森认为，"制定科学、严格、客观的评估指标体系要坚持指标因子少而精的原则、定性定量相结合的原则、'多向评价'的原则、实事求是一切从学生思想实际出发的原则"⑤。张仕清认为，"在构建大学生思想政治品德考评模型时要坚持指导性原则、遵循学生思想和心理发展规律原则、主体参与考评原则、结构性原则、适用性和可量化原则、科学与精炼性原则"⑥。张辉认为，"大学生品德评价指标体系的建立要遵循导向性与发展性原则、科学性与实用性原则、全面性与层次性原则、'知情意信行'测评有机统一的原则、多测评主体原则"⑦。综上可知，目前学者们对大学生品德评价指标体系的建构原则认识多元化，还未形成统一的认识。

最后，指标体系构建的具体内容。指标体系的具体内容涉及大学生品德评价评什么的问题，是整个评价活动能否顺利开展的关键。截至目前，学者们对大学生品德评价指标体系内容的研究形成了不同的观点。其中，大部分学者认为大学生品德评价指标体系的核心内容随着思想政治教育内容的调整而随之调

① 张力群，李君. 社会转型期构建大学生思想品德评价指标体系的依据与原则 [J]. 理论导刊, 2007 (11): 105.

② 李卉, 石丽艳. 高职生品德测评方法探索 [J]. 职业技术教育, 2012, 33 (29): 83.

③ 闵永新. 建立大学生思想品德量化评估指标体系探析 [J]. 中国高教研究, 1995 (2): 48.

④ 马征杰. 大学生思想品德定量评价体系设计与程序 [J]. 安康师专学报, 2001 (4): 79.

⑤ 孟森. 校学生思想品德量化评估的几点探索 [J]. 河北大学学报, 1991 (4): 144-146.

⑥ 张仕清. 构建大学生思想政治品德教学考评模型的思考 [J]. 中国成人教育, 2010 (15): 73-74.

⑦ 张辉. 大学生思想、政治、品德素质测试指标体系的研究 [D]. 长春: 东北师范大学, 2003: 16-18.

整。也就是说，大学生品德评价的核心内容从最开始的"政治、思想、品德"①
发展为"政治品质、思想品质、道德品质、法纪品质"② 或"政治素质、思想
素质、品德素质、心理素质"③，然后最终发展为"政治素质、思想素质、道德
素质、法纪素质、心理素质"④ 五方面的一级指标。且在这个过程中，其下属
的二级指标各有不同。除此之外，张仕清在这五个指标的基础上还提出应将
"创新素质、网络行为素质"⑤ 作为大学生品德评价的一级指标。另外，学者们
对大学生品德评价的指标体系还有着不同的意见。比如，郭静和张荷英认为，
"大学生思想品德包括政治态度、思想表现、遵纪守法、文明道德、学习态度、
集体观念、劳动卫生、社会工作、组织观念九个方面的内容；因此，评价大学
生的思想品德可以从这九个方面建构指标体系"⑥。方戴春认为，"学生品德测
评指标体系主要以思想政治素质、基本道德、职业道德、心理品质、审美素质
五个一级指标为核心内容进行再分解"⑦。吴其祥和黄亚萍认为，"大学生思想
品德量化考核要从政治品质、道德素质、学习态度、法制纪律观念、集体观、
劳动观念六个方面去测评"⑧。马征杰认为，"大学生思想品德评价指标主要包
括道德修养、政治态度、学习目的、文明行为、劳动卫生、集体观念六个方
面"⑨。张官禄认为，"大学生思想品德评定应从政治方向、思想觉悟、理论修
养、道德品质、学习态度劳动观念五个方面进行"⑩。马晓燕认为，"大学生品
德评价指标体系应从爱国守法、明礼诚信、团结友善、勤俭自强、敬业奉献五

---

① 闵永新．大学生思想品德量化评估指标体系的设计与操作 [J]．中国高教研究，1996
  (1)：69．
② 赵祖地．略论高校学生品德评估 [J]．杭州电子工业学院学报（高等教育研究版），
  2003 (2)：6．
③ 高等院校学生品德测评及其结果评介 [J]．中国林业教育，1994 (S1)：27．
④ 胡炳仙．素质测量法在大学生思想品德测评中的应用 [J]．江苏高教，2007 (2)：109．
⑤ 张仕清．构建大学生思想政治品德教学考评模型的思考 [J]．中国成人教育，2010
  (15)：73-74．
⑥ 郭静．浅论大学生思想品德评价方法 [J]．黑龙江科技信息，2011 (34)：240．
⑦ 方黛春．高职学生品德测评体系实践研究 [J]．南昌高专学报，2009，24 (4)：140．
⑧ 吴其祥，黄亚萍．电大学生思想品德量化考核探讨 [J]．江苏广播电视大学学报，1997
  (5)：37．
⑨ 马征杰．大学生思想品德定量评价体系设计与程序 [J]．安康师专学报，2001 (4)：
  79．
⑩ 张官禄．加强高校思想政治工作的一项措施：大学生思想品德评定 [J]．山西财经学院
  学报，1990 (3)：10-11．

个方面进行建构"①。综上可知，理论界对大学生品德评价指标体系在一级指标的确认上都有着各自的观点，且对其下属的各级指标也具有不同的意见。

5. 大学生品德评价的现状研究

找准问题是提出解决路径的关键所在。自思想政治教育学科建立以来，关于大学生思想政治教育评价的理论和实践不断取得长足发展。但是由于各种原因，关于大学生品德评价方面的研究还存在许多问题。对此，理论界不少学者对大学生品德评价的现状做了分析，主要围绕以下几个问题展开。

首先，大学生品德评价困难的原因。关于是否对大学生进行品德评价一直是理论界争论的难题。当然，这种争论并不是指大学生品德评价是否有必要，而是对大学生进行品德评价存在许多困难。这些困难包括对品德结构和性质的认识模糊不清、争论不休，对品德评价的可能性、必要性与量化性问题还存在争论，等等。基于以上困难，学者们提出了导致大学生品德评价困难的具体原因。刘才刚认为，"价值观念的工具性取向、品德评价难以精确量化、高校德育实效性不足等都在一定程度上弱化了品德评价"②。韦青松认为，"社会本位德育目标取向、重'知'轻'行'的价值取向、德育与现实生活相割裂也在一定程度上影响了大学生品德评价工作的开展，进而影响到高校思想政治教育的效果"③。

其次，大学生品德评价存在的问题。从收集到的资料中发现，理论界关于大学生品德评价的研究不管是从数量上还是从质量上都还存在很大的不足，亟须专家学者加强这方面的研究。另外，从内容上来看，大学生品德评价工作还存在不少问题。比如，刘才刚从高校评优评奖的角度指出，大学生品德评价在实际的操作中存在以下问题："第一，道德标准大而空，没有相应的分值与权重，导致品德评价形式大于实质。第二，过分强调学习成绩，忽视了品德素养的自我提升。第三，在品德评价中知行脱节，缺乏信度高、效果好的评价方法。第四，道德评价缺乏连续性反馈，忽视发展性评价。"④ 姜旭英从大学生品德评

---

① 马晓燕，魏立平，房亮. 基于属性识别准则大学生思想品德量化的数学模型 [J]. 大学数学，2007（6）：124.
② 刘才刚. 品德评价在高校学生评奖评优中存在的问题及对策分析 [J]. 江苏高教，2016（5）：132.
③ 韦青松. 大学生思想品德评价困难的成因与对策 [J]. 南方论刊，2009（6）：68.
④ 刘才刚. 品德评价在高校学生评奖评优中存在的问题及对策分析 [J]. 江苏高教，2016（5）：132.

价方法着手，认为传统的大学生品德评价方法主要存在以下几个问题："一是重'绩本'评价，轻'人本'评价；二是重共性模式评价，轻个性差异评价；三是重结果性评价，轻过程性评价；四是重外部评价，轻自我评价。"① 盛影莹在实地调研的基础上总结出大学生品德评价存在以下问题："对大学生思想品德培养目标的了解和关注度不足，对大学生思想品德评价的重视程度不高，大学生思想品德评价活动过于形式化，大学生德育测评的操作过于量化，对评价结果侧重短期奖惩而忽视长远激励，对评价结果的反馈不及时，大学生思想品德评价的家校联系不足，大学生思想品德评价的实效性不强。"② 除此之外，大多数学者主要从大学生品德评价的各个要素着手归纳出具体的问题：一是大学生品德评价的标准单一，缺乏层次性；二是大学生品德评价的内容不够全面、系统，缺乏针对性和动态性、实践性和专业性；三是大学生品德评价的评价主体各自为政、相互独立，且主观倾向严重；四是大学生品德评价方式仍以考试为主，评价方法过于注重量化；五是大学生品德评价结果不客观，仍以数字化为主，缺乏生动性、具体性；六是大学生品德评价的效果不明显，没有实现评价的真正目的。

最后，大学生品德评价的对策分析。如何破解大学生品德评价的困难和存在的各种问题，是学者们研究的一个重要问题。比如，韦青松从导致大学生品德评价困难的成因入手，认为"可以从重构德育目标、将大学生品德评价纳入教学过程之中以及坚持评价方式的多样化三个方面来优化评价路径"③。刘才刚针对品德评价在高校评奖评优中存在的问题，认为"可以从'前提（确定品德评价目标导向）—基础（确定品德评价指标内容）—关键（选择合适的评价方法）'三方面逻辑关系层面协调高校学生品德评价内部因素与创设外部条件，使品德评价有目标导向、有内容可依、有办法可行，从而真正实现高校教书育人的功能和目标"④。姜旭英针对传统品德评价方法存在的问题，提出"运用

① 姜旭英. 大学生思想品德评价：解构与重建——档案袋评价在大学生思想品德评价中的应用 [J]. 文教资料，2010（17）：168.
② 盛影莹. 大学生思想品德评价的现状、问题及对策研究：以上海市不同类型高校为例 [D]. 上海：上海师范大学，2013：52-57.
③ 韦青松. 大学生思想品德评价困难的成因与对策 [J]. 南方论刊，2009（6）：69.
④ 刘才刚. 品德评价在高校学生评奖评优中存在的问题及对策分析 [J]. 江苏高教，2016（5）：132-133.

'档案袋评价法'来评价大学生品德，在具体的运用中要注意确定档案袋的内容、制定具体的评价标准、保管和使用档案袋"①。盛影莹根据实地调研中存在的问题提出针对性的解决对策，认为可以从"提高大学生思想品德培养目标的宣传力度和落实程度、提高大学生思想品德评价的受重视程度、改进大学生思想品德评价的形式、改进大学生德育测评的操作方法、扩展大学生思想品德评价的参与者、构建科学合理的评价体系、完善校内外的沟通渠道与联系平台、加强大学生思想品德评价的实效性等来优化大学生品德评价"②。另外，针对大学生品德评价各个要素存在的问题，学者们认为可以通过建构科学的评价体系来解决：一是坚持以人为本、回归生活的评价理念；二是确立切合实际的评价目标，即评价要以促进学生思想品德的发展、帮助学生获得成长的内在动力、实现每一个学生的成长为目的；三是确立合理的品德评价标准；四是确定全面、科学的评价指标；五是选择有效的品德评价方法；六是评价主体之间协调配合；七是遵循品德评价的基本原则；八是按照评价程序进行评价；九是有效整合评价结论，定量与定性相结合。

（二）大学生品德评价研究述评

通过对大学生品德评价的研究成果梳理发现，理论界对品德评价给予了充分的关注，尤其是在教育评价的推动下，"评价热"在不同领域（包括企业、机关等）、不同对象（包括领导干部、公务员、大中小学生等）中逐渐兴起，20世纪90年代中期以来理论界对品德评价展开了全方面、多层次的研究。但是，从上面文献的整理还发现，理论界关于品德评价的研究在数量上和质量上还存在相当的不足，特别是关于大学生思想品德评价方面的研究，更是有待加强。另外，从内容研究上来看，目前大学生品德评价还有一些问题还需进一步深入研究和突破。

一是对大学生品德评价的研究缺乏信心。具体体现在：首先，品德本身研究的困难性。"人是最难研究的，测评品德这一人类灵魂之内核，则更是难上加难。"③ 事实上，我国古代就非常"重德、讲德、行德"，但是一直没有形成一

---

① 姜旭英. 大学生思想品德评价：解构与重建——档案袋评价在大学生思想品德评价中的应用 [J]. 文教资料，2010（17）：169-170.

② 盛影莹. 大学生思想品德评价的现状、问题及对策研究：以上海市不同类型高校为例 [D]. 上海：上海师范大学，2013：57-66.

③ 肖鸣政. 人才品德测评的理论与方法 [M]. 北京：中国劳动社会保障出版社，2008：11.

套行之有效的考评德的方法，其中最重要的原因就在于品德本身所具有的复杂性、抽象性、变动性。其次，对品德要不要评价还存在争议。有学者认为，品德的形成是教育的自然结果，只要教育者按照教育工作去施教，自然而然就能获得。因此，研究品德评价根本没有必要。但是，有学者却认为，研究品德评价是很有必要的。品德评价能够帮助教育者了解和检查对教育对象培养的效果和质量，这是在教育过程和品德形成过程的一种重要手段。可见，正是品德评价的困难性和必要性在一定程度上制约了理论界的研究。

二是对大学生品德评价的理论研究还很不足，包括"大学生品德评价的主体混乱、指标体系不明确、评价标准空白、评价方法莫衷一是"等问题。首先，大学生品德评价的主体存在多种评价主体，没有形成共识。从收集到的资料来看，关于大学生品德评价的主体主要有高校、管理人员、思想政治教育者、辅导员、班主任、大学生等多个主体。学者们对此谈到的仅是其中的一个或多个主体。事实上，对大学生的品德进行评价，一定要充分考虑到大学生品德形成的时间和空间形态，把握住与其有密切相关的主体，这样才能有效开展品德评价。其次，目前大学生品德评价的指标体系尽管提出以思想、政治、道德、法纪、心理五要素为核心内容。但是，在这五个一级指标下具体评价哪些要素没有形成共识，且有的学者还提出不同的一级指标。可见，目前理论界对大学生品德评价指标体系的认识还没有形成共识，亟须加强这方面的研究。再次，对大学生的品德评价不仅仅是从量上进行判断，还需要从质上进行评价。目前来看，对大学生的品德评价还只是从量上进行单一的判断，缺乏对大学生品德水平进行价值判断。就好比人们在市场上购买同一种商品，只有衡量该商品的优劣，才能保证买回去商品的质量。因此，大学生品德评价还需要建立一定的评判标准，才能更好地发挥作用。最后，目前国内高校关于大学生品德评价的方法种类繁多，莫衷一是。因此，在使用时还需要对这些方法进行有效的整合。

三是对大学生品德评价的实际操作情况研究不够。根据文献分析，目前对大学生品德评价现状的研究基本上停留在理论层面的分析，缺乏深入细致的实证研究。从期刊来看，在涉及大学生品德评价现状研究的论文里，学者们都是从理论视角进行分析，或者从评价的各个环节入手，或者从高校评优评奖入手，或者从大学生品德评价困难的原因入手，这些都没有涉及目前高校大学生品德评价的具体情况。从学位论文来看，学者在谈及现状时同样更多地从理论层面分析。比如，韦青松的《大学生思想品德评价的困境与对策探讨》（华中师范大学，2007 年）一文，主要是从大学生思想品德评价自身及其影响因素的困难着手，提出大学生思想品德评价存在的问题，并在此基础上探讨优化路径。而盛影莹的《大学生思想品德评价的现状、问题及对策研究——以上海市不同类型高校为例》（上海师范大学，2013 年）一文，尽管在文中涉及对上海市不同类型高校的实证调研，但数据局限于上海市，可信度相较来说比较偏低；在对现状进行分析时，数据也没有完全显示出其应有的作用。可见，目前国内关于大学生品德评价的实证研究还很缺乏，亟须加强这方面的研究。只有充分掌握目前高校大学生品德评价的实施情况，才能将大学生品德评价的基础理论运用到实践中去，这样大学生品德评价活动的开展才能更加科学和有效。

综上可知，目前有关大学生品德评价的研究不管是理论方面还是操作层面都还存在不足。因此，未来还需要从以下几方面入手，包括树立品德可以评价的信心、加强大学生品德评价的理论研究、深入各大高校进行实地调研等等，进一步推动大学生品德评价工作的科学化开展。对此，本书在现有研究的基础上，采用问卷调查法和文本分析法来了解全国各大高校大学生品德评价的实施情况，然后针对存在的具体问题从理论和现实两个角度来探寻当代中国大学生品德评价的具体路径，着重建构当代中国大学生品德评价的指标体系，并为当代中国大学生品德评价的实施过程提供基本保障。

三、研究思路和方法

任何科学研究必须遵循一定的逻辑思路，并采用合适的研究方法才能取得最好效果。同样，研究大学生品德评价必须遵循科学的逻辑思路，采用适合大学生品德评价特点的特殊方法。唯有如此，大学生品德评价的研究才能更为科学合理。

（一）研究思路

全书将遵循"大学生品德评价是什么—为什么要进行大学生品德评价—如何进行大学生品德评价"这样的逻辑思路展开研究。

除导论以外，本书共六章内容。

首先，回答"大学生品德评价是什么"的问题，这是问题研究的基础和逻辑起点。因此，本书开篇第一章首先对大学生品德评价及相关概念进行界定，包括对"品德""大学生品德""评价""品德评价""大学生品德评价"的内涵界定。另外，还对品德评价的相近概念"品德测评""品德评估"以及种属概念"教育评价""德育评价""思想政治教育评价"等做了区分，从而厘清"大学生品德评价是什么"这一核心问题。

其次，回答"为什么要进行大学生品德评价"的问题。对此，本书第一章、第二章、第三章分别从大学生品德评价的思想资源、理论基础、必要性和可行性、功能以及现状考察着手，从理论和现实两个角度阐明"为什么要进行大学生品德评价"。

最后，回答"如何进行大学生品德评价"的问题。这一问题的研究是本书的落脚点和最终目的。在对前两个问题研究的基础上，本书第四、五、六章主要从大学生品德评价的目标、原则、指标体系、保障措施等方面回答了"谁来评？评什么？怎么评？"的问题，探寻出一条大学生品德评价的具体路径，从而为大学生品德评价实效性的获取提供根本遵循。

（二）研究方法

本文运用的重要研究方法主要有四种。

1. 文献研究法。文献研究法一般是指通过查阅相关文献并对所需内容进行分析处理，以帮助开展课题研究的方法。大学生品德评价是实践工作，但也必然离不开相关理论的支持。为了少走弯路和更好地提高研究效率，就需要对已有研究成果进行梳理，必须大量搜索、查阅包括现有研究成果在内的相关文献资料。资料的具体来源包括国内外教育类专著、期刊、硕博论文、政策文件、报纸资料和网络资源等。

2. 比较研究法。"比较研究法，通常是指人们在认识过程中，依据一定的标准，将彼此互有联系的各种对象或现象加以对照和分析，并确定它们之间的共同规律、异同关系和特殊本质等的思维过程和逻辑推理方法。"① 目前关于大学生品德评价的理论和实践研究不足，本书试图通过借鉴国内外关于其他不同主体有关品德测评的相关理论和方法，研究、探析其共同规律和异同，从而为大学生品德评价提供理论借鉴。

3. 问卷调查法。鉴于大学生品德评价内容的抽象性和复杂性，本书还需要通过"数据事实说话"。因此，本书将通过问卷调查的方法，调查高校不同群体

---

① 尹保华. 社会科学研究方法［M］. 徐州：中国矿业大学出版社，2017：349.

对于目前大学生品德评价现状的具体意见，从中总结出更贴合实际需要的指标内容，从而最大限度地保证品德评价的真实性、科学性和有效性。

4. 模糊数学法。"模糊数学法是根据模糊数学的隶属度和隶属函数理论把定性评价转化为定量评价，即用模糊数学对受到多种因素制约的事物或对象做出一个总体的评价。"① 这一方法最大的优点是通过精确的数字手段将相对复杂、不够确定的多因素问题转化为有数据依据的简单易行的定量的评价模式，具有一定的客观性。鉴于大学生品德评价内容的丰富性以及评价主体的多元性，有必要充分利用模糊数学法将大学生品德评价的结果由单一的定性评价或定量评价向定性评价与定量评价相结合转变。

四、研究的重难点和创新点

（一）研究的重点和难点

大学生品德评价的内涵和大学生品德的基本特征是本书研究的重点。明晰概念是科学研究的出发点，研究当代中国大学生品德评价就需要厘清"大学生品德评价是什么"这一核心概念。再加上目前理论界在核心概念使用上存在"品德"与"思想品德""评价"与"评估"等混淆用法，更是需要切准本文研究的核心概念。另外，大学生品德相较于其他对象而言具有特殊的表现内容。因此，大学生品德评价一定要从大学生品德的基本特征入手，正确把握大学生品德评价的内容和方法，这样大学生品德评价才能取得实效。

当代中国大学生品德评价的现状、指标体系和方法是本书研究的重点和难点。首先，当代中国大学生品德评价不是无源之水，在高校已经实施很多年。对此，全面把握大学生品德评价的实施现状才能为当代中国大学生品德评价提供现实指导。另外，大学生品德评价的指标体系是大学生品德评价的具体内容，关系到大学生品德评价"评什么"的问题；而方法是否使用得当、是否适合品德评价关系到品德评价能否更好地被大学生所接受，甚至关系到大学生品德评价活动的开展。因此，这三个问题也是本书研究的重点。但是，目前理论界对大学生品德评价的实施现状仅从部分地域和理论角度进行分析，没有明确提出大学生品德评价的具体指标体系和基本方法。从现有的文献来看，关于大学生

---

① 孙大明. 基于 AHP 的省属非重点高校引进博士综合素质评价指标体系优化研究：以 S省 10 所省属非重点高校为例［D］. 西安：西北大学，2018：35.

品德评价的指标体系已经有不少的各级指标，但还没有达成共识。另外，品德评价的方法也有不少，但都没有明确提出是针对大学生品德评价的方法。因此，本书还需要结合大学生品德评价实施的具体情况以及大学生品德的特殊性建构起当代中国大学生品德评价的指标体系和基本方法。鉴于此，这三个问题也是本书研究的难点。

（二）研究的创新点

本书从大学生品德评价的理论和现实出发，一方面分析大学生品德评价的必要性和可能性，另一方面针对目前高校大学生品德评价的实施现状，依次从大学生品德评价的目标和原则、评价主体、评价理念、评价指标、评价机制、评价方法、评价环境等进行探索，回答了大学生品德评价是什么、为什么要进行大学生品德评价、如何进行大学生品德评价三个关键问题。相较于理论研究来讲，应属于比较全面、系统的尝试。

具体来说，本文的创新点主要体现在四方面。

1. 对大学生品德概念及特征的诠释。大学生品德涉及品德这一核心概念的厘清。对此，本书在分析其他学科背景下的品德概念的基础上，对思想政治教育学科视野下的品德进行了诠释，进而厘清了学科之间的区别。另外，本书还对大学生品德的特征进行了概括，这一内容在理论界还属于空白。

2. 对大学生品德评价的理论基础进行了阐释。本书在立足多学科视角下奠定了大学生品德评价的理论基础。对此，本书提出马克思主义道德观、思想政治教育评估理论、人才素质测评理论、发展心理学理论等为当代中国大学生品德评价提供了夯实的理论指导。

3. 确定大学生品德评价的各级指标内容。目前，理论界对大学生品德评价指标体系的意见还没有形成共识。对此，本书在问卷调查的基础上，结合大学生和国家发展的实际情况确定当代中国大学生品德评价的各级指标体系。

4. 提出大学生品德评价的基本方法。虽然品德评价的方法有很多，但针对大学生品德评价的方法却具有宏观性。因此，本书结合大学生品德的具体实际，确立大学生品德评价的基本方法，从而增强大学生品德评价的实效性。

第一章

大学生品德评价的概念界定与理论基础

概念界定和理论基础的分析是进行科学研究的逻辑起点。一方面，品德评价概念本身存在复杂的界定；另一方面，只有夯实的理论基础才能保证大学生品德评价活动的顺利开展。因此，只有厘清品德评价这一核心概念，找准品德评价的理论基础，才能为后文大学生品德评价理论的建构和活动的开展指明方向和奠定基础。

第一节　大学生品德评价及相关概念界定

研究大学生品德评价，首先必须对大学生品德评价有一个深刻地认识和准确地把握。因此，本节主要厘清大学生品德评价及其相关概念，从而为后文的研究做好铺垫。

一、何谓"品德"

品德是一个看似简单却复杂的概念。目前理论界对品德的概念、结构和表现等存在不同的观点。对此，厘清品德这一核心概念是本书研究的重点。

（一）多学科视角下的"品德"

品德是伦理学、心理学、教育学、人才学等多学科研究的一部分。然而，在不同的学科语境下，"品德"内涵的表达不尽相同。

在伦理学中，品德的界定往往与道德联系在一起。道德是伦理学的研究对象。在我国古代，"道"与"德"最开始是分开使用的。"道"，原意为道路，后来引申为技艺和方法。后来，"道"被运用于多个领域，具有宇宙本体论、政治意义、人生意义等不同方面的深刻蕴意。其中，更多强调的是人生意义中的"道"，即伦理之道。同样，"德"也有多种含义，包括哲学本体论和伦理学等意义上的蕴意；而伦理学意义上的"德"是指社会生活关系中的行为主体，即人的自我品性修养。"德者得也。"即"德"对"道"有获得之意，指人们通过对"道"的内化而获得的一种内心体验、观念情操、品质境界。到春秋战国时期，《管子》《庄子》《荀子》等诸书开始将道德合二为一使用。"礼者，法之大分，群类之纲纪也，故学至乎礼而止矣。夫是之谓道德之极。"① 也就是说，只要按照"礼"的规定去做，就算达到道德的最高精神境界了。对此，伦理学从科学的角度做了界定："道德是社会意识形态之一，它是依靠社会舆论、人们的内心信念和传统习惯调节人与人（包括个人与个人、个人与社会集体、社会集体与社会集体）、人与自然、人与自身之间的伦理关系的行为原则和规范的总和。"② 就是说，道德是一定社会历史时期的道德规范和道德要求的总和。而将社会要求的道德转化为个体内在的道德，就是道德品质。"道德品质"又称之为"品德""德性"，"是指一定社会或一定阶级的道德原则和道德规范在个人思想和行为中的体现和凝结，是个体在其一系列的道德行为中所表现出来的比较稳定的特征和倾向"③。可见，在伦理学视域中，品德就是道德的个体化，是指一个人将社会所要求的道德规范、道德要求、道德原则等个体化、内化的结果。因此，品德与道德紧密相连，道德是品德的依据，品德则是道德的内化。

在心理学中，品德内涵的界定更强调品德的心理结构。"品德是一种个体心理现象，是道德在个体身上的体现。具体说来，是指个人根据一定社会的道德准则和规范行动时表现出来的稳定的心理特征和倾向。"④ 从这一界定可以看出，心理学中强调的品德与伦理学中的品德一致，都是对社会道德的个体化。但是，心理学中的品德更加突出品德的心理结构。需要注意的是，理论界对品德的心理结构存在争议，主要表现为以下五种观点：一是"二因素说"。这种观点认为，品德心理结构是由道德需要、道德能力两部分组成，前者决定品德的性质、方向和发展水平，后者是道德认知、判断、行为技能等的总和。二是"三因素说"。这种观点认为，品德是道德认识、道德情感和道德行为的统一体，

---

① 荀况. 荀子 [M]. 杨倞, 注. 耿芸, 标校. 上海：上海古籍出版社，2014：5.
② 张晓平. 新编伦理学 [M]. 成都：四川大学出版社，2011：5.
③ 王立东. 马克思主义伦理学十讲 [M]. 北京：冶金工业出版社，2011：72.
④ 张承芬，韩仁生. 心理学导论 [M]. 北京：人民出版社，2010：211.

三者缺一不可。在这种结构中，道德认识是品德形成的认知成分，对品德的形成起着认识、评级和反馈的作用；道德情感是品德形成的动力，是品德的核心内容；道德行为是品德的最终表现，是衡量品德的参照点，也是个体品德教育的最终目的。事实上，这种观点也是国际心理学界普遍认可的说法。三是"四因素说"。这种观点认为，品德除了包括道德认识、道德情感、道德行为以外，还包括道德意志。且相较于"三因素说"而言，"四因素说"认为道德意志在品德心理结构中起着核心作用，决定着品德形成和发展的最终水平。这种观点是我国现代心理学界普遍认可的说法。四是"五因素说"。这种观点是在"四因素说"中增加了道德信念，认为道德信念在个体品德结构中处于中心地位。五是"六因素说"。这种观点认为"道德认知、道德情感、道德动机、道德意志、道德行为、道德评价"六位一体共同构成了品德的结构。总之，心理学界对品德心理要素的构成认识各有不同，但关注的重点都集中在品德的心理结构上。

在教育学中，品德是教育学的主要研究对象，其概念的界定往往与德育的内涵结合起来。事实上，德育有广义和狭义之分。狭义的德育仅指道德教育，是指通过道德教育来提升人的道德品质。广义的德育则是涵盖了"政治教育、思想教育、法制教育、道德教育、心理教育"等内容的大德育。对此，《教育大辞典》中认为：德育是"旨在形成受教育者一定思想品德的教育。在社会主义中国包括思想教育、政治教育、道德教育"[1]。虞国庆主编的《高等教育学》认为，"德育是教育者根据一定社会或阶级的要求和受教育者品德形成发展的规律，有目的、有计划、系统地对受教育者施加思想、政治和道德影响，并通过受教育者积极的认知体验、身体力行，把一定社会的思想道德规范转化为受教育者个体的思想品德的活动。简言之，德育是培养人的品德的活动"[2]。也就是说，我国使用的德育概念更多的是广义的德育，其根本就是培养人的品德。相应地，"品德属于个人意识范畴，是一种个体心理现象，是个人按照一定社会的思想政治准则和法纪道德规范在行动时表现出来的稳定的特征和倾向；品德包括思想品质、政治品质、法纪品质、道德品质和心理品质五部分"[3]。甚至有的人还将品德与思想联系起来，认为思想品德是一个完整概念，"是一个人依据社

---

①　顾明远. 教育大辞典：增订合编本：上［M］. 上海：上海教育出版社，1998：249.

②　虞国庆，漆权. 高等教育学［M］. 南昌：江西高校出版社，2008：175.

③　赵玉英，张典兵. 德育原理［M］. 济南：山东人民出版社，2008：32.

会思想观点、政治准则（包含法制）和道德规范在言行中表现出来的一些经常的、稳定的特征和倾向"①。可见，教育学中的品德更关注的是品德的内容结构。

在人才学中，品德是人才素质结构中的重要组成部分。根据人才素质理论，人才素质是人才成长成才的内在驱动力，对人才自我价值和社会价值的实现具有重要作用。自人才学学科建立以来，学者们对人才素质的结构进行了探索，认为其主要包括生理和心理两大部分，而品德作为非智能素质的一部分，是心理素质的重要内容。"品德，简称德，是指在一定社会阶段形成的，人才与社会关系的行为准则和规范的总和。""品德包含三个层次，最高层次是政治思想品德，中间层次是职业道德，基础层次是社会公德，包括家庭美德。"② 可见，在人才学视域中，关注的也是品德的内容结构。但是，人才学领域的学者们对品德的构成存在不同的观点。比如，王通讯认为，人才的品德结构包括政治品德、伦理道德、个性心理品质三个层次③；周玉纯和郝诚之认为，人才的品德结构应包括个性心理品质、伦理道德、职业道德和政治品德四个层次④；罗洪铁认为，人才的品德结构包括个性心理品质、道德品质、政治思想品质三个层次⑤；沈国权认为，人才的品德结构应包括思想政治品德、职业品德和一般品德三个层次⑥；马抗美认为，人才的品德结构主要包括思想品德素质、个性心理品格素质和文化品格素质⑦；等等。总之，尽管人才学领域中的学者们对品德的内容结构持有不同的观点，但人才学中的品德和教育学中的品德一样都集中在品德的内容结构上。

（二）本书研究的"品德"

综上可知，伦理学、心理学、教育学、人才学对品德概念的界定各有侧重。其中，伦理学中的品德是一种个体现象，是对社会共同的道德规范的个体化反映，暗含了品德的内在本质；心理学中的品德是一种心理现象，揭示了品德形

---

① 胡守芬. 德育原理［M］. 修订版. 北京：北京师范大学出版社，1989：20.
② 叶忠海，郑其绪. 新编人才学大辞典［M］. 北京：中央文献出版社，2015：42.
③ 王通讯. 人才学通论［M］. 天津：天津人民出版社，1985：68.
④ 周玉纯，郝诚之.［M］. 实用人才学. 呼和浩特：内蒙古人民出版社，1985：97-98.
⑤ 罗洪铁. 人才学原理［M］. 成都：四川人民出版社，2006：211-212.
⑥ 叶忠海. 新编人才学通论［M］. 北京：党建读物出版社，2013：224.
⑦ 郑其绪. 微观人才学概论［M］. 北京：党建读物出版社，2013：28.

成的过程和规律；教育学中的品德是一种社会现象，揭示了品德的内容结构；人才学中的品德则突出了品德的作用，暗含了品德对人才成长成才的贡献。尽管品德在各个学科中的界定各有侧重，但是大家都一致认为，品德是指个人在言行中表现出来的稳定的心理特征。

而本书研究的品德主要是思想政治教育学科视野下的品德。思想政治教育学是一门既古老又新兴的学科。这门学科以人的思想品德形成发展规律和对人们进行思想政治教育规律作为研究对象，是一门集意识形态性、综合性、科学性、实践性于一体的特殊学科。从意识形态性来讲，是指思想政治教育的目标和内容服务于党和国家主流意识形态的传播。回顾我们党和国家的革命、建设、改革历程，思想政治教育是经济工作和其他一切工作的"生命线"，是我党和国家的优良传统和政治优势，集中反映了党和国家的治国理念。因此，思想政治教育学科要继续发扬这一优势，更好地为党和国家主流意识形态服务。从综合性来讲，是指思想政治教育学科借鉴了多学科知识进行研究，包括教育学、伦理学、心理学、社会学、管理学等相关学科，这些学科为思想政治教育学科内容的发展提供参考，从而促进思想政治教育学科基础理论更加完善丰富。

因此，基于思想政治教育学科的意识形态性和综合性，本书探讨的"品德"与"思想品德"同义："品德是一个多要素的综合系统，是人们在一定思想的指导下，在品德行为中表现出来的较为稳定的心理特点、思想倾向和行为习惯的总和。"① 掌握这一概念需要注意以下几个问题：一是品德是一个中性概念，它以人的世界观、人生观、价值观为核心，是对社会规范和要求的内化，并外化为行为表现出来。二是品德具有意识形态性。三是品德是由心理、思想、行为组成的多要素结构体系。其中，心理子系统包括知、情、信、意等因素，它是品德形成的发端、动力和条件，正是经过知、情、信、意等因素的辩证运动和协调发展最终形成稳定的品德行为；思想子系统是品德的核心要素、社会内容，最终决定品德的性质和方向，包括思想、政治、道德、法纪、心理等内容；行为子系统是品德的外显因素，即品德通过一定的行为显现出来，是品德形成的外在标志。

---

① 陈万柏，张耀灿.思想政治教育学原理 [M].2 版.北京：高等教育出版社，2007：116.

（三）"大学生品德"

基于前面品德概念的界定，这里可以将"大学生品德"界定为："大学生品德是一个多要素的综合系统，是大学生在一定思想的指导下，在其品德行为中表现出来的较为稳定的心理特点、思想倾向和行为习惯的总和。"[①] 需要注意的是，本书研究的大学生，主要是指目前在校的大一到大四的本科学生。

相较于其他群体而言，大学生有其独特之处。根据青年学对不同青年群体的年龄、性格等因素的划分，大学生是年龄介于 18~22 岁之间的特殊群体。这一群体处于人一生当中最有生机、最有活力的阶段：一方面，他们精力充沛、充满热情，对未知领域和知识充满渴望；另一方面，他们作为国家未来发展的希望，承担着更多的责任和使命。对此，在这一阶段帮助大学生塑造更加符合国家和社会发展需要的品德特征是当务之急。但是，这一阶段的大学生又呈现出特殊性：在心理子系统中，大学生自我意识和表现欲望强烈，情绪情感丰富并带有较大的波动性，性意识迅速发展并渐趋成熟，落差心理和自卑心理开始显现，心理发育基本成熟但道德心理发展矛盾较为突出；在思想子系统中，大学生思想开放且接受新事物快，思想独立并伴有依赖心理，自我期望较高但抗压能力较差，享受主义较明显但经济独立意识差，约束力弱伴有惰性严重；在行为子系统中，大学生政治主体意识和参与意识日趋成熟，追求新奇与时尚及消费形式多样化，网络参与意识增强，创新能力和实践能力有待提高，开始注重人际交往但方式方法有待改进。[②] 这些特点为大学生品德的形成即提供帮助又增加了难度。因此，大学生品德形成既要遵循品德形成的基本规律，又要充分把握大学生品德子系统的特殊情况，结合时代和社会的发展需要，优化大学生所处的特殊环境，共同致力于大学生品德的养成。

二、何谓"品德评价"

品德评价是本书研究的落脚点。因此，还需厘清品德评价的基本概念才能为后面的理论和实践研究做好铺垫。

[①] 陈万柏，张耀灿 . 思想政治教育学原理［M］. 2 版 . 北京：高等教育出版社，2007：116.

[②] 方宏建，郭春晓 . 大学生思想政治教育学［M］. 北京：人民出版社，2014：85-89.

27

（一）评价

如何对大学生品德进行评价是本书要解决的核心问题。因此，准确把握评价的内涵和外延，也是本书概念界定的重中之重。

从语义学考察评价的内涵，重点应把握"评价"的原初含义。《辞海》对评价的解释为："评论货物的价格；还价。《宋史·戚同文传》：'市物不评价，市人知而不欺。'今亦泛指衡量人物或事物的价值。"① 《现代汉语词典》（第七版）对评价有两种解释："一是评定价值高低，二是评定的价值。"② 可见，评价是指一种衡量人物或事物的价值的一种活动。

对此，马克思主义对评价做了更为详细的界定，认为"价值是事物或现象对于人的需要而言的某种有用性，是其对个人、群体乃至整个社会的生活和活动所具有的积极意义"③。它是一种关系范畴，是作为现实的人同满足其某种需要的客体属性之间的关系。在此基础上，"评价就是指主体在对客体属性、本质、规律进行认识的基础上，把自身需要内在尺度运用于客体，对主客体之间的价值关系进行评判"④。这种评判是一种特殊的认识、特殊的反映，这种特殊性表现为：一是评价的对象是价值，反映的是主体性事实；二是评价的依据是特定的标准和尺度，是一项客观性的认识活动；三是评价的目的更多的是突出主体性，其标准是主体的需要，即客体是否满足主体的需要；四是评价的结果存在多元化，也就是说，真理是一元的，但对同一客体的正确评价由于主体的不同可以多元化。

综上可知，评价是指评价主体在一定思想的指导下，对于评价客体是否满足主体需要以及满足需要的大小进行的价值判断过程。

（二）品德评价

在参考品德和评价两个核心概念的基础上，理论界对品德评价进行了界定。但学者们在界定时关注的重点不同。有的强调评价依据，认为"品德评价是以德育的总目标为准绳开展的价值判断活动"⑤；有的强调评价的具体内容，认为

---

① 辞海编辑委员会. 辞海：上 [M]. 上海：上海辞书出版社，2000：1111.
② 中国社会科学院语言研究所词典编辑室. 现代汉语词典 [M]. 7版. 北京：商务印书馆，2016：1009.
③ 祝慧. 行政伦理与党的执政能力 [J]. 桂海论丛，2007（3）：67.
④ 林国标. 马克思主义中国化评价体系的建构 [J]. 重庆社会科学，2012（7）：121.
⑤ 张其志. 实施发展性品德评价应注意的问题 [J]. 教育评论，2004（3）：16.

"品德评价是在一定事实基础上形成的价值判断，是依据一定的社会评价标准，根据被评价对象内在的精神状态、外在的言行以及交往实践活动中的表现做出的判断"① 或 "品德评价是对学生个体在思想品德方面的发展状况进行的判断，是德育评价的一个重要的基础部分"② 或 "品德评价是指在一定的思想指导下，运用科学、合理的方法，对学生的思想品德进行测查、评定，并对其价值进行判断的过程。品德评价不仅限于道德品质的测评，还应包括政治品质和思想品质的测量与评价"③；有的强调评价方法，认为 "品德评价是指建立在对品德特征信息'测'与'量'基础上的分析与评判活动，是评价者采取适当的评价方式收集有关信息、认识个体品德面貌特征的过程，是通过行为表现认识内在品德的过程"④ 或 "品德评价是指评价者依据一定的社会评价标准，采用科学的评价方法，有目的、系统地收集被评价者在某一时期内主要活动领域中的品德特征信息，进行价值判断或者直接概括与引发品德行为独特性的过程"⑤。

综上可知，理论界学者们对品德评价概念的界定侧重点各有不同。但归结起来，都是在涵盖品德评价基本要素的基础上进行阐释。因此，本书将"品德评价"界定为：品德评价是指评价主体在一定思想的指导下，依据特定的评价标准，采用科学、合理的评价手段和方法，对被评价者品德诸要素的发展水平及状况做出事实分析和价值判断的过程。

（三）品德评价和品德评估、品德测评的区分

要深入理解"品德评价"，还要注意区分其与相近概念的区别。事实上，目前理论界除"品德评价"这一提法以外，还有"品德评估""品德测评"等诸种提法。

"品德评估"是"品德评价"相近的概念，理论界有不少学者在研究时混用"品德评价"和"品德评估"两个概念，认为两个概念的实际内涵具有一致性。事实上，评估和评价也是存在区别的。前面对"评价"的界定倾向于评价

---

① 刘洁璇. 品德评价晕轮效应的社会学分析 [J]. 思想理论教育，2009（14）：47.
② 林斯坦. 现行中小学学生品德评价方法分析 [J]. 教育评论，1996（6）：20.
③ 侯光文. 教育评价概论 [M]. 石家庄：河北教育出版社，1996：400.
④ 张国建. 中小学生品德评价的现状与改革趋势 [J]. 教育理论与实践，2005（20）：60.
⑤ 张敏. 学生评价的原理与方法 [M]. 杭州：浙江大学出版社，2011：66-67.

是一种价值判断，而评估有"评议估计"① 的含义，不一定只针对"价值"而
论。因此，相对于"评价"来说，"评估"的外延更为广泛。但是，从价值评
定意义上来讲，使用"评价"概念会更为准确，它明确了是对价值的评定，而
不包括对非价值的估计或评议。

"品德测评"研究最多的是北京大学政府管理学院的肖鸣政教授。自 1985
年以来，肖鸣政教授先后发表品德测评论文 40 多篇、专著 3 部，对品德测评有
深入的研究。他将"品德测评"界定为："一种建立在对品德特征信息'测'
与'量'基础上的分析与评判活动。实质上，品德测评强调的是比较判断要以
准确的客观事实为依据，定性与定量相结合，强调品德测评过程及其结果的准
确性与客观性，强调对事实的'测'与数据的'量'，而不是'估'与
'评'。"② 也就是说，品德测评更为注重的是测评结果的准确性和客观性。对
此，《新编人才学大辞典》对品德测评做了更为详细的界定："品德测评是人才
测评的内容之一，是指对包括思想、政治、道德、法制、个性心理等素质在内
的一切品质，通过观察、谈话、测验等方法搜集相关信息，进行综合价值判断，
对判断结果进行定性与定量相结合的转化和解释，以反映人才品德状况的测量
和评价。"③ 可见，相较于"品德评价"，"品德测评"更加关注的是品德测量的
部分。

（四）品德评价与教育评价、德育评价、思想政治教育评价的关系

从品德评价的发展历程来看，品德评价是伴随着教育评价、德育评价、思
想政治教育评价的发展而逐渐发展起来的。因此，必须厘清品德评价与教育评
价、德育评价、思想政治教育评价的关系，才能为后文的研究打好坚实的基础。

事实上，"一切有目的地影响人的身心发展的社会实践活动都可以称之为教
育"④。为了促使教育更好地引导人的成长和发展，学者们将教育作为一门学科
加以研究，建立了教育学。在此基础上，为了有效地检验教育效果，教育评价
学作为教育学的重要分支发展起来。简单来说，"教育评价是指根据一定的教育

---

① 中国社会科学院语言研究所词典编辑室. 现代汉语词典 ［M］. 7 版. 北京：商务印书
馆，2016：1009.
② 肖鸣政. 人才品德测评的理论与方法 ［M］. 北京：中国劳动社会保障出版社，2008：
24-25.
③ 叶忠海，郑其绪. 新编人才学大辞典 ［M］. 北京：中央文献出版社，2015：555.
④ 刘一萍. 坐而言 不如起而行 ［J］. 成功（教育），2010（9）：48.

价值观或教育目标，运用可行的科学手段，通过系统地搜集信息、分析解释，对教育现象进行价值判断，从而不断优化教育和教育决策提供依据的过程"①。其范围主要包括"学生评价、教师评价、课程与教学评价、学校评价"等；其中，品德评价就是学生评价的一部分。"德育是教育的一个重要方面，是教育者根据一定社会或阶级的要求和受教育者品德形成发展的规律，有目的、有计划、系统地对受教育者施加思想、政治和道德影响，并通过受教育者积极的认知体验、身体力行，把一定社会的思想道德规范转化为受教育者个体的思想品德的活动。"② 为了检验德育效果，德育评价也随之出现。具体来说，"德育评价包括对德育条件、德育过程及其结果诸要素的评价，品德评价就是德育结果评价的重要内容"③。另外，德育有不同层次之分。其中，高校德育就特指思想政治教育。为了检验思想政治教育的效果，思想政治教育评价也随之产生，其评价范围包括思想政治教育过程及其效果的评价，而品德评价正是对思想政治教育的效果进行评价。

综上可知，高校思想政治教育是德育的一部分，德育又是教育的重要内容。相应地，品德评价必然包含于思想政治教育评价、德育评价、教育评价中。总的来说，品德评价与思想政治教育评价、德育评价、教育评价的关系如图1-1所示。

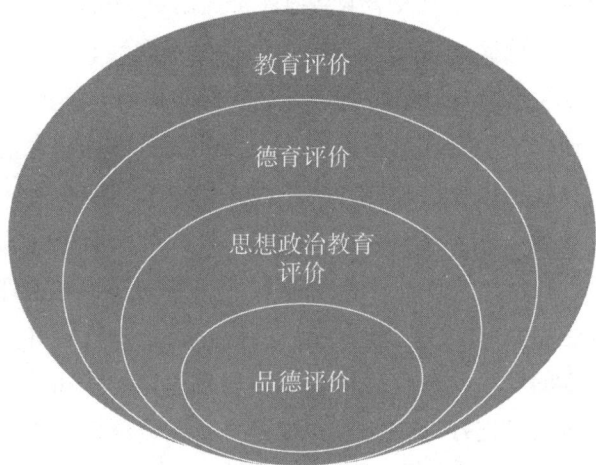

图1-1　品德评价与思想政治教育评价、德育评价、教育评价关系图

① 胡中锋. 教育评价学 [M]. 3版. 北京：中国人民大学出版社，2016：5.
② 虞国庆，漆权. 高等教育学 [M]. 南昌：江西高校出版社，2008：175.
③ 赵玉英，张典兵. 德育原理 [M]. 济南：山东人民出版社，2008：270.

三、何谓"大学生品德评价"

根据上文对品德评价的界定，大学生品德评价可以界定为：评价者在一定思想的指导下，依据特定的评价标准，采用科学、合理的评价手段或方法，对大学生品德诸要素的发展水平及状况做出事实分析和价值判断的过程。

理解这一概念要把握以下四方面。首先，大学生品德评价是对大学生品德的一种价值判断，它是依据特定的标准做出的价值评价，具有一定的客观性。事实上，对大学生的品德进行评价主要是评价大学生的品德是否满足大学生自身发展和社会发展的需要程度或大小；在一定程度上，这种评判主体是大学生本身和社会，具有主观性。但是，大学生品德评价又强调必须依据特定的标准进行，这就在某种程度上削弱了主观性，使得评价结果更具客观性。其次，大学生品德评价的内容具有意识形态性。大学生品德是在一定社会背景下逐渐形成的。社会和时代的发展会对个人品德的要求逐渐进行调整，以便适应当代个人、社会、国家等不同主体发展的需要。在此基础上，大学生品德的内容结构必然符合党和国家发展的需要，从而赋予其意识形态性。因此，对大学生品德进行评价一定要深刻认识当代社会和国家发展的特殊情况，充分把握当代大学生品德培养的新特点，才能为大学生品德评价提出更为科学的理论和实践指导。再次，大学生品德评价这一活动具有极强的目标指向性。一方面，通过这种评价，能够帮助大学生看清自己的品德状况，实现品德由"不好"向"好"的方向转变，从而促使大学生实现自身的全面发展；另一方面，通过大学生品德评价，能帮助完善高校思想政治教育，从而为国家未来建设和发展提供更多"可爱、可信、可为"的人才支撑。对此，在这一目标的指引下，大学生品德评价迫在眉睫。最后，科学、合理的评价手段和方法是大学生品德评价顺利进行的重要保障。大学生品德的形成过程复杂、内容丰富、表现特殊，大学生品德评价就必须按照科学的程序，综合运用相关学科理论、方法和技术来充分收集评价信息，并对评价信息进行科学处理和精密分析，这样大学生品德评价活动才能取得实效。另外，从这个意义上来讲，大学生品德评价又为评价主体和评价内容提出了更高要求。总之，在评价过程中，一定要充分把握品德评价的过程要素，使之协调统筹，共同致力于大学生品德评价活动的顺利进行。

第二节　大学生品德评价的思想资源

品德评价古已有之。一方面，中华文明上下五千年的累积在历史长河中积淀了丰富的品德评价思想。另一方面，随着教育评价在国内外的发展，各个学科兴起了"评价"热潮，尤其是德育评价进入国内外学者们的研究视野，并形成了丰富的德育评价思想。正是在这些思想资源的指导下，大学生品德评价才成为可能。

一、中国古代品德评价思想

我国素以文明古国、礼仪之邦著称，历来推崇儒家文化，强调"德"的重要作用并重视以德治国。因此，在中华上下五千年的历史长河中积淀了丰富的有关"德"的评价方面的经验。回顾中国古代历史，有关"德"的评价往往是与人才选拔联系在一起的。据史料记载，"西周的选士制度（乡里选士、诸侯贡士、学校选士）是世界上最早的评价选拔人才的制度"[1]。随后相继出现了察举制、九品中正制、科举制等人才选拔制度。这些人才选拔制度对当时国家的发展起到了重要作用，特别是其中蕴含的丰富的品德评价思想，不仅为当时国家的发展提供了许多德才兼备的人才，还为今天的品德评价提供了丰富的思想资源。

（一）品德评价的必要性和可行性

相传，尧对舜的品行道德进行了 28 年的考察才禅位于舜。到春秋战国时期，诸子百家对品德评价的必要性和可行性更是进行了集中论证，尤其是以孔子为代表的儒家学派非常重视品德评价。孔子是我国古代教育思想的奠基人。他非常重视人才的品德培养，认为品德培养关系到治国安邦的根本大计。在长期的人才品德培养实践中，孔子逐渐认识到弟子之间存在品德、智能、水平等各方面的差异。"德行：颜渊，闵子骞，冉伯牛，仲弓。言语：宰我，子贡。政事：冉有，季路。文学：子游，子夏。"[2] 同时，孔子认为，这些差异是由后天

---

① 侯光文 . 教育评价概论 ［M］. 石家庄：河北教育出版社，1996：3.

② 朱振家 . 论语全解 ［M］. 上海：上海古籍出版社，2014：157.

环境和教育所造成的。由此，孔子提出"性相近也，习相远也"①的"有教无类"思想，主张"因材施教""长善救失"。那么，如何"因材施教""长善救失"？这就需要对人才做出科学、全面的评价。由此，孔子提出："不患人之不己知，患不知人也。"②就是说，一个人最大的祸患就是不了解别人。他在《中庸》中提出了"不可以不知人"的主张。为了"因材施教""长善救失"，必须"知其心，然后能救其失也。教也者，长善救失者也"③。总之，孔子对弟子差异性的认识和"有教无类""因材施教"的教育思想充分论证了品德评价的必要性和可行性。另外，孔子还将品德评价贯穿于他一生的教育实践当中。除此之外，儒家学派另一位代表孟子也认为，对人的品德进行评价既重要又可行。对此，他将人的品德分为"善""检""美""大""圣""神"六种，认为这六种品德之间存在很大的差异。因此，孟子主张对人的品德进行评价，指出："权，然后知轻重；度，然后知长短。物皆然，心为甚。"④

随后，我国各朝各代不少先贤对品德评价的必要性和可行性也进行了论证。三国时期的玄学家王弼（226—249）认为，人的品德可以通过外在的行为和语言找到蛛丝马迹。"夫象者，出意者也。言者，明象者也。尽意莫若象，尽象莫若言，言生于象，故可以寻以言现象；象生于意，故可寻象以观意。意以象尽，象以言著。"⑤这里的"象"是指形象，蕴含人的行为举止、仪表风貌；"意"是指"象"和"言"的本意。即是说，"象"和"言"都是"意"的表现。可见，品德评价是可行的。南北朝时期的教育思想家颜之推（531—595）认为，品德是能被评价的。"诚于此者形于彼，人之虚实真伪在乎心，无不见乎迹，但察之未熟耳。一为察之所鉴，巧伪不如拙诚，承之以羞大矣。"⑥就是说，存在于内心的品德会在其行为中留下印记，只要我们能够"察之熟"，就能够以"一"见"大"。北宋教育家张载（1020—1077）认为，"'成德为行'，德成自信则不疑，所行日见乎外可也"⑦。就是说，品德形成必然会见乎外，从而被观

---

① 朱振家．论语全解［M］．上海：上海古籍出版社，2014：270.
② 朱振家．论语全解［M］．上海：上海古籍出版社，2014：11.
③ 礼记［M］．鲁同群，校注．南京：凤凰出版社，2011：144.
④ 刘乔周．孟子全集［M］．苏州：古吴轩出版社，2013：15.
⑤ 王弼．周易注疏［M］．韩康伯，注．北京：中央编译出版社，2013：437.
⑥ 莫增荣．颜氏家训［M］．合肥：安徽文艺出版社，2012：90.
⑦ 张载．张子全书［M］．林乐昌，编校．西安：西北大学出版社，2015：56.

察到。宋朝教育家朱熹（1130—1200）认为，"德，是行其道而有德于心。虽是有德于心而不失，然也须长长执守，方不失。如孝，行之已得，则固不至于不孝；若不执守，也有时解走作"①。就是说，有德必"执守"之行，品德必然表现于外在的行为。

（二）品德评价遵循一定的标准和原则

进行品德评价，必须具备一定的标准并遵循合适的原则。

关于品德评价的标准，我国古代先贤有深刻的论述。西周时期形成的我国最早的职官选拔制度，强调用"六德六行六艺推选法"来选拔官员。其中"六德六行"就是品德评判标准。"六德"是指知、仁、圣、义、中、和；"六行"是指孝、友、睦、姻、任、恤。到春秋战国时期，诸子百家形成了各自的评价标准。孔子认为，爱国主义、智、仁、勇、温、良、恭、俭、让、宽、信、敏、惠、孝、悌等品行既是人才培养的目标，也是评判人才品德的标准。孟子认为，人的品德存在发展上的不平衡，可以有"善""检""美""大""圣""神"六种之分，这不仅是品德类别的划分，也是判断人的品德的标准。荀子认为，个体之间的品德存在差异。因此，荀子将"忠信而不谀，谏争而不谄，挢然刚折，端志而无倾侧之心，是案曰是，非案曰非，是事中君之义也"② 作为品德评价的标准。以老子为代表的道家认为，可以将"无为""朴""柔""厚""实""静"作为品德评价的标准。对此，老子还将品德做了"玄德""上德""广德""建德""下德""德畜"六种区分。另外，隋代教育家王通认为，人的品德水平应以"知""行""信"为评判标准，且在这三个标准中，"信"是最为重要的。唐代文学家韩愈认为，人的品德是由"仁""礼""信""义""智"五大要素构成，因此以五大要素在品德结构中所占比例和相互间的关系可以作为判断一个人品德水平的等级。另外，唐代教育思想家李翱则提出人的品德水平应以其在具体活动的表现特征来作为评判标准。对此，他提出了七条评价标准："盖行已莫如恭；自责莫如厚；接众莫如弘；用心莫如直；讲道莫如勇；受益莫如择友；好学莫如改过。"③ 思想家许衡（1209—1281）发展了朱熹的思想，认为一个人品德的水平可以通过其受生与出生时所禀之气来决定，所禀之气的

① 黎靖德．朱子语类：第三册［M］．王星贤，点校．北京：中华书局，1986：867．
② 荀况．荀子［M］．杨倞，注．耿芸，标校．上海：上海古籍出版社，2014：159．
③ 李翱，欧阳詹．李文公集［M］．上海：上海古籍出版社，1993：303．

"清、浊、美、恶"的程度差异就是评判一个人品德水平的标准。对此，许衡在此基础上将人的品德分为上、中、下三个大等级。

除了品德评价标准，古代先贤还提出具体的评价原则。孔子认为，品德评价必须遵循综合评价、实事求是的原则。一方面，孔子认为人与人之间存在怨气，从而导致评价失真，必须善于从正反两面进行全面、辩证的评价；另一方面，孔子认为不应该对弟子言行以外的事妄加推断、人云亦云，必须实事求是地进行评价。以墨子为代表的墨家认为，品德评价不能简单地就事论事、妄加断言，要遵循动机、行为、效果相统一的原则。"义，利；不义，害。之功为辩。"① 道家的庄子也认为，品德评价存在相对性和偏向性，因此要坚持正反对比的原则对品德评价综合把握。另外，宋朝思想家朱熹认为，品德评价要坚持宏观评价与微观评价、正面与反面、主要与次要以及定性与定量相结合的原则。

（三）品德评价遵循一定的评价方法

我国古代先贤不仅在品德评价理念、标准、原则方面有极高的见解，对品德评价的方法也做了一些有益的探讨。

首先，诸子百家对品德评价的方法做了许多有益的探讨。儒家学派中，孔子、孟子、荀子先后提出了一些评价方法。孔子认为，"有德者必有言，有言者不必有德。仁者必有勇，勇者不必有仁"②。因此，孔子改变他原有的听其言信其形的观点，主张通过观察、谈话、访问调查这几种方法对人的言行进行品德评价。"始吾于人也，听其言而信其行；今吾于人也，听其言而观其行，于予与改是。"③ 另外，孔子还主张自我评价，内省吾身。"见贤思齐焉，见不贤而内自省也。"④ 孟子认为，品德评价可以从三种方法着手。一是环境与背景条件分析法。孟子认为，人的品德修养离不开周围环境和背景的塑造。因此，可以从周围环境和背景入手。二是群众评议观察验证法。孟子认为，一个人的德行如何要广纳群众的意见，以此为依据然后进行观察考证。三是特征判断法⑤。孟子认为，一个人是否具有一定的德行，可以通过特征加以判定。"恭者不悔人，俭

①　墨子 [M]. 毕沅，校注. 吴旭民，校点. 上海：上海古籍出版社，2014：208.
②　朱振家. 论语全解 [M]. 上海：上海古籍出版社，2014：211.
③　朱振家. 论语全解 [M]. 上海：上海古籍出版社，2014：60.
④　朱振家. 论语全解 [M]. 上海：上海古籍出版社，2014：50.
⑤　孟丽. 我国基层公务员品德测评研究 [D]. 石家庄：河北经贸大学，2011：11.

者不夺人。侮夺人之君，唯恐不顺焉，恶得为恭俭？恭俭岂可以声音笑貌为哉？"① 荀子的品德评价方法包括三种：一是两极情境表现考验法，考察人在顺境和逆境中的行为表现；二是情境测验法；三是三年考评法，即以三年为期，对不同阶段的品德使用不同的评价方法，从而进行全面的评价。② 除此之外，道家认为，可以通过直接类比、见小知常、涤除玄览的方法进行品德评价。直接类比是因为品德本身存在一定的模糊性，因此可以从具体的人的品德来评价另一个人的品德。"故以身观身，以家观家，以乡观乡，以邦观邦，以天下观天下。吾何以知天下然哉？以此。"③ 见小知常是指品德能被人所观察到的只是其中一小部分，因此可以"见小曰明"④，通过细小的行为观测出品德特征。涤除玄览是由于品德评价主体往往会带有一些主观色彩去评价。因此，可以通过"涤除玄览，能无疵乎？"⑤ 帮助评价主体放弃主观偏见，认识事物全貌，从而整体性进行品德评价。

随后，我国各朝各代的先贤们在对前人品德评价方法的去粗取精后，又提出了不少评价方法。三国时期的刘劭提出通过观察法和情景模拟的方法对人进行全面评价，在其所著的《人物志》中提出了"八观"和"五视"对人进行全面评价。隋代教育家王通（584—617）认为，品德评价要"度其言，察其志，考其行，辩其德"⑥。也就是说，在品德评价过程中要采用定性与定量、耳闻与目睹、事实分析与综合归纳三者相结合的系统的综合的评价思想。唐代柳宗元认为，对人的品德进行评价，要采取"辞""行""智"并测综评："即其辞，观其行，考其智，以为可化人及物者，隆之。文胜质，行无观，智无考者，下之。"⑦ 唐代思想家刘禹锡（772—842）认为，德性的评价应采取历史分析与思考推断相结合的方法，即所谓"循迹而求""推心以明"。北宋思想家王安石认为，要评价一个人的品德，要综合"耳闻、目睹、口问、事验"于一体。到明清时期，王守仁提出以学生自评为主的养成性品德评价方法，陈献章提出"观

---

① 刘乔周. 孟子全集［M］. 苏州：古吴轩出版社，2013：158.
② 孟丽. 我国基层公务员品德测评研究［D］. 石家庄：河北经贸大学，2011：11.
③ 老子. 道德经［M］. 李若水，译评. 北京：中国华侨出版社，2014：200.
④ 老子. 道德经［M］. 李若水，译评. 北京：中国华侨出版社，2014：192.
⑤ 老子. 道德经［M］. 李若水，译评. 北京：中国华侨出版社，2014：35.
⑥ 王通，郑春颖. 文中子中说译注［M］. 蒋玉斌，注. 哈尔滨：黑龙江人民出版社，2010：167.
⑦ 柳宗元. 柳宗元集［M］. 北京：中国书店，2000：335.

往可以知来"的品德预测方法，等等。

综上可知，我国古代在历史长河中积淀了不少品德评价的可贵经验。当然，由于历史和社会性质等方面的原因，我国古代品德评价思想还存在一定的局限性。但是，不可否认的是，其中有许多的精华、闪光之处。对此，我们要充分借鉴古代品德评价思想的精华之处，去粗取精，为当代品德评价的理论和实践研究提供指导。

二、中国现代德育评价思想

我国现代德育评价思想是随着教育评价的发展而逐渐发展起来的。回顾历史，教育评价思想是西方的舶来品，于 20 世纪初引进中国。随后，教育评价在我国经历了"间续发展（1900—1977）、理论积累（1977—1985）、持续发展（1985 年以后）"① 三个发展阶段。特别是 1985 年 5 月 27 日中共中央印发的《关于教育体制改革的决定》② 使得党和政府对教育评价给予了高度的关注。随后，我国先后下发了《普通高等学校教育评估暂行规定》（1990）、《中国教育改革和发展纲要》（1993 年）等文件对教育评价做出了重要指示。在这样的大背景下，国内教育界掀起了评价热潮，德育评价也应运而生。自 20 世纪 80 年代我国正式开展教育评价研究以来，广大德育工作者就对德育评价（测评）进行了探索。具体说来，我国现代德育评价研究经历了初探（1978—1990）、科学化（1991—2000）、多元化（2001 年至今）三个阶段的发展，从最初提出建立德育评价的设想，到建立科学的德育评价体系，再到促进德育评价多元化发展以提高德育评价工作的实效性。总之，德育评价在党和国家的推动下，经过相关学者的共同努力，已经形成了内容丰富、体系完整的理论体系。

（一）德育评价的概念

自从德育评价研究兴起以来，学者们首先对德育评价的内涵进行了界定。一般来说，有两种界定思路。一是从教育评价的角度界定德育评价，认为德育作为教育的重要内容，同样需要像教育一样对德育活动的各个方面进行评价。二是从评价的本质来界定德育评价，认为"德育作为一种'育德'的社会实践

---

① 王茂胜．思想政治教育评价：一个亟需加强研究的课题 [J]．思想理论教育，2007（5）：51．

② 中共中央．关于教育体制改革的决定 [EB/OL]．教育部，1985-05-27．

活动，具有重要的价值。对此，可以通过评价对德育的价值做出评判"①。比如，班华、鲁洁、王逢贤、杜敏等德育研究者基本上都是从这个角度来界定德育评价。事实上，不管是从教育评价还是从评价的本质来界定德育评价，两种界定都是正确的，只是各自的出发点不同而已。因此，综合两种路径可以做如下界定："德育评价是德育工作的一个重要环节，是指德育评价主体按照一定的原则和评价标准，运用科学的方法和手段，系统地收集信息，对德育活动及其效果所进行的在事实基础上的价值判断的过程。"② 总之，把握这一内涵要注意以下六个问题。一是德育评价的最终目的是促进人的全面发展。随着时代和社会的进步，人们对自身全面发展的要求越来越高。相较于传统德育评价而言，现代德育评价不仅要鉴别学生品德发展水平，更要促进学生品德向最高标准靠拢，从而实现自身的全面发展。二是德育评价方式方法多元化。三是德育评价主体多元化。也就是说，除了德育的实施者，还要强调学生成为评价者，使之与德育实施者一起参与到评价中。四是德育评价内容多元化，既包括德育活动也包括德育效果。五是德育评价标准合理化。只有标准合理，才能保证评价结果的科学性。六是德育评价过程与结果并重，这是由评价的内容和品德的形成规律所决定的。

（二）德育评价的主要内容

从德育评价概念的界定可知，德育评价包括对德育活动的条件、过程和效果等内容的评价。具体来说，主要有两方面的内容。一是德育工作评价。"德育工作评价是指德育评价主体依据一定的原则、标准和程序，有计划、有组织地运用科学手段，对德育工作的整体状况进行调查和检测，并在此基础上做出价值判断的活动过程。"③ 换句话说，德育工作评价主要包括两个环节，即制定德育评价目标和实施德育评价活动。首先，德育评价的目标。目标是指通过一定的活动所要达到的效果，德育评价的目标就是通过对德育活动的评价，在充实德育内容的基础上一定程度地激发学生的学习兴趣，健全学生的人格，从而塑造全面发展的学生。其次，实施德育评价。在目标确定过后，就需要按照一定的程序实施德育评价，包括准备、实施和结果分析处理三个阶段，从而保障德

---

① 张典兵. 德育评价研究 30 年：回溯·反思·展望 [J]. 学术论坛，2011（1）：200.
② 赵玉英，张典兵. 德育原理 [M]. 济南：山东人民出版社，2008：270.
③ 赵玉英，张典兵. 德育原理 [M]. 济南：山东人民出版社，2008：276.

育评价工作的有序进行。对此，对德育评价的目标和实施的各个阶段的评价就构成了完整的德育工作评价。二是德育效果评价，即学生品德评价。事实上，德育的最终目的是培养学生良好的品德。对此，借助学生品德评价，不仅能够检验德育质量，还能够帮助学生形成良好的品德。另外，自开展德育评价研究以来，理论界对学生的品德评价形成了一系列评价方法，建构起了一个完整的评价体系，为其提供了科学的指导。

（三）德育评价的原则和方法

德育评价的原则和方法为德育评价的实施提供了合理的规范和科学的技术，能够有效地保证德育评价活动的开展。具体来说，在德育评价过程中，要坚持如下原则。一是综合性原则。德育评价的内容涵盖德育工作和德育效果两方面的内容，且这两大对象里面又包含了具体的内容。因此，在得出评价结论时，要综合这些内容做出全面的评价。二是终身化原则。一方面，德育工作会随着社会的发展而逐渐做出调整；另一方面，学生品德是经过了知、情、信、意、行诸要素辩证发展的过程，经历了无数次的反复才最终形成的。对此，德育评价不能一蹴而就，还需要坚持不懈，随时做出新的评价。三是多元化原则。这是由德育评价主体的多元化所决定的。四是动态化原则。这是由评价对象的年龄所决定的。事实上，学生在不同的年龄阶段会表现出不同的品德状况。对此，在设定评价目标的时候，一定要与学生的具体情况结合起来，这样才能随时做出调整以适应评价对象的特殊性，从而保证评价结果的有效性。另外，在评价过程中，还要运用科学的评价方法。对此，理论界根据不同的标准划分了不同的评价方法，其中最为实用的评价方法主要有以下四种。一是日常评价。这种评价方法强调形成性评价，是最经常的评价方式。但在运用的过程中要注意明确评价内容、坚持评价的真诚性、评价时要适时适度等问题，这样才能取得效果。二是档案袋德育评价法。这种方法是国外教育评价的一种新兴方法，最初主要运用于学生评价，后来逐渐被教师认同。这种方法主要是通过档案的形式记录学生品德发展水平和改进状况，从而为后期的德育教育提供意见。三是教师自编测验评价。这种方法主要是教师根据德育的目标和内容来编制的，以便测验学生的品德发展状况。四是投射法，就是指个人将自己的品德状况反应于外界环境的事物或他人身上的一种心理作用。这种投射具有无意识性、无限制性，从而在一定程度上保证了测验结果的整体性。总之，德育评价的原则和方法在德育评价过程中具有重要作用，对德育评价具有重要的指导意义。

综上可知，我国自1978年开始研究德育评价以来，已经建构起了完整的评价体系，在德育评价的概念、内容、过程、原则、方法等方面已经形成了完善的理论。当然，随着社会和技术的发展，德育评价的研究还存在许多的不足，包括基本理论研究的缺失、现代技术运用的缺乏、人文主义关怀不足等问题。但是，德育评价对学生品德评价的内容则为大学生品德评价提供了丰富的思想指导，其中一些品德评价思想可以根据大学生独有的特点做出调整，为大学生品德评价提供丰富的思想资源。

三、西方现代德育评价思想

回溯历史，西方的教育评价历史源远流长，可是说自从有了教育就有了教育评价，比如，苏格拉底的"产婆术"就蕴含了深刻的评价思想。而现代的教育评价则是起源于教育测量。对此，美国评价专家古巴和林肯将现代教育评价划分为测量、描述、判断和建构四个阶段，对现代教育评价的发展做了详细的论述。在此基础上，西方德育评价也伴随着教育评价的发展而逐渐发展起来。但是，由于社会制度和文化背景等的差异，世界各国的价值观、道德观等必然不同，德育评价同样如此。相较于中国德育评价的两大内容来讲，西方各国更多的是强调对个体的德育评价。

（一）西方德育评价的主要内容

由于各个国家价值观和文化背景的不同，其德育评价都各具特色。

美国强调学生个体的道德发展。事实上，相较于其他国家来说，美国教育评价更加完善。对此，美国的德育评价基本上是将教育评价的理论和方法运用到实践中而展开的。具体来说，美国学者对德育评价内涵进行了界定，认为"德育评价就是对德育方案的评估，即检测在某一方案指导下进行的道德教育促成受教育者向一定目标靠近的数量和程度"[1]。也就是说，德育评价的主要内容是个体的道德发展情况。另外，还根据不同的评价标准，对德育评价的类型做了划分："按德育评价的目标，可以分为知识目标评价和情感目标评价；按德育评价所处阶段，可以分为诊断性评价、形成性评价和终结性评价；按德育评价

---

① 王茂胜．思想政治教育评价论［M］．北京：中国社会科学出版社，2006：58.

的参照系，可以分为标准参照评价和范例参照评价。"① 尽管德育评价可以划分为诸多类型，但是美国德育评价关注的是个体的道德发展状况，即更多地强调德育评价的教育性功能。因此，在实际过程中，德育评价更多采用的是诊断性评价和形成性评价。为保证这种评价的有效性，美国德育评价主要运用构造性陈述、呈示性陈述、现场观察和场外观察的方法进行综合评价。除此之外，美国的德育评价还注重评价过程的道德性，尊重被评价者的个人隐私和人格，强调对评价信息的保密责任。

英国注重保守性与现代性并重。具体来说，英国德育评价具有双重风格。一是重视绅士风度。受英国历史文化传统的影响，英国一直重视将儿童培养成有德行、有理性、有礼仪、有学问的绅士。17 世纪英国伟大的哲学家、启蒙思想家约翰·洛克所著的《教育漫话》把绅士的品质划分为"德行、智慧、教养和学问"② 四种，而德行处于首位，视之为最重要的品行。其他三种与德行一起共同构成个人道德水平的重要标准，从而影响德育评价。二是强调道德能力。随着社会快速发展和价值多元，道德能力成为道德发展的重要因素和道德教育的关键内容。对此，英国学校充分强调道德能力的教育，一方面培养学生的道德判断能力和预知行为后果的能力，另一方面将知识与道德联系起来，从而使学生能对其行为做出说明。另外，英国的一些具有重要影响力的道德教育理论基本上都强调道德能力的培养。由此，道德能力就必然成为德育评价的关键内容。

法国强调培养自由社会的公民。为确保这一德育评价目标的实现，法国还通过法律的形式将德育评价确定下来，比如，1975 年通过的《75-620 教育法案》和 1985 年国民教育部印发的《方向与目标》文件都提到了德育评价的问题。具体来说，法国德育评价具有以下特征。一是突出公民素质。"法国道德教育的目的之一就是要培养学生具有民主法制思想、追求自由并能自律、热爱法兰西民族与文化。"③ 法国将培养公民的道德素质作为德育甚至整个教育的首要任务，甚至从小学就开始培养学生的公民意识。对此，评价公民的道德素质因而成为德育评价的题中之义。二是争取家庭合作。法国德育评价非常注重家庭

---

① 王玄武. 比较德育学 [M]. 2 版. 武汉：武汉大学出版社，2003：364-366.
② 洛克. 教育漫话 [M]. 徐诚，杨汉麟，译. 石家庄：河北人民出版社，1998：121.
③ 王玄武. 比较德育学 [M]. 2 版. 武汉：武汉大学出版社，2003：375.

的作用，认为学校和家庭之间要建立起一个网络，以便形成对接。法国国民教育部 1989 年印发《教育方向指导法》，通过法律的形式确定下来，要求学校和家庭之间的联系要保持到学生成年为止。三是强调道德认知。这是法国德育评价的一大特色，法国专门开设"公民与道德"课程来规范公民的道德行为。

日本突出学生的阶段性和角色特征。"对于儿童的道德品质，必须经常努力去把握它的实际状况。然而，对道德课所作的评定若与各学科的评定一样，那是不适当的。"① 也就是说，日本德育评价不仅强调要分阶段分年龄对儿童进行评价，还要根据德育的特殊性质做出合适的评价。具体来说，日本德育评价具有以下特征：一是德育评价的内容具有全面性，这是由德育评价的目标和内容决定的。日本德育评价的目标强调将个人与社会统一起来，既要注重道德对个人发展的作用，也要锻造适合社会特定角色的人。日本德育评价的内容涵盖了道德的方方面面，强调评价要动机和行为相结合。二是德育评价要把民族性与人类性统一起来，即通过德育评价的目标和内容将民族性与人类性统一起来。三是突出阶段性和角色特征。阶段性和层次性是道德教育的共同要求。对此，日本不仅对不同年龄阶段的德育内容做了归纳，还对同一个人的不同角色的道德要求做了区分。

（二）西方德育评价的主要方法

从德育评价的主要内容来看，西方各国主要强调对个体道德情况的评价。相较于我国而言，西方德育评价的范围更为狭窄。但是，西方各国在历史的洪流中形成了许多丰富的德育评价方法。这些方法不仅论证了道德教育的可行性，还为道德教育的发展和调整提供了理论支撑。

两难问题分析法。这是美国教育心理学家科尔伯格对皮亚杰的"对偶故事法"进行修改而成的一种方法。科尔伯格认为，人的品德是内在于个体身上的一种心理特征，并随着个体的成熟逐渐发展。对此，科尔伯格提出"两难问题分析法"，认为可以设置道德两难问题对被测试者进行访谈，按照一定的评价标准体系，根据其回答和陈述理由来判定其道德的发展阶段。这一方法在道德教育领域具有很大的影响力。"这一理论的优越性在于其为教学方法和课程内容提

---

① 翟葆奎. 德育［M］. 北京：人民教育出版社，1989：189.

供了清楚的指导，特别是为教育效果的评价提供了操作性很强的方法。"① 这一方法尽管弥补了皮亚杰的不足，但是仍然存在不少问题，包括道德两难问题本身的局限性、评价标准体系过于复杂等，这些问题都在一定程度上影响这一方法的准确性。

系统观察评定法。系统观察评定法是指通过观察具体情境中的品德行为来测评学生的品德，然后再与前一阶段的品德进行比较，从而评判德育的价值。相较于一般日常观察法的随意性、偶然性和分散性，这种方法是一种有目的、有计划、有组织、有步骤的系统性观察。具体来说，这种方法有以下三个特点：一是对观察资料采用系统、科学的方法进行收集，以确保资料的完整性；二是所收集的资料与品德评价相关，从而保证资料的相关性；三是进行直接地、面对面地观察，确保结果的准确性。概言之，这种方法从一开始评价者就十分明确观察什么、什么时间观察、在什么地点观察以及如何观察。而且对于观察所得的样本还会根据一定的评价标准进行打分，最终各项的总和就呈现出了评价对象的品德水平。需要注意的是，这种方法主要是以观察样本为依据。因此，样本必须有足够的数量才能确保结论的准确性。一般来说，这种方法主要运用于少年儿童或小学生的德育评价，特别是对于语言表达能力差和有障碍的人的品德评价特别有效。但是，这种方法也有一定的局限性，表现为观察时间久且反复、评价存在主观性和偏见性以及观察具有一定的表面性等问题。

自我陈述法和自我展示法。"自我陈述法是指在一定时间内让学生自己用口头或书面的方式陈述自己学到了什么的测评方法。""自我展示法是指让学生自己积累、选择最能代表自己水平、思想、个性的各种作品进行展示的一种非量化的评价方式。"② 两种方法各具优势。其中，自我陈述法强调尊重学生本身，相较于他人而言，他们自己更具有发言权。他们在回顾教学的过程中，不仅能够反思自身的认知程度，还能回味自身的情感体验，并将这种体验反馈给教师。另外，这种方法还能促进学生创造力的发挥，即学生在反思和回味的过程中可以对此进行整合和调整，从而适应品德发展的要求。具体在使用中，自我陈述法可以通过班级口头交流和课程日志的方式进行。除此之外，自我展示法也是

---

① EMLER N. How Can We Decide Whether Moral Education Works? [J]. Journal of Moral Education, 1996, 25 (1): 117-126.

② 沈壮海，佘双好. 学校德育问题研究 [M]. 郑州：大象出版社，2010：280.

一种特殊的评价方法。这种方法主要是针对一些无法用量化或客观的方法加以评价的特殊岗位或职业的人所采取的方法，如艺术行业。对此，通过作品的形式可以直观、清楚地反映学生的品德变化。在此基础上，不仅方便彼此之间的交流，也更有利于教师进行针对性的指导。

操行评定法。这一方法是日本较为流行的品德评价方法。操行，在日语中的意为品性与行为，是道德判断、情操、行为和习惯的总称。① 最初是称为"人品查定"，直到明治三十五年在中学得到普及和发展。事实上，当时日本各个学校操行查定的内容都是不一样的，但基本上都是采取目标分解法层层分解来制定品德评价标准。对此，这种评价标准体系中的各个项目带有明显的价值倾向，基本上以忠孝为核心。可以说，这种目标逐层分解的方法相较于以前评定项目的抽象性来讲，能够在一定程度上使品德评价的方法和程序制度化。另外，随着项目分解评价方法的发展，当时日本还相继出现"操行评定簿"和"操行协议会"的评价方法，甚至还发展为操行评等的方法，这种方法目前在日本各个学校都在使用。但是由于操行评定法和操行评等法自身的局限性，日本部分学生对此极度不满，甚至爆发了罢课、抗议等行为。对此，日本学校进行了改革，形成了"只写评语，不给评等，只实事求是地纪实描述有关情况，不做任何主观评定"② 的操行评语模式。

他山之石，可以攻玉。西方各国积淀了丰富的德育评价思想。研究和借鉴这些思想能够推动我国品德评价更加科学化、系统化、制度化。一方面，西方各国德育评价的内容特色为我国品德评价提供了参照。为此，大学生品德评价一定要充分关注我国当代大学生的特殊性，凸显其品德评价内容的独特性。另一方面，西方各国的德育评价方法也为大学生品德评价方法提供了指南。我国可以借鉴这些方法并根据自身特色实现大学生品德评价的中国化，使西方德育评价方法更好地为我国大学生品德评价服务。

---

① 参见日本齐藤利彦著的《明治后期初中操行查定与学生管理》。
② 肖鸣政. 人才品德测评的理论与方法［M］. 北京：中国劳动社会保障出版社，2008：178.

第三节 大学生品德评价的理论基础

"没有实践基础的理论是空洞的理论；同样，没有理论指导的活动是盲目的活动。"[1] 大学生品德评价的理论基础，正是大学生品德评价理论得以建立起来的关键。对此，马克思主义道德观以及思想政治教育学、管理学、心理学等相关学科为大学生品德评价奠定了夯实的理论基础。

一、马克思主义道德观

马克思主义道德观是马克思主义理论体系的重要组成部分。它是由马克思和恩格斯创立的，其后由后继的马克思主义者在实践中不断继承和发展的道德观共同组成的理论体系。当然，马克思主义道德观中强调的道德与本书研究的品德是不同的范畴，但是两者在道德方面的一致性使得马克思主义道德观的基本理论能够为本书大学生品德评价的研究提供夯实的理论指导。对此，全面、系统地掌握马克思主义道德观是研究大学生品德评价的关键。

马克思主义道德观的形成与其理论体系一样，经历了从创立到成熟的发展过程。在这过程中，马克思恩格斯主要围绕道德的起源、本质、特性、作用、发展规律等方面阐述了他们的道德观。其中，最为关键的是，马克思恩格斯对道德评价做了详细的阐述。马克思恩格斯认为，道德评价和道德批判是道德作用的发挥。伦理学将道德评价和道德批判界定为从道德上对人进行评价、对人和事进行道德上的批判。一般来讲，道德的这种作用主要通过社会舆论用道德规范和准则来调整人与人之间的关系。对此，道德作用的这种特殊性使得道德评价和道德批判与客观规律之间的关系更为复杂。但马克思恩格斯之前的唯心主义者和形而上学者没有阐明这一问题。对此，马克思恩格斯则在唯物史观的指导下做了科学的说明。马克思恩格斯认为，进行道德评价必须遵循客观规律。道德作为社会意识是由社会存在决定的，是客观存在的反映。人们的道德观念、道德准则、道德规范等，反映的是一定社会的经济关系。因此，道德在内容上客观的，它必然由社会发展的客观规律所决定。这就是道德评价中的决定论原

---

[1] 王茂胜. 思想政治教育评价论［M］. 北京：中国社会科学出版社，2006：59.

则，使得道德评价有了科学依据。需要注意的是，人们对客观规律的认识和掌握程度能在一定程度上提升人们道德选择的自由度。也就是说，认识和掌握的程度越高，选择的自由就越多，相应的道德水平就越高。"自由不在于幻想中摆脱自然规律而独立，而在于认识这些规律，从而能够有计划地使自然规律为一定的目的服务。"① 因此，进行道德评价，必须遵循一定的客观规律。由此，在进行道德批判的时候，也必须以客观规律为基础进行科学分析，这样才能使道德批判具有真正意义。

列宁在马克思恩格斯的道德观的基础上又做了进一步发展。其中，特别是对道德评价做了科学的论证。一是对道德评价的客观标准做了深刻的论证。列宁强调，社会经济基础对道德起着最终的决定作用。因此，唯物主义决定论原则是道德评价的客观标准。但是，唯心主义社会学家为了反对唯物史观的决定论原则，在决定论和道德、历史必然性和个人作用之间制造了冲突，其实质是把个人的道德因素看成历史发展中的决定性因素。对此，个人的行为及其后果的道德评价就失去了客观标准，只好诉诸人的自由意志，实际上等于取消道德评价。因为用人的自由意志这种主观随意性的标准来进行道德评价是毫无意义可言的，甚至还会得出荒谬的结论。列宁驳斥了这种观点，他认为只有唯物史观的决定论原则才能为道德评价提供唯一正确的客观标准。"决定论思想确认人的行为的必然性，摒弃所谓意志自由的荒唐的神话，但丝毫不消灭人的理性、人的良心以及对人的行为的评价。恰巧相反，只有根据决定论的观点，才能做出严格正确的评价，而不致把什么都推到自由意志上去。"② 另外，列宁在阐明这一原则时还明确强调，对人的道德进行评价时，要从社会发展的必然规律和他们的社会地位、生活条件等客观方面去研究他们道德面貌的根源；要清晰地看到，个人的道德表现本质上是一种社会现象，而不是个人主观意志的产物。二是对道德评价的方法论做了科学的阐述。列宁认为，在道德评价中要科学解决道德行为中动机和效果的关系问题。当时俄国民粹派的某些思想家认为，人们的思想和感情是一种偶然性的现象，不是由某种特定环境决定的。对此，列宁从马克思主义决定论的立场对这一观点进行了驳斥，认为任何个人的思想和

---

① 中共中央马克思恩格斯列宁斯大林著作编译局. 马克思恩格斯选集：第 3 卷 [M]. 北京：人民出版社，2012：491.

② 中共中央马克思恩格斯列宁斯大林著作编译局. 列宁全集：第 1 卷 [M]. 北京：人民出版社，1984：129.

感情，都是一定社会环境的必然产物。也就是说，人们行为的社会结果（或社会事实）是评价人们的行为的道德动机的唯一客观依据。列宁指出，对人进行道德评价时，必须考虑其行为的动机，就是要仔细研究人的意图、愿望等主观因素的道德差异。正是通过这种动机上的道德差异才能判断个人的道德品质。但是，这种动机毕竟是第二性的，是由其所处的社会环境所决定的。因此，不能将动机作为道德评价的客观依据，而是要将行动的社会效果作为判断的客观根据。相应地，人的行为效果是判断一个人行为动机善恶性质的客观根据。总之，道德评价应将效果作为判断的客观根据。同时，还需要看到动机与效果之间并不是简单的、直接的转化关系。因此，在运用中要对效果做历史的具体的分析。

中国的马克思主义者对马克思恩格斯和列宁的道德观在结合中国实际中进行了创造性发展和继承，形成了具有中国特色的道德观。其中，毛泽东对道德评价做了进一步发展，强调道德评价要做到动机与效果相统一。毛泽东指出："唯心论者是强调动机否认效果的，机械唯物论者是强调效果否认动机的，我们和这两者相反，我们是辩证唯物主义的动机和效果的统一论者。为大众的动机和被大众欢迎的效果，是分不开的，必须使二者统一起来。为个人的和狭隘集团的动机是不好的，有为大众的动机但无被大众欢迎、对大众有益的效果，也是不好的。"① 可见，毛泽东在马克思主义辩证唯物主义的指导下，提出动机与效果相统一的道德评价观，而且这种统一是建立在实践基础之上的统一。另外，动机与效果是一个连贯的、能相互转化的过程，因而两者是不能割裂的。因此，要检验道德评价结果的准确性和客观性，可以通过社会实践的效果来检验行为背后的动机，从这个角度来判断道德行为的正确性和客观性。"检验一个作家的主观愿望即其动机是否正确，是否善良，不是看他的宣言，而是看他的行为（主要是作品）在社会大众中产生的效果。社会实践及其效果是检验主观愿望或动机的标准。"② 另外，邓小平强调要将坚持国家、集体、个人三者利益兼顾作为道德评价的根本标准，江泽民强调要将"三个代表"作为道德判断的标准，胡锦涛强调要将"社会主义荣辱观"作为道德评价的标尺。进入新时代以来，习近平总书记则强调要将"社会主义核心价值观"作为道德评价标准。

① 毛泽东. 毛泽东选集：第三卷［M］. 北京：人民出版社，1991：868.
② 毛泽东. 毛泽东选集：第三卷［M］. 北京：人民出版社，1991：868.

二、思想政治教育评估理论

思想政治教育评估理论是思想政治教育基础理论的重要组成部分，伴随着学科的发展而不断发展起来的。作为思想政治教育基础理论之一，思想政治教育评估能够帮助认识和评价思想政治教育的过程和成效，还能帮助教育者更好地调整思想政治教育。相较于大学生品德评价来讲，思想政治教育评估的内容和范围更广，但两者在对大学生品德进行评价方面具有一致性。因此，借鉴思想政治教育评估的内涵、要素、原则、指标、方法、程序等理论，能为大学生品德评价提供夯实的理论基础。

从内涵来看，"思想政治教育评估，是依据一定的评价标准，采用特定的评价方法，对思想政治教育过程中的各个运行要素、活动效果及其影响进行价值判断的过程"①。这种价值判断活动表现出以下特点：一是微观评估和宏观评估相结合。这是指思想政治教育评估既有对思想政治教育某一特定教育活动的评价，也有对一个时期的思想政治教育活动的整体评价。两种评价相辅相成，表现出评估的方向性和操作性特征，共同致力于思想政治教育评估作用的发挥。二是综合评估和单项评估相结合。这是指思想政治教育评估在特定的活动中使用特定的评估标准或者运用一般性的评估标准对整个思想政治教育活动进行综合评估。另外，综合评估和单项评估是相互联系的。其中，单项评估是综合评估的基础，综合评估是单项评估的最终目的。三是显性评估和隐性评估的辩证统一。这是由人的思想品德形成过程和特点决定的。四是静态评估和动态评估相统一。思想政治教育具有很强的意识形态性，随着时代和社会的发展，思想政治教育的目标和内容会做出相应的调整。对此，思想政治教育评估要把静态和动态评估结合起来。

从要素来看，思想政治教育评估是一个由多要素组成的系统结构，这些要素主要包括以下六种。一是思想政治教育评估主体，是指思想政治教育评估活动的组织者和实施者，具体包括评估的操作和管理主体。二是思想政治教育评估的客体，是指评估的对象和范围，主要包括"思想政治教育对象、思想政治教育者、思想政治教育部门、思想政治教育过程"② 四方面。三是思想政治教

---

① 郑永廷 . 思想政治教育学原理 [M]. 北京：高等教育出版社，2016：355-356.
② 陈秉公 . 思想政治教育学原理 [M]. 北京：高等教育出版社，2006：328-329.

育评估的原则，是指评估中必须遵循的基本准则或要求。四是思想政治教育评估的指标体系，是指评估所依据的价值标准。五是思想政治教育评估的方法体系，是指在具体的评估过程中采用的科学方法。六是思想政治教育评估的程序，是指评估活动开展所遵循的基本步骤。

从原则来看，思想政治教育评估原则是指在评估过程中所要遵循的基本要求，主要有六大原则。一是实事求是原则，即要从实际出发，要客观、真实、全面反映思想政治教育取得的成果。二是系统性原则，要求思想政治教育评估在结构上做到整体性和层次性的统一、不同类型的评估要做到过程和循环的连续性。三是定性与定量相结合的原则，既要对整体性质进行判断，也要对其进行量上的判断，实现二者的有机结合。四是党性原则，这是由思想政治教育的意识形态性特点决定的。五是历史性原则，是指思想政治教育评估不能脱离其所处的时代和社会背景，必须看到评估客体与社会之间存在的某种联系，这样做出的评估才具有科学性。六是静态与动态有机结合的原则，是指在评估中要看到思想政治教育各构成要素表现出的稳定性和发展性，这样做出的评估才有意义。

从指标来看，思想政治教育评估的指标体系是对思想政治教育评估目标的具体化。对此，在建构思想政治教育评估指标体系的过程中主要围绕以下三方面展开。一是思想政治教育指标体系建构的指导思想，是指思想政治教育评估指标体系建构中应遵循的基本要求，要求在建构中遵循科学性、可行性、少而精、微分化、可比性的要求。二是思想政治教育评估的具体指标，包括思想政治教育过程和效果两方面。其中，思想政治教育过程围绕教育工作和机构队伍建设两方面着手，思想政治教育效果围绕"政治表现、思想水平、道德品质、学习态度、作风纪律、社会反映"[1] 六方面进行。三是思想政治教育评估指标体系的建构环节，要求指标体系建构按照"确定评价目标、分解评价目标、构建体系结构、选择权重确定方法、选择评价方法、完善指标体系"[2] 的基本步骤进行。

从方法来看，思想政治教育评估在具体的实施中主要采用以下方法。一是

① 陈秉公. 思想政治教育学原理 [M]. 北京：高等教育出版社，2006：334.
② 乔永忠. 论思想政治教育绩效评价及其指标体系建构 [J]. 法制与社会，2007（5）：678.

定性分析法，主要是通过评估思想政治教育的过程和效果是否与思想政治教育目标相一致来判断思想政治教育活动。二是定量分析法，主要是指通过具体的数量指标来分析思想政治教育效果的大小和作用的发挥程度。三是模糊综合评估法，是指"运用模糊数学方法对评估对象的综合素质组成集合，建立数学模型的定性定量相结合的评估方法"①。四是自我评估法，是指思想政治教育主体对自己开展的活动进行自我判断的方法，包括教育者的自我评价和受教育者的自我评价。五是他人评估法，是指除思想政治教育主体以外的其他人对思想政治教育过程和效果的评价。六是群体评估法，是指具有一定资格的成员共同对思想政治教育活动进行评估的方法。七是个体评估法，是指有资格的个体作为评估主体参与评估的一种方法。在这里，这种个体需要具备一定的自觉性、认识能力、价值判断能力等多方面的条件才有资格参加评估。八是比较评估法，是指运用不同的方法对不同评价对象的思想政治教育效果进行比较的方法。这些方法包括"排序法、强制分级法、要点分配法、成对比较法、关键性事件法、行为等级法"②。九是达度评估法，是根据思想政治教育者完成情况来进行评估的方法，这种方法要求评估主体和客体对思想政治教育完成情况有明确的标准并形成一致意见。

从程序来看，思想政治教育评估工作与一般的评估系统一样都需要遵循一定的程序和步骤，具体包括三个阶段。一是评估的准备阶段。在这一阶段，要做好组建思想政治教育评估组织体系与人员配置、确定思想政治教育评估目标、制定思想政治教育评估方案、设计思想政治教育评估指标体系、制定思想政治教育评估规则、宣传思想政治教育评估活动等工作。二是评估的操作阶段。在这一阶段，要收集、整理思想政治教育评估信息和资料，根据评估信息和资料进行指标打分，然后统计各项指标得分结果，再借助评估软件进行具体评估。三是评估结果的处理阶段。在这一阶段，要完成审核评估质量、编写评估报告、反馈评估报告、公布评估结果、文件归档等工作。③ 总之，只有上述所有程序都完成，才表明思想政治教育评估工作的真正完成。

当然，随着思想政治教育学科的不断完善和发展，思想政治教育评估理论

---

① 陈秉公. 思想政治教育学原理 [M]. 北京：高等教育出版社，2006：336.
② 郑永廷. 思想政治教育学原理 [M]. 北京：高等教育出版社，2016：363.
③ 罗洪铁，董娅. 思想政治教育原理与方法基础理论研究 [M]. 北京：人民出版社，2005：357-362.

还会逐渐完善和丰富。对此，大学生品德评价作为高校思想政治教育评价的一部分，可以借鉴思想政治教育评估的内涵、要素、原则、指标、方法、程序等理论，再结合大学生品德表现的特殊性，建构适合大学生品德评价的具体化评价理论。

三、人才素质测评理论

人才素质测评理论是人力资源开发和管理的重要组成部分。它最初起源于西方心理学的发展，随着管理学的兴起，才逐渐融入人力资源开发和管理，并发展成为独立的理论。这一理论为如何培养、选拔、识别人才等提供了重要的理论基础和现实指导。虽然人才素质测评有别于大学生品德评价，但人才素质测评的内涵、内容、方法、程序、结果处理等理论为大学生品德评价提供了有力的借鉴。

从内涵来看，"人才素质测评是指测评主体收集人才在主要活动领域中的（行为事实）表征信息，采用科学的方法针对某一素质测评指标体系做出量值或价值的判断过程，或者直接从所收集的表征信息中引发与推断某些素质特征的过程"[①]。简单来说，它是对具有一定才能的个体的素质进行测与评的过程。这种测评具有以下特点：一是测评内容的间接性。这里的间接性是由人才素质测评内容的特点所决定的。人才素质测评的对象是人才的素质，是个体的内在特征，具有抽象性和表现性的特征，只能通过个体的行为特征表现出来。二是测评结果的相对性。这里的相对性指的是人才素质测评结果正确性的相对性和测评结果评价标准的相对性。一方面，虽然测评本身力求准确客观反映被评者的实际状况，但由于测评过程的影响因素复杂，或多或少都会存在一些误差，因此测评结果的正确性只能是相对的。另一方面，从心理测量与统计的角度看，测评结果评价标准只有多少与高低的区别，没有全与无的关系。因此，其标准只能是相对的。三是测评对象的代表性。这是由人才素质测评方法所决定的。根据人才素质测评定义可以发现，它是在心理测量的基础上采用心理测验、面试等方法进行的。而心理测量就意味着抽样测验，即在选取测量对象时选取能够代表并充分衡量测评对象的样本进行。四是测评结果的客观性。尽管内容和对象是间接的、相对的，但是我们可以通过坚实的理论、专业的技术人员和科

① 肖鸣政. 人员素质测评理论与方法［M］. 2版. 北京：北京大学出版社，2016：6.

学的测评方法等来保障测评结果具有一定的客观性，不然测评就毫无意义。

从内容来看，人才素质测评主要是测评个体身上具有稳定性和可测性的素质。因此，人才素质测评的内容主要有"知识、能力、品德、动力（包括价值观、兴趣、动机）、性格、情商"① 六方面。其中，知识素质是人才素质结构中的基础内容，是人才胜任岗位要求的基本要求；能力素质是人才胜任岗位要求的必备要素，是人才素质测评的重点内容；品德素质对其他素质的形成和发展具有制约作用，是人才素质测评的重点，也是测评的难点和关键；动力素质是人才素质结构中的动力因素，能促进其他素质的形成和发展；性格素质是个体某种行为的内在原因，也是造成人才素质差异的原因之一；情商素质也是人才素质结构中的组成部分，在某种程度上甚至超过智商发挥的作用。在人才素质测评中，要根据这六方面的内容建构人才素质测评的指标体系。在设计的过程中，要坚持一定的原则，采用科学的方法，按照一定的设计程序来建构人才素质测评的指标体系。具体说来，要坚持针对性、明确性、可操作性、完备性、简练性、独立性、层次性、合理量化的基本原则，采用工作分析法、胜任特征法、头脑风暴法来确定测评要素，以及德尔斐法、层次分析法、比较加权法等方法来确定各项测评要素的权重。然后按照"明确测评的客体和目的、确定测评内容、确定测评要素、制定测评标准、确定各测评指标的权重、规定测评指标的计量方法、试测并完善测评指标体系"② 的基本步骤来设计人才素质测评的指标体系。

从方法来看，人才素质测评经过多年的积累和实践已形成了丰富多样的测评方法，主要包括以下五种。一是面试，是指"测评者与被测评者进行面对面的双向沟通，通过倾听和观察被测评者在此过程中的语言和行为表现，来全方位了解其有关素质、能力和应聘动机等信息的一项人才素质测评技术"③，这种方法主要运用于人才招募与甄选。二是心理测验，是借助心理学的基本原理，对人的能力水平和人格特质等素质进行测量的一种方法，这种方法被广泛运用于教育和企事业人才的选拔和评价当中。三是评价中心技术，这种方法主要是"多个评价人员，针对特定的目的与标准，使用多种主客观人事评价方法，对被

---

① 陈全明，张广科. 人才素质测评 [M]. 北京：高等教育出版社，2016：7-8.

② 任正臣. 人员素质测评理论与方法 [M]. 南京：江苏凤凰科学技术出版社，2017：103-106.

③ 王淑红. 人员素质测评 [M]. 北京：北京大学出版社，2012：143.

试者的各种能力进行评价"①，其实质是一种评价程序，为人才选拔和鉴别服务。四是"履历分析技术，又称资历评价技术，是指通过对被测评者的个人背景、工作与生活经历等进行分析，来判断其对未来岗位适应性的一种人才评估方法"②。这种方法在国外发达国家已得到广泛应用。五是笔试测评，是指通过被测评者完成测试题目的程度来判断其掌握知识程度的一种方法。这种方法是一种传统的测评方法，是人才选拔的一种重要手段，虽然它不是最有效的测评方法，但却是最公平、公正的一种选拔方法。

从程序来看，人才素质测评的基本程序主要包括以下四个阶段。一是准备阶段。在这个阶段，要准备测评需要的各种资料、确定测评的小组人员、制定测评的具体方案。特别是在方案的制定中，要确定测评的目的和对象、设计和编制测评的指标和参照标准，选择合理的测评方法和工具。二是实施阶段。在这个阶段，主要做好测评前的组织动员、测评时间和环境的选择、测评的具体操作三方面的工作。三是分析和决策阶段，主要是对测评结果进行分析和处理，包括分析测评结果出现误差的原因和描述测评结果。四是检验反馈阶段，主要是对测评结果进行跟踪，看其是否满足测评的目的，并把结果反馈给被测评者和组织者。总之，只有四个阶段的工作都完成，才能算是完成了人才素质测评工作。另外，人才素质测评工作在遵循这一程序的基础上，还需要坚持客观性、方向性、可行性、综合性、行为性、动态性、定性与定量相结合、标准化等原则，这样才能使测评工作有效、科学进行。

从结果处理来看，人才素质测评结果处理是呈现最终测评结果的关键环节，是人力资源开发和管理的重要步骤。在结果处理中，要求对测评结果进行数据处理，通过累加法、平均综合法、加权综合法等方法结果进行处理，然后通过文字、图片、表格等形式表述出来。在此基础上，对所得的测评分数进行解释，通过整体分布分析、总体水平分析、差异性分析等分析方法对结果进行处理，形成最终的测评报告。需要注意的是，在撰写报告时，要坚持客观性、一致性、逻辑性、结构性、详细性、实用性等原则，这样才能撰写出有意义的测评报告。

当然，随着时代和社会的发展，人才素质测评理论在人力资源开发和管理的指导下会更加完善、丰富。对此，大学生品德评价可以参考人才素质测评理

---

① 陈全明，张广科．人才素质测评［M］．北京：高等教育出版社，2016：226.
② 任正臣．人员素质测评理论与方法［M］．南京：江苏凤凰科学技术出版社，2017：114.

论，借鉴人才素质测评的指标、方法、程序、结果处理等理论，为大学生品德评价工作提供夯实的理论基础。

四、发展心理学理论

发展心理学是心理学的重要分支学科，主要"研究人类心理系统发生发展的过程和个体心理与行为发生发展规律的科学"①。可见，发展心理学有广义和狭义之分。广义的发展心理学强调的是种系、种族和个体的心理发展过程，狭义的发展心理学只强调个体的心理发展过程和规律。目前理论界对发展心理学的研究主要倾向于狭义的发展心理学研究，也就是研究个体的心理发展过程和规律。不过，这里的"个体"并非指具体的个人，而是指处于同一发展水平或同一年龄阶段的一切"个别主体"，具有共同的心理特征。另外，它研究的内容和任务范围广。从内容上来说，发展心理学的研究内容主要包括心理发展的基本规律和心理发展的年龄特征。从任务上来说，发展心理学致力于解决"WWW"问题：一是 What，即揭示或描述个体心理发展的共同特征和个别差异；二是 When，即分析这些特征、差异发展变化的时间表；三是 Why，即揭示心理发展的原因、机制和影响因素等问题。总之，发展心理学不仅能够帮助个体认识自我，还能为个体心理发展提供理论指导。在发展心理学中，心理学家从不同的角度看待问题，强调心理发展过程的不同内容，从而形成了一系列重大理论。

一是精神分析理论。精神分析理论是发展心理学的重要理论之一，它是由"奥地利精神病医生、心理学家弗洛伊德（S. Freud, 1856—1939）于 19 世纪末 20 世纪初创立的"②。在其发展过程，精神分析实现了由经典精神分析理论到新精神分析理论的转变。其中，具有代表性的是弗洛伊德和埃里克森的精神分析理论。弗洛伊德是在从事精神疾病的治疗工作中逐渐形成的精神分析理论。他认为，有些疾病的根源并不是由生理引起的，而是由心理引起的。对此，他将这种心理因素归结为儿童时期被压抑的性意识，从而形成人格结构理论和性心理发展理论。人格结构理论是弗洛伊德理论的核心。早期，弗洛伊德认为人的心理可以分成潜意识、前意识、意识三个层次，共同构成人格的"地形观"。后

---

① 张向葵，桑标. 发展心理学 [M]. 北京：教育科学出版社，2012：2.
② 杨蕴萍. 品味精神分析 [J]. 心理与健康，2014（10）：22.

来做了修改，认为人格由本我、自我、超我三部分组成，共同构成人格的"结构观"。性心理发展理论是弗洛伊德在倾听、探究、分析病人的过程中形成的另一理论。他认为，病人的疾病是由早期的生活经验所引起的。在儿童的成长过程中，必然经历"口唇期、肛门期、性器期、潜伏期和生育期"五个性心理发展阶段，且在这五个阶段获得的各种经验必然决定他们成年时的人格特征。如果这个过程不能顺利进行（停滞发展或者倒退发展），都会导致心理的异常，从而产生各种神经症。需要注意的是，弗洛伊德的理论过分夸大个体心理发展中的性本能和无意识的作用，使得人类形象过于被动，因而受到不少人的批评。埃里克森是美国的一名精神分析医生，也是精神分析理论的代表之一。他认为，人的发展是由一系列心理社会阶段构成，并按照一定顺序逐渐向前发展。这些发展阶段包括信赖与不信赖、自律与羞愧怀疑、主动与内疚、勤奋与自卑、自我同一性与角色混淆、亲密与孤独、繁殖与停滞、自我整合与失望八个阶段。与弗洛伊德所说的性心理发展阶段不同，埃里克森的人格发展理论更强调的是社会环境对自我形成和发展的影响，并将人格发展阶段扩展到整个生命周期，突破了幼儿早期人格发展的局限性。但需要注意的是，有学者认为埃里克森的理论体系还存在诸多不足，比如，体系不够严密、思辨多于科学等问题。

二是行为主义理论。相较于精神分析理论强调意识的重要作用，行为主义理论则强调心理学应将"行为"作为观察对象。也就是说，行为主义理论一方面主张研究外显的"行为"，另一方面坚持用实验的方法来进行研究。1913年美国心理学家约翰·华生发表的《行为主义者心目中的心理学》一文，标志着行为主义理论的诞生。随后，行为主义理论经历了早期行为主义（主张心理学将行为作为研究对象、将实验作为研究方法）和新行为主义（开始关注动机和认知机制的研究）两个发展阶段。在这发展过程中，最具代表性的是华生的行为主义、斯金纳的操作学习理论以及班杜拉的社会认知理论。华生是行为主义理论的创始人。他认为，心理的本质是行为。华生将心理和意识归结为行为，认为各种心理现象只是行为的组成。对此，他提出了环境决定论，认为行为不是遗传的作用，而是由环境和教育决定。在此基础上，学习为心理发展提供了可能。另外，华生还对儿童的情绪发展做了研究，他通过实验得出儿童情绪的变化是对外界刺激的一种条件反射。斯金纳是新行为主义者，他坚持实验分析方法，在此基础上提出了操作条件反射作用，强调强化在行为形成和发展过程中的重要作用。他认为，人类的大多数行为都是操作性行为，且这些行为都是操作性强化的结果，是由强化刺激所控制。斯金纳的这种强化控制原理不仅能塑造儿童新的行为，也能帮助矫正不良行为。班杜拉也是行为主义理论的代表人物之一。但是，班杜拉受到认识心理学的影响，认为行为主义不能过于关注操作而忽视认知对人的行为的作用。由此，他提出了社会认知理论，一方面可以通过观察他人的行为来进行学习，通过替代强化和自我强化两种强化模式来强化学习的结果。另一方面人的学习是发生在社会情境中的，只有从社会学习的角度才能真正理解发展。总之，行为主义理论是对可观察到的行为的研究，并通过实验来测定行为，这就有益于量化和收集信息，从而保证其结果的严格性和可检验性。但是，行为主义理论只是从外部来解释人的行为，忽视人的主观能动性和个体内部因素对行为的影响，具有一定的局限性。

三是认知发展理论。皮亚杰是认知发展理论的主要代表。他开创了发生认识论，认为可以通过发生学的观点和方法来研究人类认知的发展顺序和阶段。皮亚杰从儿童认知思维的发展过程入手，认为儿童认知思维的发展是内外因素相互作用的结果。对此，皮亚杰提出认知结构论。他认为，每一个认识活动都包含有一定的认识发展结构。一般来说，这种结构由图式、同化、顺应、平衡组成。其中，图式就是描述认知结构的一个基本概念，经过同化和顺应的发展过程最终达到平衡，从而组成一个完整的认知结构。在认知形成过程中，儿童认知思维的发展受到成熟、自然经验、社会经验、平衡四个因素的影响，并形成了不同的发展阶段，包括"感知运动阶段（0—2 岁）、前运算阶段（2—7岁）、具体运算阶段（7—12 岁）和形式运算阶段（12—15 岁）"[1]　四个阶段，每一个阶段的思维方式都是不同的，且思维方式朝着高级方向演变。总之，皮亚杰对儿童认知发展阶段和机制的研究推动了心理学专家对不同年龄阶段的人的认知发展特点机制和影响因素的研究，具有重要的理论意义。但是，随着社会和技术的进步，皮亚杰的认知发展理论无法解释新的数据和事实。对此，有些人试图去调整、修正皮亚杰的理论，从而产生了"新皮亚杰理论"。这个新理论对皮亚杰的研究方法和结果进行了修正，重新设计了新的实验任务，认为个体的认知思维发展能持续到成年期，要求从社会认知的角度来解释儿童认知的发展，并把儿童认知发展当作整体来研究，等等。

当然，发展心理学的理论除了以上三种主要理论，还包括文化—历史发展

---

① 柴田田．智力障碍儿童汉字识字教学研究综述［J］．现代特殊教育，2016（22）：73.

理论、习性学理论、生态系统理论等其他理论。这些理论一起充实了发展心理学的理论内容。其中，精神分析理论强调意识的作用，行为主义理论强调行为的重要作用，认知发展理论强调认知形成的内外因素的共同作用，这些都为大学生品德形成的过程提供了理论指导。对此，本书在对大学生品德进行评价的过程中，充分关注品德形成的内隐因素和外在表现，力求全面、客观地对大学生品德进行评价。

第二章

大学生品德评价的理论分析

大学生品德评价问题是高校思想政治教育中的一个重要问题，也是一个难点问题，它对于检验高校思想政治教育的效果具有重要意义。但是，理论界对于品德评价要不要进行、能不能进行以及如何进行还存在许多争议，没有形成系统的回应，对其理论方面的分析还很不够。在上章对大学生品德评价的思想资源和理论基础深入分析的基础上，本章主要从大学生品德评价自身入手，在分析大学生品德特征的基础上，从大学生品德评价的可行性、必要性、基本功能三个角度来论证大学生品德评价活动存在的原因，从而为大学生品德评价活动的开展奠定坚实的理论基础。

第一节　大学生品德的基本特征

"赢得青年才能赢得未来，塑造青年才能塑造未来。"① 大学生作为青年群体的一部分，是祖国的未来、民族的希望，是中国特色社会主义现代化的建设者和接班人。对此，习近平总书记点评当代大学生，认为他们是"朝气蓬勃、好学上进、视野宽广、开放自信"② 的新一代。对此，新一代的大学生一定要奋力向此目标迈进，努力成为"可爱、可信、可为"的新一代。尤其是新一代的大学生首先要塑造自身的品德特征，才能用榜样的力量感染人、影响人，从而发挥自身的重要价值。一般来说，大学生大都处于 18～22 岁之间，这一阶段

---

① 中共中央国务院钱发《中长期青年发展规划（2016—2025 年）》［N］. 光明日报，2017-04-14（1）.

② 习近平首次点评"95 后"大学生［N］. 人民日报，2017-01-03（2）.

正是大学生"三观"由不成熟向成熟转化的关键时期。一方面，大学生与其他群体一样，品德都具有稳定性、长期性、实践性、社会性、个体性的特征；另一方面，大学生品德在其表现形式、表现内容、表现形态、生成机制等方面还呈现出独有的特点。

一、公开性与隐蔽性

大学生品德的表现形式既具有公开性，又具有隐蔽性。之所以说大学生品德具有公开性，是指大学生品德往往是通过一定的行为方式呈现出来的。根据前面对品德内涵的界定也可以发现，品德是在其行为中表现出来的稳定的心理特点、思想倾向和行为习惯的总和。也就是说，行为是品德的外显因素。一方面，行为是品德的外在标志；另一方面，行为也是品德的内容化。正是这种行为化的品德决定了品德的公开性。另外，大学生品德还具有隐蔽性。这种隐蔽性与他们自身的心理情况和面临的特殊环境有关。从大学生的心理特点来说，这个阶段的大学生落差心理和自卑心理开始凸显。大学生初入大学校园，会面临许许多多的问题，比如，陌生的同学、陌生的环境、陌生的规章制度等，这些都与自己入学前的美好想象存在较大差距。另外，大学是一个卧虎藏龙的地方，不管自己曾经是多么优秀，但人才济济的大学会逐渐消磨一个人的优越感，从而使大学生产生自卑心理。在这样的情况下，大学生会自觉不自觉地隐藏自身的品德特质。从大学生面临的环境来讲，评优评奖和毕业就业对大学生品德提出了一定要求。俗语有言，大学就是一个小型的社会，同样面临许许多多的竞争，比如，奖学金、优干、三好学生等，都需要大学生凭借自己的成绩和表现才能获得。就业也是如此，许多的岗位不仅看重个人的能力，还看重个人的品德素质。因此，面对这样的特殊环境，大学生往往会隐藏自身品德中不好的素质，将好的品德表现出来。因此，大学生品德的表现既公开又隐蔽。

二、真实性与虚假性

大学生品德的表现内容既具有真实性，又具有虚假性。所谓真实性是指品德具有明确的内容结构。根据前面对品德内涵的界定，品德是一种意识形态性极强的个体内在的心理素质，它与一定社会的经济活动、政治活动、道德风尚、风俗习惯等相联系，其内容涵盖了政治、思想、道德、法纪、心理等多方面的内容，是对这些内容个体化的表现。因此，从这个角度来看，品德具有明确的内容结构，是可以通过一定的品德行为表现出来的心理素质，具有真实性特征。需要注意的是，大学生品德的表现内容还具有虚假性。从品德的意识形态性来看，一方面，品德与一定社会的思想、政治、道德、法纪、心理等因素相关，这些内容本身都具有抽象性，在其表现上必然会出现失真的情况；另一方面，个体在将这些内容内化的过程中，往往会由于这些内容的意识形态性做出筛选和隐藏，从而在一定程度上呈现出虚假性。另外，从大学生品德的表现形式来看，由于大学生面临的学习环境和就业环境所带来的竞争压力，大学生品德还呈现出隐蔽性特征。这种隐蔽性特征必然促使大学生在其品德行为中做出筛选，从而将更好的品德行为呈现出来，由此呈现出来的品德行为就不可避免地带上虚假性的色彩。可见，大学生品德在其表现内容上存在真实性与虚假性相伴的情况。

三、稳定性与易变性

大学生品德的表现形态既具有稳定性，又具有易变性。首先，稳定性是品德表现的基本特征。从其形成过程来看，品德从本质上说是个体内在心理的重要组成部分，它不是与生俱来的，而是个体在后天环境过程中经过一系列的辩证发展才逐渐形成的。从其品德表现来看，品德是个体心理中具有稳定倾向的特殊品质，一两次的品德行为并不能证明其具有相关方面的品德。"一个人做了这样或那样一件合乎伦理的事，这不能说它是有德的；只有当这种行为方式成为他性格中的固定因素时，他才可以说是有德的。"[1] 可见，不管是从品德的形成过程还是表现来看，稳定性都是品德必然具有的基本特征。其次，品德还呈现出易变性的特征。一方面，从品德的社会性来看，品德在某种程度上是一定社会或一定阶级在一定时期的思想道德观念的个体化反映。随着时代和社会的发展，这种思想道德观念会做出调整从而不断向前发展。那么，个体品德必然随着这种变化做出相应的改变。另一方面，大学生正处于人一生当中最具活力、最有生机的时期，但是这一阶段的大学生在思想上表现出不稳定倾向，即大学生正处于思想开放的特殊时期。虽然接受新事物快，但是其惰性心理严重、学习态度散漫，从而在一定程度上影响其品德的塑造。因此，这一阶段的大学生品德易变性倾向严重。可见，大学生品德在表现形态上稳定性与易变性共存。

---

① 黑格尔. 法哲学原理［M］. 范扬，张企泰，译. 北京：商务印书馆，1961：107.

四、自主性与外控性

大学生品德的形成既具有自主性，又具有外控性。根据人的品德形成机制来看，人的品德是在外部制约和内在转化辩证统一的过程中主观因素和客观因素相互作用的结果。一方面，人的品德是个体内在的品德认识经过品德情感、品德信念、品德意志三个要素的催化而逐渐转化为相应的品德行为的过程。这个过程是人的心理的内在发展机制。其中，品德认识是前提，品德情感和品德意志是品德形成的必要条件，品德信念是核心，是认识转化为行为的中介，行为是前四个因素的最终体现，是品德的外在标志。这几大要素共同促进人的品德的最终形成。另一方面，人的品德的形成过程是外在因素制约、影响的过程。马克思主义认为："观念的东西不外是移入人的头脑并在人的头脑中改造过的物质的东西而已。"① 人的品德同样如此。具体来说，人的品德的形成离不开一定的社会制度、政治制度、经济制度、文化制度和各种环境因素以及各种传播媒介等外在因素的影响。这些外在因素不仅决定了品德的社会化特征，还在一定程度上控制着品德内容的形成。另外，从大学生自身来讲，这一阶段的大学生是自我意识最为活跃的时候，愿意接受新事物，并主动参与到社会当中。对此，大学生迫切希望提高自身的品德素质，会积极主动将社会要求的品德内容内化于心。另外，这一阶段的大学生情绪情感波动较大，依赖心理强，惰性严重。因此，还需要教师把握时机，帮助大学生塑造良好的品德素质。可见，综合人的品德形成的过程和大学生的心理发展特点来看，大学生品德的形成既具有自主性，又具有外控性。

综上可知，由于品德和大学生各自具有独特的特点，相对其他群体而言，大学生品德表现出独有的特征，即在其表现形式上公开性与隐蔽性共存、表现内容上真实性与虚假性共存、表现形态上稳定性与易变形共存、形成机制上自主性与外控性共存。对此，本书认为，在对大学生品德进行评价的时候一定要充分地考虑到大学生品德的特殊情况，才能使大学生品德评价取得实效。

---

① 中共中央马克思恩格斯列宁斯大林著作编译局．马克思恩格斯选集：第2卷［M］．北京：人民出版社，2012：93.

第二节 大学生品德评价的可行性

从古至今，我国都"重德、讲德、行德"，甚至还形成了一些"考德"思想。但是，这些思想基本上是与当时的人才考评、人才选拔联系在一起，并没有形成一套完整的理论体系。那么，品德评价是否可行呢？对此，理论界争议不休，认为品德评价在可能性、必要性和量化性等方面的研究存在诸多困难。其中，有人认为品德评价毫无意义。他们认为品德是一种看不见、摸不着的东西，无影无踪又变幻莫测，根本无法评价。持这种观点的人也相当多。另外，也有人认为，尽管品德表现出极强的虚假性和变换性，但它是一种客观存在，是一定社会存在的意识反映，能通过其品德行为表现出一定的差异性，从而能被认识和评价，只是这种品德评价需要花费更多的时间和精力而已。可见，对于品德评价既有赞成的声音，也有否定的声音。但是，随着社会和现代心理技术的发展，品德评价已成为教育评价、德育评价和思想政治教育评价中的一个重要课题。不少学者致力于品德评价的研究，为后人的研究拓展了一条研究路径。换言之，历史和实践都充分证明，品德评价的研究是可行的。具体来说，以下三方面的内容也证明了品德评价的可行性。

一、品德是一种客观存在的心理反应

马克思主义认为，意识是人类社会特有的一种精神现象，是人脑的特殊机能，是在人类认识世界和改造世界的过程中逐渐产生的一种心理反应。从本质上说，意识是对客观世界的主观反映，是客观性与主观性的统一。从意识的内容和对象上来看，它是在实践的基础上对客观世界及其事物的一种心理反应。另外，从意识的表现形式、个体差异和创造性来看，意识是人的特殊的心理活动，具有一定的主观性。可见，正是这种客观性与主观性的统一促使意识具有相对的独立性，即意识是一种有目的、有计划的精神活动，是人对客观世界的重构和创造。品德同样如此。根据对品德内涵的界定可知，品德是人在一定思想的指导下，在其心理系统中形成的一种稳定的心理特点、思想倾向和行为习惯的总和。从本质上来说，品德是个体对一定的社会规范、思想道德等内容的一种主观反映。品德具有的稳定性、社会性、实践性特征就充分说明了品德是一种具有客观内容的社会意识。那么，品德作为一种具有客观内容的心理反应，必然能够被人们所认识。首先，从表现形式上来看，人的品德主要是通过一定的品德行为表现出来的。这些行为发生在现实中的具体情境当中，是能够被人们所察觉的。根据心理学研究，任何外化的行为都可以被观察和评价。品德不外如是。其次，从品德的存在个体来看，不同个体的品德是具有一定的差别的。"人心不同，各如其画"。由于每个个体所处的生理、心理和社会时空条件的不同，再加上后天所接受教育的差异性，必然会造就人们在品德上的差异。正是这种差异凸显了每个个体的区别，从而能被人们所认识。最后，从实践性来看，人们的品德形成不是一蹴而就的，还需要个体在实践过程中通过外在的引导，再经过自身的内化从而在其行为中形成稳定的行为倾向。这种实践性的内化过程为人们认识品德提供了可能。总之，品德的表现形式、存在个体和实践性都充分说明了品德是一种客观存在的心理反应，是能够被人们所认识的。正是这种可被认识性，为品德评价提供了可能。

二、品德具有稳定的结构内容

根据前面对品德内涵的界定可知，品德是一个由多要素及其相互作用、相互联系而构成的综合系统。"品德结构是一个以世界观为核心，由心理、思想和行为三个子系统及其多种要素按一定的方式联结起来，具有稳定倾向性的多维立体结构。"[①] 这个结构包含了品德的形式结构和内容结构。一方面，品德经过知、情、信、意、行这几个心理要素的变化运动逐渐形成一定行为表现的品德。因此，品德认知、品德情感、品德信念、品德意志和品德行为共同构成了品德的形式结构。另一方面，品德是在一定思想的指导下形成的，这个思想子系统包含了政治观、世界观、人生观、价值观、道德观等内容，表现为思想、政治、道德、法纪、心理五个领域中的具体内容，共同构成了品德的内容结构。其中，品德的形式结构是品德形成的发端、动力和条件。品德的内容结构决定了品德的性质和方向，是品德的核心要素，是对一定社会内容的内化。具体来说，品德的这些结构还表现出以下特点。首先，品德是一种耗散结构系统。马克思主义认为，事物的变化和发展主要表现为量变和质变两种形态。当事物要从量变

---

① 陈万柏，张耀灿. 思想政治教育学原理 [M]. 2版. 北京：高等教育出版社，2007：117.

向质变转化的时候，必须达到一定的临界点，才能实现质的飞跃。品德同样如此。在品德形成过程中，当个体品德内部的知、情、信、意等心理要素对表层行为的能量驱动没有达到一定的临界点之前，品德系统还处在无序、杂乱的状态。只有当这种驱动达到甚至超过临界点时，它才会驱动个体做出相应的品德行为。这时，个体内部的思想动机与外在的品德行为就会连接成一个开放的系统。其次，品德内外都具有统一性。根据对品德概念的解释，品德是个体对一定社会的思想观念、道德规范等内化的过程，再通过相应的行为外化出来。对此，品德内在的德性和外在的行为必然具有统一性。这种统一性也是由品德的耗散结构所决定。需要注意的是，这种统一性并不表示在任何时空条件下品德内外具有绝对的统一性，这是因为每个个体身上都不同程度地出现内在动机和外在行为的矛盾性，当然这也是偶然、特定的情况，通常都是一致的。最后，品德表现出一定的稳定性。这是因为品德是一种经常性的、习惯性的行为倾向。一个人只有将这种品德行为在某一阶段甚至是终生都能坚持下来，才能说明他具有一定的品德特征。可见，不仅品德的结构内容为品德评价提供了具体的指标，而且品德结构的表现特点也为品德评价提供了可能。其中，品德结构的耗散性和内外统一性启示我们可以通过一定的品德行为来了解和评价品德，品德结构的稳定性特征更为我们评价品德拓展了时空环境。正是品德这种稳定的结构内容和特征，为大学生品德评价提供了可能。

三、品德形成和表现具有规律性

品德的形成具有一定的规律性，正是这种规律性为人们认识和掌握品德提供了可能。具体来说，"人的品德是在社会实践的基础上，在客观外界条件的影响与主观内部因素的相互作用、相互协调和主体内在的思想矛盾运动转化的过程中产生、发展和变化的"[①]。概括来讲，人的品德形成包括两大规律。一是"人的品德是在社会实践基础上主客体因素之间相互作用、相互协调的产物"[②]。品德不是与生俱来的，而是经过后天的培养逐渐形成的。对此，一方面，品德是一定社会的思想观念和道德规范等的个体化，必然受到外界各种环境因素的

---

① 陈万柏，张耀灿．思想政治教育学原理［M］．2版．北京：高等教育出版社，2007：123．

② 陈万柏，张耀灿．思想政治教育学原理［M］．2版．北京：高等教育出版社，2007：123．

影响；另一方面，人的品德的形成并不是单靠外界环境的影响，还需要主体发挥主观能动性，对这些外界环境因素进行选择、消化、吸收，使主体与客体环境之间达成协调和平衡，从而内化为个人的品德。而这个协调和平衡的过程是在主体的社会实践基础上实现的，即客观环境因素通过一定的社会实践与主体相联系，从而使主体产生一定的品德认识，然后再经过一定的社会实践外化为相应的品德行为或行为习惯，最终形成良好的品德。二是人的品德是主体内在的思想矛盾运动转化的结果。马克思主义唯物辩证法认为，事物的内部矛盾是事物变化发展的根据，决定了事物发展的根本方向，是事物变化发展的根本原因。同样，尽管人的品德的形成和发展离不开外界环境因素的影响，但归根结底还是主体内在的思想矛盾运动发挥了根本作用。具体来说，主体内部包含了两种矛盾运动：一方面，主体内在的知、情、信、意、行各要素在发展方向上由不一致到一致、发展水平由不平衡到平衡的矛盾运动；另一方面，主体对当前一定社会的要求的反映和原有的品德状态之间的矛盾运动。正是主体内部的矛盾推动主体品德的形成和发展。总之，这两大规律是人的品德形成和发展的必然规律，适用于各个年龄阶段的群体，对大学生也不例外。只要掌握好品德形成的两大规律，就能为品德评价提供依据。

除了品德本身具有一定的规律性，品德的表现也具有一定的规律。首先，品德表现形式具有间接性和必然性。一方面，品德是人的心理中一部分，是一种内在的东西，不能像自然界的有形物一样被我们直接观测到，再加上品德产生的客观基础的广泛性、影响因素的复杂性以及品德形成的长期性，必然使得品德的表现具有间接性。另一方面，根据品德的结构系统，品德行为是衡量一个人品德水平的外在标志，是品德的外显。不论人的内在品德与外在行为之间是否一一对应，品德都必然通过相应的外在行为表现出来。其次，品德表现内容具有一致性和反复性。一方面，品德行为是品德的外显，它是人们将一定社会的要求内化为自身的内在品德，再通过一定的社会实践外化为相应的品德行为或行为习惯。在这个过程中，内在的品德和外在行为必然具有一致性。另一方面，随着时代和社会的发展，社会对个人品德的要求也会不断做出调整。因此，人们在不同时间、不同场合形成的品德行为必然随着社会的发展做出调整，从而出现反复性。最后，品德表现场所具有集中性和有限性。这是因为每个人的生命和生活场所都是有限的。对于学龄前的儿童，大部分生活在家庭和邻里；对于学生，绝大部分生活都是集中在学校；对于参加工作的人，绝大部分生活在工作区和住宅区。相应地，他们品德的表现场所就集中在家庭或邻里、学校以及工作区或住宅区。由此可见，任何一个人的品德表现场所都具有集中性和有限性。正是这种有限性和集中性为我们评价大学生品德提供了抽样的可能。

综上可知，品德作为一种客观存在的实体内容，具有稳定的结构，其形成和表现具有规律性，这些都为大学生品德评价提供了坚实的理论论证。另外，随着现代科学技术的发展，在心理测量方面形成了许多有益的测量方法。这些方法也为大学生品德评价提供了科学的技术支撑。换言之，大学生品德评价不管是从理论上还是技术上都具有极强的可行性。

第三节 大学生品德评价的必要性

理论界对于品德评价是否必要这个问题同样存在争议。有人认为，品德是教育的结果，只要按照计划进行教育，必然一分耕耘一分收获。因此，研究教育方法比研究品德评价更为重要。不管是我国，还是国外各个国家都很少有专门的品德评价。因此，品德评价就没有必要。但是，也有人认为，品德评价是必要的。因为，无论是对个体品德的形成发展，还是对教育过程的管理和教育效果的检验，品德评价都是非常重要的。概言之，品德评价是了解和检验个体品德培养质量的重要手段。事实上，大学生品德评价非常重要，不论是对大学生自身的全面发展，还是对社会和国家道德素质的提高，都具有重要的作用。

一、大学生品德培养和开发的需要

从本质上讲，大学生品德培养和开发就是教育者根据大学生品德的形成规律和实际情况，采用科学的方法，把一定社会所要求的品德规范转化为大学生品德的过程。在这个过程中，掌握大学生品德的形成和发展情况就是实现大学生品德培养和开发的前提。而大学生品德评价就是通过评价过程了解和掌握大学生品德形成和发展情况和规律，从而帮助教育者调整教育内容和计划，改进大学生品德的培养方向，使大学生品德朝着良好的方向发展。可见，大学生品德评价为大学生品德培养和开发提供了依据，能够在一定程度上提升大学生品德培养和开发的有效性。

具体来说，大学生品德评价从以下两方面影响大学生品德培养和开发。一是大学生品德评价能够反馈大学生品德培养和开发的效果。大学生品德培养和开发的过程表现出与社会联系的即时性。这种即时性不仅体现在大学生品德培养和开发主体身上，还体现在大学生品德培养和开发的内容上。前者是指大学生品德培养和开发主体是生活在一定社会当中的，必然受到现实社会中的政治、经济、文化、社会、道德等环境的影响，呈现出学校、家庭、组织、社会等多样化主体。后者是指大学生品德培养和开发的内容是一定社会的思想观念、道德规范等的个体化结果。随着时代和社会的变化发展，它对个人品德的要求也会发生变化，这种联系必然使得大学生品德培养和开发的内容会不断发生变化。因此，大学生品德培养和开发随着主体和内容的变动必然呈现出复杂性，这时就需要对大学生品德进行评价以便随时掌握品德培养和开发的效果。二是大学生品德的易变性和隐蔽性影响大学生品德培养和开发的过程。事实上，大学生品德具有易变性和隐蔽性的特征。从易变性来看，大学生品德的形成经历了量变到质变的长期塑造甚至改造的过程。在这个过程中，大学生品德的社会性必然使得大学生品德随时做出调整，以适应社会的发展。因此，大学生品德培养和开发不能一蹴而就，必然呈现出长期性和反复性的特征。从隐蔽性来看，大学生品德培养和开发的结果是使大学生形成符合一定社会要求的内在品德，是内在于人心理的一种特殊品质，很难被观察得出。对此，只有通过大学生品德评价进行科学测评，这样才能掌握大学生品德培养和开发的效果。总之，大学生品德培养和开发是一个复杂的过程，还需要大学生品德评价来反馈培养和开发效果。可见，大学生品德评价是大学生品德培养和开发的题中之义，为大学生品德培养和开发提供了可靠的现实依据。

二、高校思想政治教育效果检验的需要

高校思想政治教育是一种特殊的社会实践活动，是为了满足个人和社会发展的某种需要。具体来说，高校思想政治教育的目标主要是通过思想政治教育这一实践活动，使受教育者的思想和行为达到一定的期望值，即"思想政治教育的目标就是人们依据一定的主客观条件对受教育者品德方面的质量的一种期望和规定"①。在具体的活动过程中，思想政治教育目标体现了一定社会和国家

---

① 陈万柏，张耀灿. 思想政治教育学原理 [M]. 2 版. 北京：高等教育出版社，2007：72.

的要求和期望，为受教育者的品德发展提供了方向，对思想政治教育整个实践活动的开展起到了导向、激励和调控作用。而大学生品德评价主要就是对大学生品德的形成和发展做出事实和价值判断，从而帮助大学生品德朝着良好的方向发展。可见，为了检验高校思想政治教育目标是否实现，大学生品德评价必不可少。

　　具体来说，大学生品德评价对高校思想政治教育效果的检验体现在以下三方面。一是大学生品德评价是高校思想政治教育过程的最后一个环节，能够保障这一活动过程的整体性和完整性。一般来说，思想政治教育过程主要包括思想政治教育方案的制定、方案的实施以及评价反馈三个环节。大学生品德评价正是第三个环节的主要内容。一方面，大学生品德评价与其他环节一起构成完整的教育过程；另一方面，大学生品德评价的结果能够为下一次思想政治教育活动提供指导。也就是说，大学生品德评价既是思想政治教育过程的终端，又是这一活动过程的起点，在整个活动过程中起着承上启下的作用，对整个思想政治教育发挥着加强、改进、创新的作用。二是大学生品德评价为思想政治教育的加强和改进提供客观依据。大学生品德评价就是对大学生品德状况做出事实和价值判断。一方面，这种判断能够帮助教育者掌握教育效果的发挥程度，了解其工作的成绩和不足，帮助教育者反省并总结经验教训，从而促使教育者发挥其积极性、主动性和创造性，更好地加强和改进思想政治教育。另一方面，这种判断还能帮助教育者认清思想政治教育的目标、指导思想、内容、原则、途径、方法等是否合理，从而为后面的教育活动提供依据，即加强和改进教育部署和计划，进一步增强活动的有效性。三是大学生品德评价是思想政治教育科学化的根本要求。事实上，教育的科学化不仅是指教育过程的科学化，还涉及学科的科学化，只有具备完整的理论体系才能构成一门科学。对此，思想政治教育学要想成为一门科学，必须具备完整的理论体系，而大学生品德评价就是其理论体系的一部分。

三、全社会思想道德水平提升的需要

　　"国无德不兴，人无德不立。必须加强全社会的思想道德建设，激发人们形成善良的道德意愿、道德情感，培育正确的道德判断和道德责任，提高道德实践能力尤其是自觉践行能力，引导人们向往和追求讲道德、尊道德、守道德的

生活，形成向上的力量、向善的力量。"① 这一讲话表明，我们党和政府高度重视全社会的思想道德建设。事实上，自 1979 年"社会主义精神文明"这一概念提出以来，思想道德建设就已蕴含在社会主义现代化事业当中，且在发展的过程中，逐渐明确了要为社会主义现代化建设培养"四有"新人，将提高中华民族的思想道德素质和科学文化素质作为根本任务。在具体的过程中，思想政治教育起到了重要的作用：它既是精神文明建设的重要部分，又为精神文明建设提供了可靠保证。因此，思想政治教育对于思想道德建设同样具有重要作用，它是思想道德建设的重要组成部分和实现途径，是思想道德建设的基础内容。而大学生品德评价作为思想政治教育的重要组成部分，必然对全社会的思想道德建设发挥着重要作用。

具体来说，大学生品德评价对全社会的思想道德建设的作用体现在以下三方面。一是大学生品德评价的内容与全社会思想道德建设的内容具有一致性。大学生品德评价是指对大学生在一定思想指导下形成的品德做出价值判断。由此可见，大学生品德具有一定的社会性，它是一定社会的思想观念、道德规范等的个体化。而思想道德建设的根本任务就是根据社会和国家的发展，将其要求的思想观念、道德规范等转化为具体的思想道德素质，从而提高全社会的思想道德水平。可见，大学生品德评价的内容与思想道德建设的内容具有一致性，是思想道德建设的重要组成部分。二是大学生品德评价能够帮助引导全社会的思想道德建设。大学生品德评价的根本目的不是为了评判大学生品德的发展水平，而是通过评价找出大学生品德形成和发展的不足，从而为思想政治教育者提供现实依据。在此基础上，思想政治教育者能够根据现实问题做出调整，选择更好的教育计划和方法，提高教育的针对性和有效性。更加有针对性、有效的思想政治教育能为思想道德建设提供更加坚实的教育内容和方法，从而提高思想道德建设的水平。三是大学生的特殊地位对全社会的思想道德建设具有引领作用。大学生作为青年的重要组成部分，是民族的希望、国家的未来，是社会主义精神文明建设的一支积极力量。党的二十大报告指出："青年强，则国家强。当代中国青年生逢其时，施展才干的舞台无比广阔，实现梦想的前景无比

---

① 认真贯彻党的十八届三中全会精神　汇聚起全面深化改革的强大正能量［N］. 光明日报，2013-11-29（1）.

光明。"① 对此，加强大学生品德评价研究，既具有帮助掌握大学生品德水平的现实意义，又能为全民族道德水平提高提供战略指导。

综上可知，大学生品德评价具有重要作用，它不仅能够为大学生自身的全面发展提供帮助，还能为高校思想政治教育和全社会思想道德建设提供现实和战略指导。基于大学生品德评价如此重要的作用，加强大学生品德评价的理论和实践研究就成为当前思想政治教育学科发展的一个重要课题。

第四节　大学生品德评价的基本功能

根据系统论的观点，"所谓功能，是指系统在与外部环境相互联系、相互作用的过程中所呈现出的能力。即系统从外部环境接受的物质、能量和信息，经过系统内部的变换，向环境输出物质、能量和信息的能力"②。换句话说，就是系统与外部环境之间的物质、能量和信息的输出输入的一种交换关系。这种关系主要是由系统的内部结构所决定。同样，大学生品德评价的功能是大学生品德评价的内部结构各要素之间相互作用下所发挥的效能或作用，并且这种效能或作用受到大学生品德评价面临的外部环境的影响；在具体的情境中，有时起到积极的作用，有时起到消极的作用。具体来说，大学生品德评价各要素在与环境相互作用中发挥了以下重要功能。

一、评定功能

大学生品德评价的实质是对大学生品德的形成和发展情况做出价值判断。对此，价值评定就是大学生品德评价的基本功能。在实际过程中，高校思想政治教育往往通过大学生品德评价来检验教育效果，并对大学生品德进行评定，以此来判断优劣。一般来说，这种评定有两种形式：一种是描述性评定，就是对大学生品德具备的某些事实和特征进行描述；一种是价值性评定，就是针对一定的评价标准进行差异性评定，判断其是否达到社会预期的目标或者差异表

① 高举中国特色社会主义伟大旗帜 为全面建设社会主义现代化国家而团结奋斗：习近平同志代表等十九届中央委员会向大会作的报告摘登［N］．人民日报，2022-10-17（2）．
② 蒋笃运．德育系统论［M］．2版．郑州：郑州大学出版社，2007：139．

现。总之，不管是哪一种评定，都可以对大学生的品德水平做出一定的概括，从而评定其品德水平的高低或价值的大小。

评定功能在具体情境中发挥着不同的作用。从正向上来看，评定功能呈现出导向作用。所谓导向作用，是指大学生品德评价能够引导大学生品德及其行为向社会所要求的方向发展。在大学生品德评价过程中，大学生品德评价是在一定的评价标准基础之上采用科学的评价方法对大学生品德的形成和发展做出价值判断。在这个过程中，评价标准成为判断大学生品德状况的依据，即以评价标准为依据，对于合乎标准的品德行为给予肯定，对于违背标准的品德行为给予否定，这就会使大学生的品德行为朝着社会所期望的方向发展，从而发挥着一定的导向作用。另外，这一标准还能为大学生品德的施教者提供指导，帮助他们调整教育内容和计划，在一定程度上引导今后的教育方向。从反向上来看，评定功能在一定程度上会导致片面追求评定结果。为了获得较高的品德水平评定，大学生会采取一些行为掩饰甚至修饰自身的品德表现，弄虚作假、文过饰非，这也是大学生品德隐蔽性和虚假性特征的一种表现。

二、区分功能

事实上，品德评价大多时候都是采用评分评等评第的方法来区分学生的品德水平。这种方法能根据学生之间的品德差异将学生划分为不同类型，这种类型有两种形式，一是不同质的类别划分，二是同质的层级划分。不管是哪种类型的划分，都在一定程度上对学生的品德水平做了区分。

区分功能在具体的情境中发挥着不同的作用。从正向上来看，区分功能呈现出激励和强化的作用。从根本目的来讲，大学生品德评价是为了促使大学生的品德及思想政治教育效果朝着社会所要求的方向发展。对此，在评价过程中对大学生品德水平的区分能够帮助大学生和思想政治教育者认识到自身的不足，激励他们的进取心和奋斗精神，促使他们向目标迈进。另外，按照一定的评价标准对大学生品德进行评价，能够触动大学生内心的奋斗意志，矫正并强化大学生的品德行为，从而激发大学生积极向上、不断向前发展。从反向上来看，这种区分功能对大学生品德做了分门别类，会给大学生带来许多消极情绪，比如，紧张、自暴自弃或骄傲自满、嫉妒或破罐子破摔，从而影响大学生品德向积极的方向形成和发展。

三、反馈功能

在对大学生进行品德评价之前，首先要广泛系统地收集大学生品德特征的各种信息。只有充分掌握他们品德的实际情况，才能做出科学合理的评价。因此，不论是在收集大学生品德信息特征的时候，还是在做出科学的评价结果的时候，评价者都需要对大学生的品德状况有一个全面、清晰的了解。这时，评价者就能掌控大学生品德形成和发展的具体情况，比如，大学生品德还存在哪方面的不足，问题出在什么地方，影响因素有哪些，等等。在此基础之上，评价者还能将这些信息进行系统整理，反馈给大学生品德的施教者，帮助他们调整教学计划和教学内容，更好地为下次品德教育服务。总之，通过大学生品德评价，评价者不仅能够对大学生品德的具体情况进行诊断，还能将大学生品德的形成和发展情况反馈给施教者，帮助他们进行更好的品德教育。

反馈功能在具体的情境中会表现出不同的作用。从正向上来讲，这种功能表现出诊断、决策和参考、调节和控制的作用。首先，对大学生品德进行评价后，一般可以对一些问题做出有根据的诊断，比如，大学生品德教育目标是否合理，大学生品德的内容是否全面、完整，大学生品德教育方法是否合适、有效，大学生品德教育效果如何，等等。其次，通过对大学生品德具体情况的诊断和反馈，还能够帮助教育者了解大学生品德的形成状况，从而对教育方案和计划的调整起到决策和参考的作用，提高教育工作的针对性。最后，对大学生品德进行评价，能够帮助评价者掌控大学生品德的实际情况。一方面，评价者将结果反馈给大学生，促使大学生在了解自身品德好坏的基础上做出调整，发挥自我教育、长善救失的作用；另一方面，评价者还能对其进行控制，使大学生品德朝着更好的方向发展。从反向上来看，这种反馈功能还发挥着约束限制作用。在大学生品德评价过程中，评价标准是判断大学生品德状况的根本指标，具有权威性和"法定"性。对此，大学生就会更加注重评价标准里面的内容，而忽视品德其他方面的内容。也就是说，他们往往会为了获得更高的品德评价，强迫自己去迎合评价标准，甚至舍弃自身的一些合理发展，只为获得短期的"高评价"。

四、开发功能

大学生品德评价离不开评价主体作用的发挥。对此，评价主体通过参与品德评价活动，能够充分了解品德评价的目标、内容和结果，在此基础上激发自己对品德开发的自觉性和责任感。随着大学生自我意识的凸显和各类环境的影响，家庭、社会、组织、团队、个人等逐渐成为评价主体，他们在活动中逐渐意识到他们也是评价大学生品德的责任人，特别是家庭，更是大学生品德形成和发展的引导者。

开发功能在具体情境中发挥着不同的作用。从正向上来看，这种功能呈现出教育和改进的作用。在教育方面，大学生品德评价可以像"指挥棒"一样，对高校思想政治教育的发展"定标导航"。一方面，大学生品德评价可以从高校、教师、学生三个层次提升品德教育效果，比如，帮助高校确定品德教育目标和使命、检验品德教育效果，帮助教师诊断大学生品德教育的不足、改善品德教育内容和方法，帮助大学生发现自身品德素质的不足、明确今后发展的方向，等等。另一方面，大学生品德评价还能将这种品德评价传导给社会不同的群体，帮助他们认识品德评价的重要性和对其他素质发展的重要作用，从而实现学校和社会的互相联系、互相监督，共同致力于大学生品德评价。在改进方面，主要是指评价主体在参与品德评价的过程中，能够了解大学生品德的实际情况，进而调整思想政治教育的内容和方法，更好地为大学生品德的形成和发展服务。从反向上来看，这种功能还会导致一些负面行为的出现，比如，大学生自评时掩饰缺点、吹嘘优点、弄虚作假，甚至由于评价主体的多样性从而使得大学生产生抵触心理，等等。

五、预测功能

评价是一种价值性评价。对此，大学生品德评价就是对大学生品德的全面了解基础上，对大学生品德行为的特征和倾向做出的一种价值判断，它能够对大学生未来的品德发展做出某种预估。我们知道，单个个体的行为特征具有偶然性，但大量的个体群所表现出来的行为特征必然具有一定的必然性。对此，我们可以依据品德行为的形成规律和发展轨迹来对学生的品德发展做出预测。再加上大学生品德本身具有的稳定性特征，必然能够对大学生品德未来发展进行某种预测。

预测功能在具体情境中发挥着不同的作用。从正向上来看，预测功能呈现出选拔的作用。所谓选拔，就是指根据大学生品德水平的差异和优劣从中选取品德更高或者更适合某一岗位的大学生，从而实现优胜劣汰。目前，不仅各个高校在评优评奖、升学等方面都十分关注大学生的品德素质，而且大学生就业的时候也更倾向于从能力强者中选择品德更好的大学生。从反向上来看，预测功能会在一定程度上阻碍大学生的个性发展和潜在的品德素质的发挥。一方面，不管大学生品德评价的结果正确如何，都会影响大学生的后续发展；另一方面，由于大学生品德内容的抽象性、复杂性和隐蔽性，在品德评价过程中不可能对所有的品德内容进行评价，这就必然影响到一些潜在的品德内容的形成和发展。

总之，大学生品德评价具有评定、区分、反馈、开发、预测等功能。这些功能在具体的情境中分别发挥着不同的作用。另外，这些功能的综合发挥还有研究、传导、咨询等作用。需要注意的是，大学生品德评价的功能和作用不是绝对的，还需要运用好品德评价这一活动，这样才能发挥好大学生品德评价的正向作用。

第三章

当代中国大学生品德评价的现状分析

能否全面、准确地把握大学生品德评价工作的现状，是决定当代中国大学生品德评价工作是否科学化的关键。对此，本章主要通过文本分析法和问卷调查法来剖析当代中国大学生品德评价工作的现状。所谓文本分析法，是指通过梳理全国各大高校实施大学生品德评价的政策文本，对政策文本进行属性和内容分析，进而掌握目前各高校对大学生品德评价工作的重视程度和开展方式。所谓问卷调查法，是指通过设计"当代中国大学生品德评价实施现状调查问卷"来了解当前大学生品德评价工作开展的具体情况，进而从中发现问题，为当代中国大学生品德评价工作提供现实指导。总之，在文本分析法和问卷调查法的共同努力下，本章力求挖掘出大学生品德评价实施的总体情况和存在的不足以及这些问题产生的原因，从而为当代中国大学生品德评价工作科学化提供现实指导。

具体来说，大学生品德评价的实证研究，主要针对与大学生品德评价工作密切相关的大学生和教师两类群体进行。调研的目的主要是充分了解当前大学生品德评价工作的现状，包括了解目前高校大学生品德评价工作的开展情况，了解大学生和教师对这一活动的基本态度，了解高校大学生品德评价存在哪些问题，从而在发现问题的基础上找出破解之道。对此，本书设计了"大学生品德评价实施现状调查问卷（学生卷）"（见附录一）和"大学生品德评价实施现状调查问卷（教师卷）"（见附录二）两类问卷来了解当前大学生品德评价工作的实施情况。问卷的发放主要采用网络问卷的形式进行。其中，面向全国各大高校大学生共发放 2200 份问卷，有效回收 1717 份；面向全国高校教师共发放 100 份问卷，有效回收 76 份。学生问卷调研范围及各地回收问卷人数如图 3-1 所示。

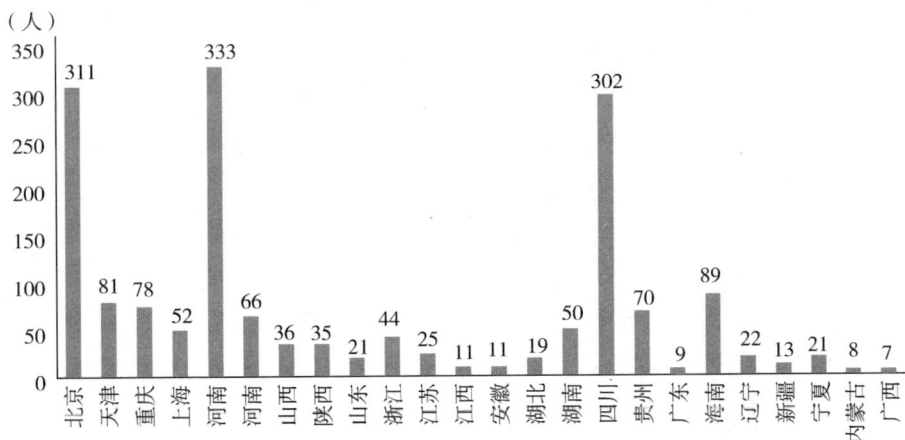

图 3-1　学生问卷调研范围及各地回收问卷人数

第一节　当代中国大学生品德评价的总体情况

通过文本分析和调研发现，目前全国各大高校基本上都存在大学生品德评价活动。大学生品德评价工作的总体情况如下。

一、大学生品德评价的重视程度

总体来看，大学生品德评价从开始的可有可无到现在逐渐受到重视，具体体现在以下两方面。

一是各个高校高度重视大学生品德评价工作。通过文本分析发现，全国各大高校都存在大学生品德评价，甚至还通过"学生管理规定"用文件规定下来。比如，北京大学、清华大学、对外经济贸易大学、北京中医药大学、中国矿业大学、四川大学、西南财经大学、重庆大学、武汉大学、华中师范大学、复旦大学等高校都在本校的"学生管理规定"文件中在"学生学籍管理"部分提出，"学生思想品德的考核、鉴定，以《普通高等学校学生管理规定》或《高等学校学生行为准则》为依据，采取个人小结、师生民主评议等形式进行。"另外，还有高校专门制定了"学生综合素质测评实施办法"对大学生综合素质进

行测评，品德评价是其中测评的重要组成部分。比如，中国政法大学制定的
《中国政法大学学生综合测评实施办法》、北京邮电大学制定的《北京邮电大学
学生综合素质评价办法》和西南大学制定的《西南大学本科学生综合考评办法》
都对学生品德评价做出了明确规定。除此之外，通过调研也发现，各大高校基
本上都存在学生品德评价，具体如图3-2所示。

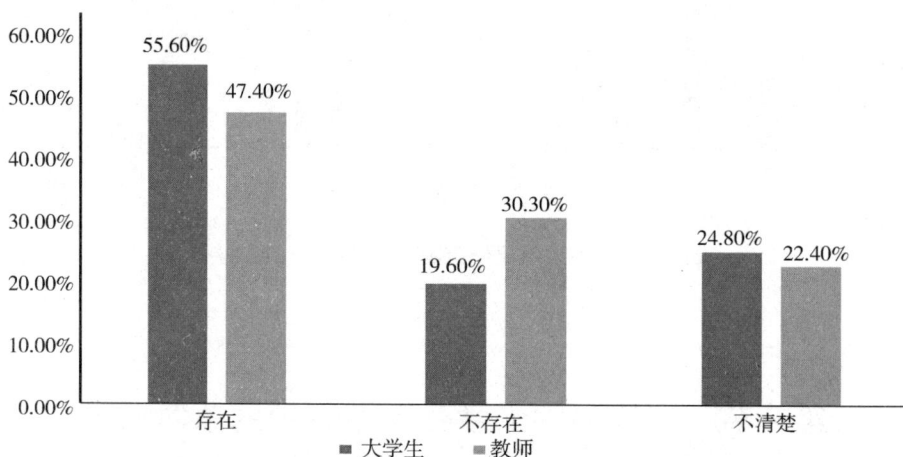

图 3-2 您就读（所在）的高校是否存在品德评价

从图3-2可以发现，对于"您就读（所在）的高校是否存在品德评价"，
有55.6%的大学生和47.4%的教师认为自己就读或所在的高校存在品德评价。
可见，全国各大高校基本上都存在品德评价，甚至有的高校还专门将其作为学
生管理的一部分确定下来。

二是大学生和教师都重视大学生品德评价。通过调研发现，对于"您对高
校开展大学生品德评价的态度"，有56.2%的大学生和50%的教师认为"有必
要"，有23.2%的大学生和22.4%的教师认为"较有必要"，有11.9%的大学生
和14.5%的教师认为"可有可无"，有8.7%的大学生和13.2%的教师认为"没
有必要"，具体如图3-3所示。

另外，对于"您是否重视学校对您所做的品德评价"，选择"非常重视"
的大学生占到31.2%，"比较重视"的占到31.6%，"一般重视"的占到
25.3%，仅有11.9%的大学生对品德评价持"无所谓"的态度，具体如图3-4
所示。

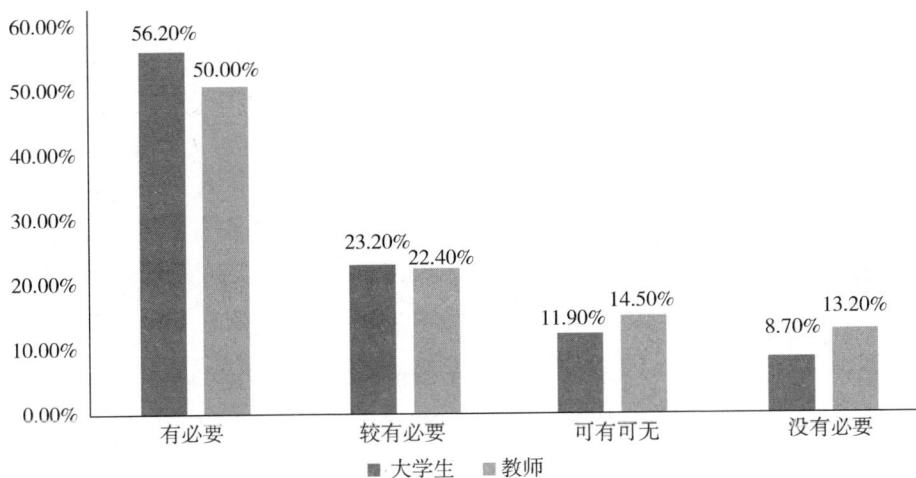

图 3-3 您对高校开展大学生品德评价的态度

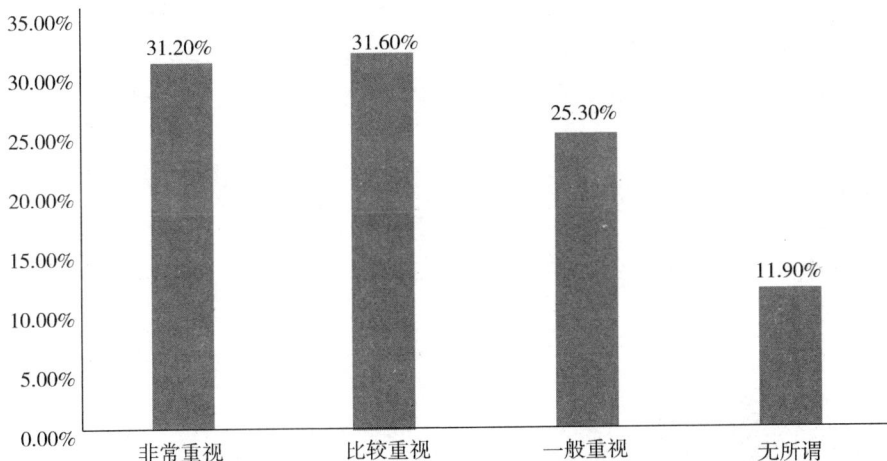

图 3-4 您是否重视学校对您所做的品德评价

综上可知，在调研中，超过 3/4 的大学生和教师都认可高校应该对大学生进行品德评价，甚至有 88.1% 的大学生都重视学校对自己所做的品德评价。可见，大学生和教师对高校开展品德评价的态度以及大学生对品德评价的重视程度都说明了大学生和教师非常重视品德评价。

二、大学生品德评价在综合评价中的比重

尽管大学生品德评价是高校思想政治教育评价的重要内容，但在具体的实

施中一般是将品德评价放在大学生综合素质评价当中一起进行。通过文本分析发现，目前部分高校将大学生品德评价作为综合素质评价的一部分，这类高校主要有北京科技大学、中国政法大学、北京邮电大学、中国农业大学、西南大学等。北京科技大学要求在学生学业结业时，对学生德、智、体进行全面鉴定；中国政法大学要求按照《中国政法大学学生综合测评实施办法》来评价学生的思想品德，并将最后的综合测评表归入学生本人档案中；北京邮电大学要求按照《北京邮电大学学生综合素质评价办法》对学生德育和智育进行评价，其所占比例分别为20%和80%，其结果作为奖学金评定的基本依据；中国农业大学要求按照《中国农业大学本科生奖学金管理办法》对学生综合素质进行测评，测评内容包括思想品德成绩、学习成绩、课外活动表现成绩、附加分四项，其中思想品德所占比例为10%~20%之间；西南大学按照《西南大学本科学生综合考评办法》对学生进行综合评价，评价内容包括品德、学业、体育和创新能力四项，其中品德评价在综合评价中所占比例为30%。另外，通过调研发现，有61.7%的大学生和100%的教师认为大学生综合素质评价"有必要"包括品德评价，还有19.5%的大学生认为大学生综合素质评价"较有必要"包括品德评价，具体如图3-5所示。

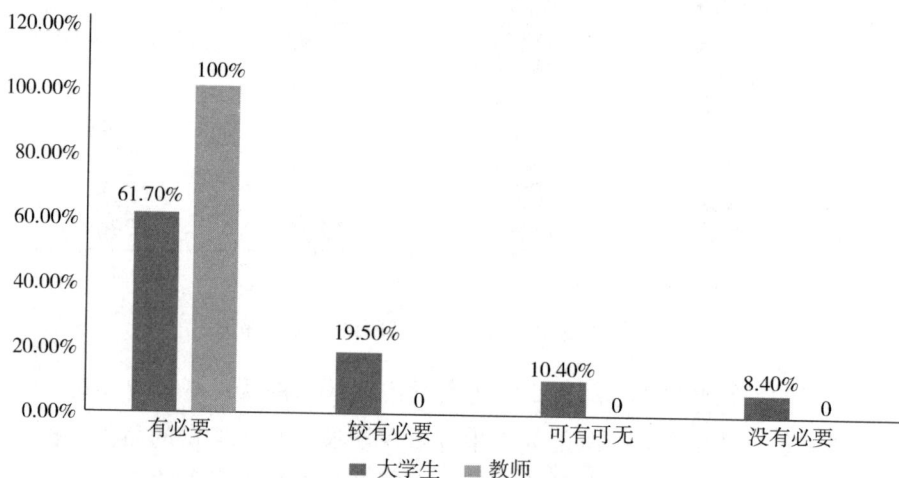

图3-5 您认为大学生综合素质评价应该包括品德评价吗？

综上可见，大学生品德评价作为大学生综合素质评价的一部分，得到了高校、教师和大学生的普遍认可，甚至在大学生综合素质评价中，品德评价占据了一定的比重。在高校管理规定中，品德评价的比重达到了20%。另外，通过调研发现，有33.1%的大学生和39.5%的教师认为品德评价在综合素质评价中所占比例应为20%以上，有29.9%的大学生和22.4%的教师认为品德评价在综合素质评价中所占比例应为20%，有23.3%的大学生和19.7%的教师认为品德评价在综合素质评价中所占比例应为10%，有13.7%的大学生和18.4%的教师认为品德评价在综合素质评价中所占比例应为5%，具体如图3-6所示。

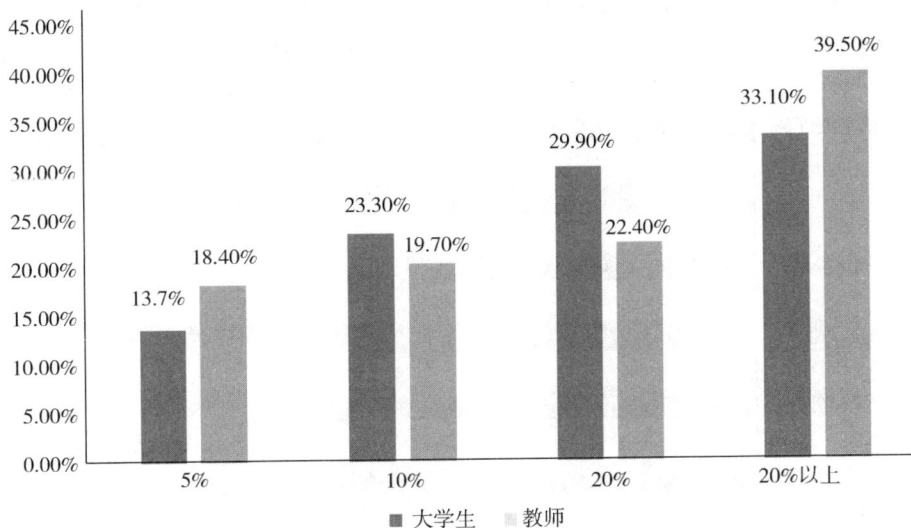

图3-6　您认为品德评价在综合素质评价中所占比重

从图3-6中可知，大学生和教师对大学生品德评价在综合素质评价中所占比重的认识各有不同。但总体来看，认为所占比重达到20%甚至20%以上的大学生有63%，教师有61.9%。换言之，大部分大学生和教师都认为品德评价在综合素质评价中应占一定的比重。总之，大学生和教师对高校将学生品德评价作为综合素质评价的一部分以及对其所占比例的认识，都充分说明了大学生品德评价在获得重视的同时其所占的比重也在逐渐提高。

三、大学生品德评价的方法

自高校开展大学生品德评价以来，形成了形式多样的评价方法。对此，有学者专门对国内学生品德评价方法做了分析整理，认为我国大中小学品德评价主要采用"总体印象评价法、评语鉴定评价法、写实评价法、等第评价法、评等评分评价法、操行加减评分评价法、积分评价法、加权综合评价法、模糊综合评价法、评等评分评语综合评价法、知识行为评价法、认知评价法、调查评价法、情景评价法、工作实践考查评价法、教育性品德评价法"① 等多样化评价方法进行评价；且随着时代和社会的变化发展，品德评价的方法又有了进一步的发展，形成了包括 OSL 品德评价法、FRC 品德评价法、成长记录册等多种评价方法。另外，通过文本分析发现，全国大部分高校主要采用"个人小结或师生民主评议"对学生品德进行考核。除此之外，在调研中也发现，对大学生品德进行评价采用了多样化的评价方法，具体方法如图 3-7 所示。

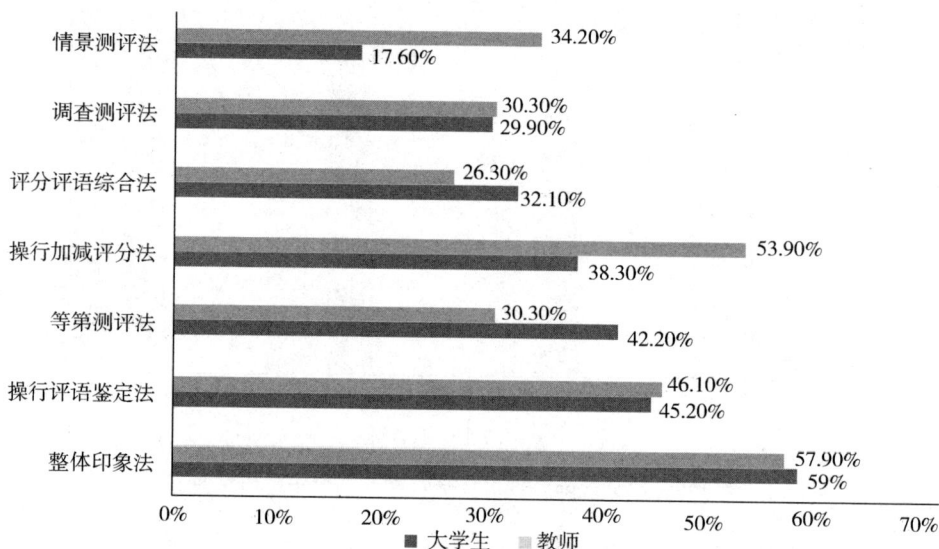

图 3-7　您所在学校主要采用哪些方法进行品德评价

从图 3-7 中可知，目前高校开展的学生品德评价采用了"整体印象法、操行评语鉴定法、等第测评法、操行加减评分法、评分评语综合法、调查测评法、情景测评法"等多样化评价方法，且这些评价方法在高校品德评价活动中都占有不同程度的比例。事实上，当代中国大学生品德评价并不是方法越多越好，而是要根据品德评价的目的和内容采取合适的评价方法，这样才能得出科学、合理的评价结论。多元化的评价方法不仅会使得当代中国大学生品德评价的评价结论形式化，而且会在一定程度上影响当代中国大学生品德评价活动开展的科学化，进而使得整个评价活动不能取得实效。

---

① 肖鸣政. 品德测评的理论与方法［M］. 福州：福建教育出版社，1994：273-299.

四、大学生品德评价的实施效果

通过文本分析发现，高校基本上都是在大学生综合素质评价中开展大学生品德评价。这种做法尽管减少了评价工作的分散化，但将综合素质评价作为奖学金评定依据的做法会在一定程度上使得大学生和教师忽略大学生品德评价，从而使得品德评价形式化、功利化，不能很好地发挥评价作用。在调研中也发现存在这类情况。对于"您所在院系的各类评奖评优活动与学生品德评价的关系"，有40.4%的大学生和44.7%的教师认为"关系较大"，有30.6%的大学生和32.9%的教师认为"关系较小"，有12.6%的大学生和22.4%的教师认为"无关系"，有16.4%的大学生"不清楚"两者是否存在关系，具体如图3-8所示。

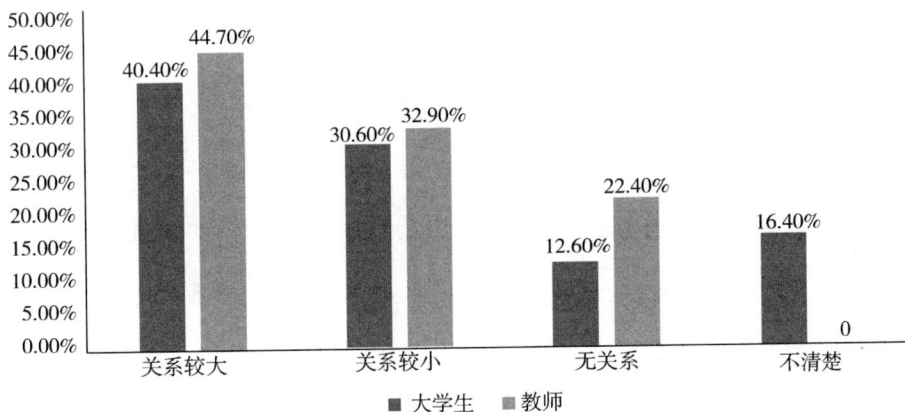

图3-8 您所在学校的各类评优评奖活动与学生品德评价的关系

由图3-8可知，全国大部分高校都存在将学生品德评价与学校各类评奖评优活动连接在一起。虽然有利于提高学生对品德的重视，但会在一定程度上出现伪造和弄虚作假的情况出现。由此做出的评价是不可靠的，也不能发挥品德评价的真正作用。另外，在调研中发现，品德评价还存在一些问题，这些问题都充分说明了大学生品德评价实施效果不足。

首先，大学生品德评价结果反映真实情况程度。如图3-9所示，在调研中，对于"您认为学校品德评价结果能否反映真实情况"，有34%的大学生和22.4%的教师认为"不太客观"，还有11.9%的大学生和14.5%的教师认为"不客观"。有45.9%的大学生和36.9%的教师认为大学生品德评价结果不能反映评价对象的真实情况，其所占比例接近调研人数的一半，这就说明大学生品德评价还不能对大学生品德做出准确的判断。

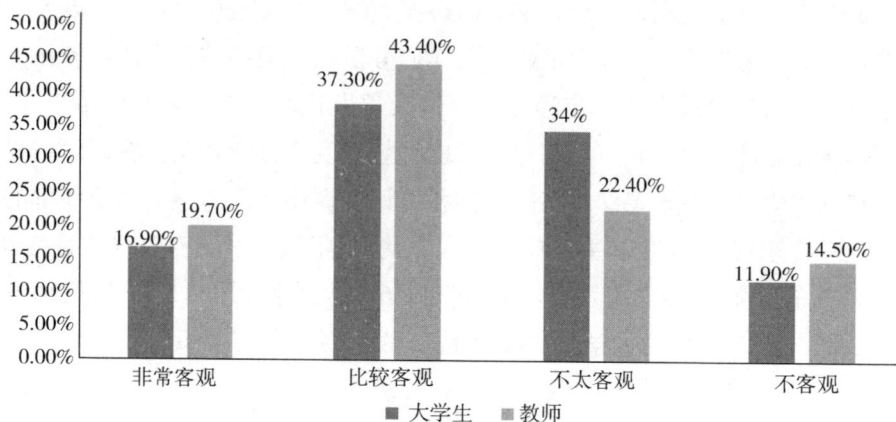

图3-9 您认为学校品德评价结果能否反映真实情况

其次，大学生品德评价发挥的作用。如图3-10所示，通过调研发现，对于"您认为高校开展学生品德评价发挥的作用如何"，只有40.3%的大学生认为"作用较大"，另外有36.3%的大学生认为"作用较小"，还有8.9%的大学生认为"无作用"，14.6%的大学生对此"不清楚"。可见，大学生品德评价实施的效果远远不够。

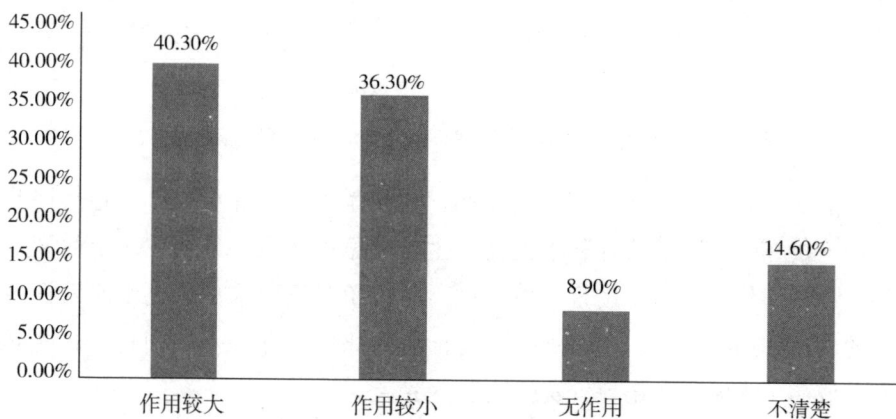

图3-10 您认为高校开展学生品德评价发挥的作用如何

最后，大学生品德评价存在的问题。调研发现，大学生品德评价在开展中存在不同问题，包括各方重视程度不够、定性评价难操作常为量化指标、操作程序不规范、考评未及时反馈评价结果使用率不佳、学生不认可考评方式、缺乏科学可行的考评指标体系等，这些问题都会在一定程度上影响评价实施效果，具体如图 3-11 所示。

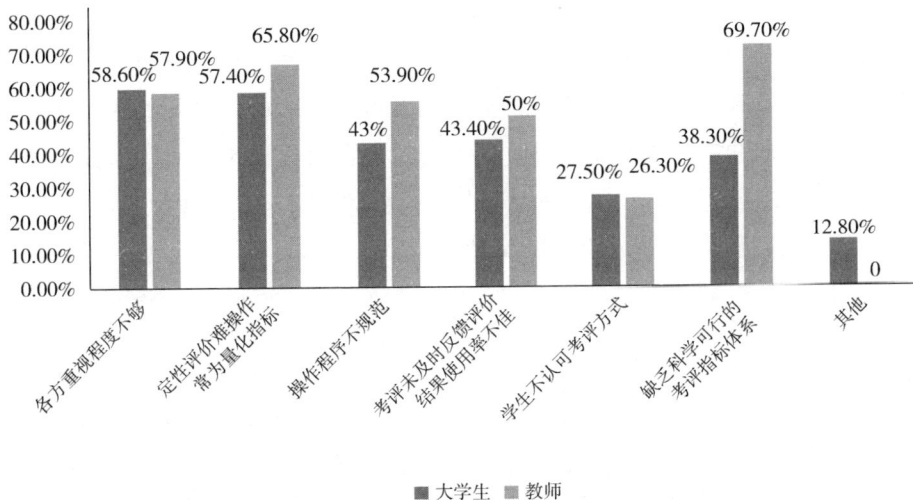

图 3-11　您认为高校学生品德评价存在哪些问题

　　综上可知，大学生品德评价结果反映学生真实情况不足，发挥作用远远不够，实施中存在各种问题都在一定程度上说明目前高校大学生品德评价实施效果不足，还需高校进一步改进和完善。

五、大学生品德评价的环境

　　思想政治教育环境理论指出："人的思想品德是在一定的环境里形成和发展的，思想政治教育活动也是在一定的环境里进行的。"① 由此，大学生品德评价必然受到所处环境的影响。总的来说，大学生品德评价面临着复杂的环境，这种复杂性表现为：一是大学生品德评价内部各个环节之间的有效链接还存在一定的问题。大学生品德评价是由相互联系的若干阶段依照先后顺序构成的，具体包括大学生品德评价的准备、实施、总结反馈三个环节。但是，由于高校将大学生品德评价作为学生综合素质评价的一部分为学生评奖评优提供重要依据，

---

① 陈万柏，张耀灿．思想政治教育学原理［M］．2 版．北京：高等教育出版社，2007：93.

大学生品德评价失去了其本身的评价意义。这种外在的功利环境会影响大学生品德评价的具体开展，进而导致大学生品德评价脱离正常轨道。二是大学生品德评价面临的外部环境复杂，包括政治环境、网络环境、学校环境、同辈群体环境等都在一定程度上影响这一活动的开展。其中，政治环境影响高校对大学生品德评价活动的重视程度，网络环境增加大学生品德评价的评价内容和评价难度，学校环境制约大学生品德评价活动的开展，同辈群体环境约束大学生参与品德评价活动的积极性和主动性。另外，通过调研也发现，对于"您不满意学生品德评价中哪些因素"，有28.2%的大学生和15.8%的教师对"评价环境"因素持不满意的态度，具体如图3-12所示。

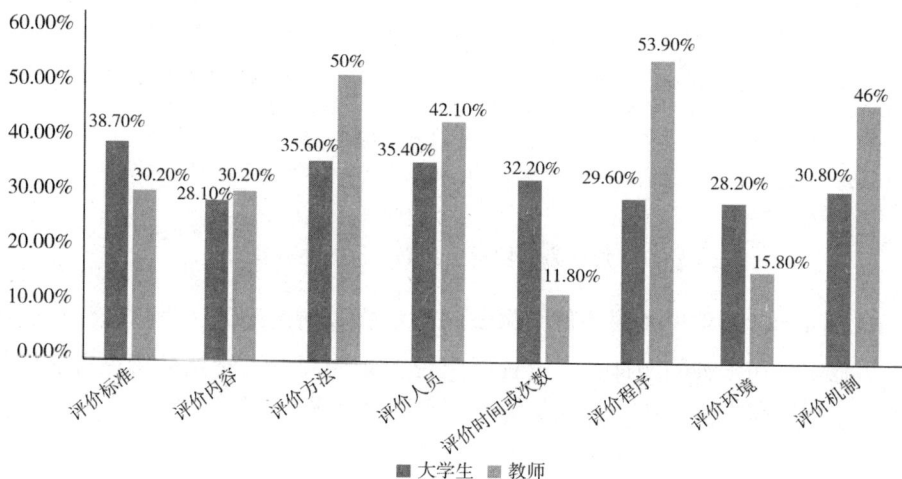

图3-12　您不满意学生品德评价中哪些因素

第二节　当代中国大学生品德评价存在的问题

从大学生品德评价的总体情况来看，大学生品德评价已从高校管理的角度整体推进，作为学生综合素质评价的一部分，为学生评奖评优、升学入职和全面发展提供重要依据。但是，大学生品德评价在开展中还存在诸多问题，使得大学生品德评价不能取得较好的效果。具体来说，影响大学生品德评价取得实效的主要因素有以下三方面。

一、大学生品德评价主体多元且各自为政

大学生品德评价从本质上来讲是一个由多要素共同组成的系统结构。在这个系统中，其各个要素都发挥着各自的作用，共同完成大学生品德评价的最终目的。其中，为了保障大学生品德评价活动顺利开展，还需要评价主体来组织、执行和实施品德评价活动。"思想政治教育工作队伍是加强和改进学生思想政治教育的组织保障。大学生思想政治教育工作队伍主体是学校党政干部和共青团干部，思想政治理论课和哲学社会科学课教师，辅导员和班主任。"① 大学生品德评价作为大学生思想政治教育的重要内容，运用大学生思想政治教育工作队伍来评价大学生品德水平必不可少。由此，大学生品德评价就形成了包括辅导员（班主任）、思想政治理论课教师、党团工作干部等多样化的评价主体。通过文本分析发现，全国大部分高校主要通过"学生个人小结、师生民主评议"进行，也就是说主要由大学生自己和教师、同学共同来完成品德评价，这部分高校主要有对外经济贸易大学、北京中医药大学、中国矿业大学、四川大学、西南财经大学、重庆大学、武汉大学、华中师范大学、复旦大学等。另外，通过调研发现，大学生品德评价的考评主体主要包括学校领导、辅导员（班主任）、思想政治理论课教师、学生自己、学生干部、身边同学、学生宿舍管理人员、家长、社会等多样化评价主体，具体如图3-13所示。可见，大学生品德评价自实施以来形成了多样化的评价主体。

但需要注意的是，这些评价主体在对学生进行品德评价的时候往往存在各自为政的情况，表现为：一是不同的评价主体只针对自己负责的部分对学生相关的品德表现进行评价，比如，思想政治理论课教师只对自己授课内容方面的品德进行评价，辅导员（班主任）只对自己日常与学生接触部分进行评价，党团工作干部也只对学生党团关系方面进行评价，彼此之间的评价结果互不影响，这样得出的评价结果往往会呈现出巨大的差异性。二是评价主体之间没有沟通交流，各评价主体各自为政，只重视自己工作部分的评价，进而使得评价结果片面化。

---

① 教育部思想政治工作司. 加强和改进大学生思想政治教育重要文献选编：1978—2014 [M]. 北京：知识产权出版社，2015：268.

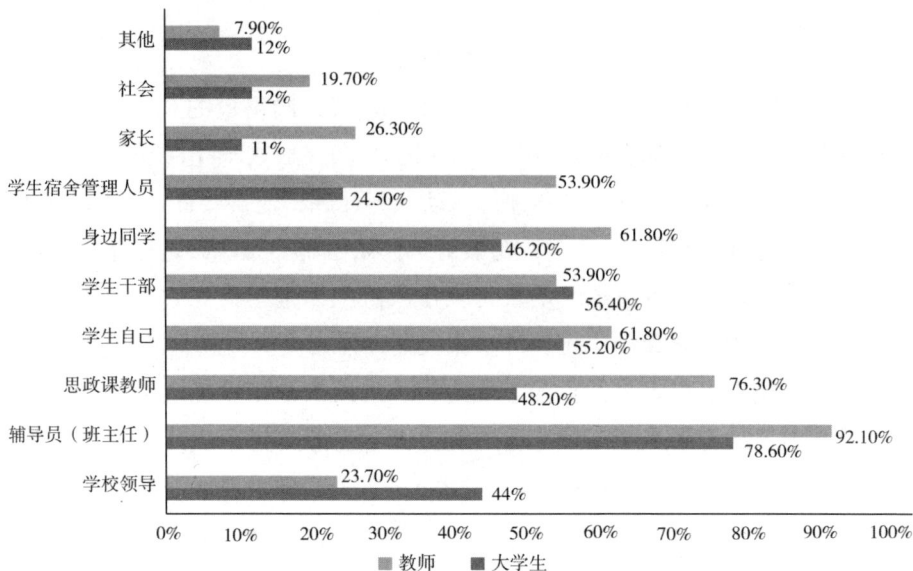

图 3-13　您所在院系开展品德评价的考评主体有哪些

二、大学生品德评价指标体系模糊化

大学生品德评价的指标，是指大学生品德评价的具体内容，决定了"大学生品德评价评什么"的问题。而大学生品德评价归根结底就是对高校思想政治教育效果的评价。由此，思想政治教育的内容就决定了大学生品德评价的具体内容，即对"政治品德、思想品德、道德品质、法纪品德、个性心理"五方面的品德素质进行评价。但是，通过文本和调研发现，大学生品德评价指标体系整体上呈现出模糊化的状态，具体表现为以下三点。一是指标体系宏观抽象。目前大部分高校在制定本校"学生管理规定"时指出，"学生思想品德的考核、鉴定，以《普通高等学校学生管理规定》（教育部令第 41 号）的第四条为主要依据。"而 2017 年 2 月 4 日教育部公布的《普通高等学校学生管理规定》第四条明确指出："学生应当拥护中国共产党领导，努力学习马克思列宁主义、毛泽东思想、中国特色社会主义理论体系，深入学习习近平总书记系列重要讲话精神和治国理政新理念新思想新战略，坚定中国特色社会主义道路自信、理论自信、制度自信、文化自信，树立中国特色社会主义共同理想；应当树立爱国主义思想，具有团结统一、爱好和平、勤劳勇敢、自强不息的精神；应当增强法治观念，遵守宪法、法律、法规，遵守公民道德规范，遵守学校管理制度，具有良好的道德品质和行为习惯；应当刻苦学习，勇于探索，积极实践，努力掌握现代科学文化知识和专业技能；应当积极锻炼身体，增进身心健康，提高个人修养，培养审美情趣。"① 可见，学生管理规定的第四条只是从宏观的视角大致概括出大学生品德应考核的范围，具有宏观抽象性，在具体的评价中很难操作。二是指标体系没有具体的观测点。有的高校为了实施学生综合素质评价，专门制定了该校的"学生综合素质评价办法"。其中，北京邮电大学提出对德育评价可以从"政治信念、法纪观念、道德品质、集体观念、学习态度、社会实践、责任意识、文娱体育、安全卫生"② 九个方面进行，西南大学提出品德考评可以从"思想政治、道德品质、文明行为、法纪意识、心理素质、志愿服务"③ 六个方面进行。但是，前者只对九个方面的大致范围做了说明，后者则没有阐述六个方面的具体内容。可见，尽管上述高校提出了评价内容，但如何评价这些内容和具体观测点是什么都没有做出明确的说明。事实上，大学生品德评价的指标体系应该细化、穷尽到具体的可操作的指标，这样才有利于品德评价的开展。尽管上述高校对品德划分了具体范围，但远远没有达到穷尽的程度。三是缺乏明确的评价标准。评价标准是判断评价各指标水平的依据。因此，没有明确的评价标准就不能对大学生品德水平做出明确、科学的判断。但是，调研发现，如图 3-14 所示，对于大学生品德评价的评价标准，在大学生中有15.3%的大学生"不知道"，甚至有 64.8%的大学生"不清楚"；在教师中31.6%的教师"不知道"和30.3%的教师不清楚。从这一数据可以看出，大学生和教师大部分对其所在学校学生品德评价的评价标准不了解。因此，在实施过程中必然导致评价结果缺乏科学性和有效性。

总之，大学生品德评价指标体系的宏观抽象、没有具体的观测点以及缺乏明确的评价标准都在一定程度上说明了目前大学生品德评价指标体系整体上存在模糊化的状态，亟须理论界和高校重视这一问题。

---

① 教育部. 普通高等学校学生管理规定（教育部令第 41 号）[EB/OL]. 中华人民共和国教育部网站，2017-02-04.
② 北京邮电大学. 北京邮电大学学生综合素质评价办法 [EB/OL]. 北京邮电大学官网，2017-04-18.
③ 西南大学. 西南大学本科学生综合考评办法（西校〔2017〕502 号）[EB/OL]. 西南大学官网，2018-09-25.

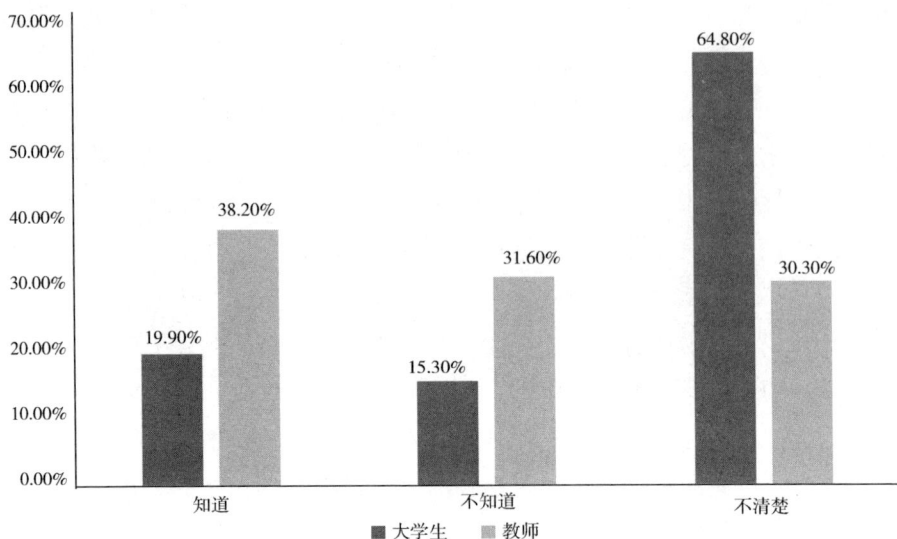

图 3-14　您知道所在学校学生品德评价的评价标准吗

三、大学生品德评价机制不健全

大学生品德评价从本质上来看是一个系统的活动过程。这一活动的顺利进行，离不开其系统内部各构成要素之间相互协调、相互配合，共同发挥作用。但是，大学生品德评价活动中，由于各个要素之间的协调和配合不足，其合力作用还没有真正形成，造成大学生品德评价机制不健全，这种不健全表现为以下三点。一是大学生品德评价没有形成系统的组织保障。一项活动的制定和实施离不开组织人员的设计和执行。大学生品德评价目前仍是多个评价主体的单方面评价，没有制度化的组织支撑。二是大学生品德评价的各构成要素之间的配合程度不高，表现为主体与主体之间、方法与方法之间、主体与客体之间、环节与环节之间的配合都存在一定的问题。尤其是评价环节方面，有 29.6% 的大学生和 53.9% 的教师对"评价程序"不满意（图 3-12），这就说明学生品德评价各个环节的实施没有按照正常的程序进行，进而影响了整个评价活动。三是大学生品德评价结果的运用不足，包括学生本人并不知道评价的结果以及评价结果反馈对象复杂多元。调研发现，对于"您知道学校品德评价的最终评价结果吗"，"知道"的大学生仅占 28.9%，"不知道"和"不清楚"的各占到 42.3% 和 28.7%，具体如图 3-15 所示。

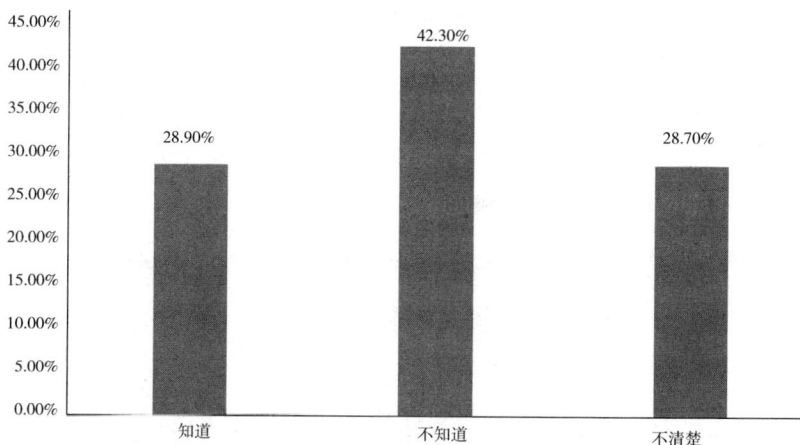

图 3-15 您知道学校品德评价的最终评价结果吗

由图 3-15 可知,超过半数的大学生都不明确学校对自己所做的品德评价。事实上,对大学生品德进行评价的根本目的在于通过这种评价帮助大学生找出自身品德素质的不足,从而为后面大学生品德的培养和发展指明方向。因此,如果大学生不知道自己品德评价的结果,大学生自身主观能动性的作用就不能最大限度地发挥出来,品德评价也就失去了真正的意义。另外,除了将结果反馈给大学生以外,还需要将评价结果反馈给其他评价主体。对此,调研发现,对于"您认为品德评价结果应反馈给何人",接受调研的教师认为,除大学生以外还应给反馈给学校领导、学生家长、相关教师以及公布于众等,具体如图 3-16 所示。

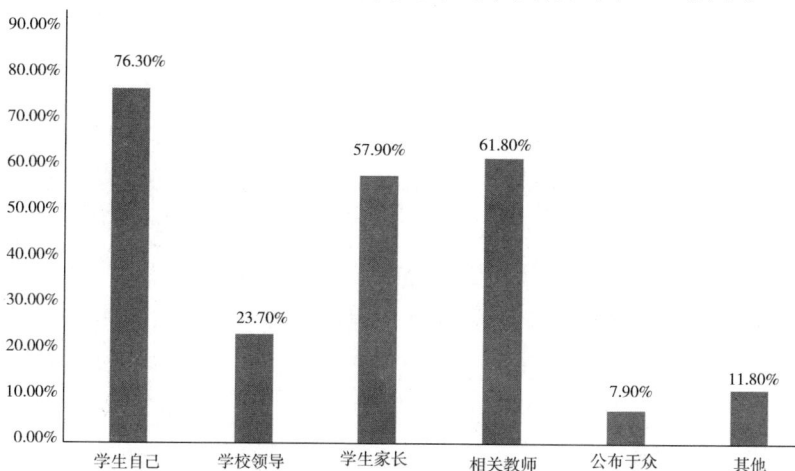

图 3-16 您认为学生品德评价结果可以反馈给哪些对象

从图 3-16 可知，大学生品德评价结果的反馈对象复杂多元，在具体的反馈过程中需要处理的问题不少，还需具体问题具体分析。总之，正是大学生品德评价没有建构起多元化的保障机制，使得大学生品德评价活动的科学性和有效性难以保障。

第三节　当代中国大学生品德评价存在
问题的原因分析

大学生品德评价的科学化，既是这一活动开展的根本要求，也是这一活动取得实效的关键。要想实现大学生品德评价科学化发展，就需要全面地掌握大学生品德评价活动中存在的各种问题，进而剖析这些问题存在的原因，从而为调整和完善大学生品德评价提供现实指导。因此，进一步探讨影响大学生品德评价科学化发展的原因就非常有必要。针对上节提出的大学生品德评价存在的问题，本书将造成这些问题的原因归纳为以下三方面。

一、品德本身的复杂性

根据前文对品德内涵界定，品德是一个非常宽泛的范畴，是由心理、思想、行为三个子系统按照一定方式联结起来的稳定的立体结构。由于研究视野不同，品德界定的侧重点也各有不同。但是，品德本身具有的诸多问题也在一定程度上增加了评价的难度。一是品德结构复杂。本书研究的品德是思想政治教育学科视野下的品德，它是一个复杂的集合体，由心理、思想、行为三个子系统构成。在心理子系统中，它是由品德认识、品德情感、品德意志、品德信念等要素组成；在思想子系统中，它是由思想政治教育内容决定的思想品德、政治品德、道德品质、法纪品德、个性心理等内容组成的素质集合，且这五种品德还包括内涵丰富的亚结构；在行为子系统中，它是由各种品德的外显行为共同组成的集合体，这个集合体甚至包括个体在过去、现在、未来不同阶段展现出来的品德行为。由比，品德内在的结构包含了心理、思想、行为等多要素，是一个体系庞大、结构复杂的集合体。要想对品德每一个要素进行客观又准确的评价，是一件非常困难的事情，必然存在不少困难。二是品德的某些特性增加了评价的难度。首先，品德具有表现的全时空性。这里的全时空性，是指个体的品德表现是连续的、长期的，并不是有限的、短暂的。这种表现的全时空性就对评价主体提出了更高要求：或是评价主体能够将自己的活动空间和时间与评价客体保持一致；或是评价主体要改变过去的单一结构，组建评价主体共同体，共同来完成评价工作；或是评价主体要善于捕捉表现品德的关键行为来评价品德。其次，品德是变化发展的。辩证唯物主义认为，一切事物都是处于不断变化发展中的。人的品德同样如此，它是人在与环境、教育、自我修养相互作用下不断变化发展的，它必然随着某一因素的改变而不断变化发展。因此，品德的变化性就决定了对品德不能"盖棺定论"。为了处理好这一问题，评价品德就需要做到：不将某一品德行为的观察印象绝对化；对评价性质进行定位，区分过程性评价和总结性评价；分析每一品德行为的内外制约条件及其关系，弄清其背后的行为动机。只有这样才能增加品德评价结果的有效性。最后，品德表现出不一致性或虚假性，即品德动机、行为与效果之间的不一致。品德本身具有内隐的特点，这就使得评价主体很难分清品德动机是否与品德行为和效果相符。这是因为，一方面评价客体可能会为了达到评价标准从而做出虚假的行为表现，另一方面善意的动机并不能总是达到理想效果。客观的品德评价必须建立在真实的品德行为之上。因此，品德这一特点就在一定程度上给品德评价方法和环境的选择以及评价指标体系的制定带来了难题。

二、教育功利化的影响

教育是人之为人的教育。但是，在很长的一段时间里，教育的工具价值一直被人们推崇，从而忽视教育的人文追求。这就是教育功利化的重要表现。尤其是在德育方面，它往往被人们所忽视。事实上，德育自教育活动产生以来就已经形成。从本质上来讲，它就是培养个人品德来促进个体社会化的教育实践活动，是教育的灵魂。"如果我们使学生变得聪明而未使他们具有道德性的话，那么我们就在为社会创造危害。"[1] 可见，德育影响个人品德的发展，甚至影响到个人一生的全面发展。但是，在教育功利化价值观的影响下，德育系统里一些不好的观念制约着个体品德的形成和发展，从而导致个人和社会忽视品德的作用。一是社会本位德育目标取向。所谓社会本位德育目标取向，是指德育的目的是由社会发展的本质要求决定，是从社会利益的角度来确定德育目标，且

社会本位价值取向占据了主导作用。换句话说，德育目标不是由自己决定，而是"根据一定社会的生产力发展水平和经济、文化发展状况，根据统治阶级的意识形态要求而提出来的"①。从古代的"修身、齐家、治国、平天下"到现在的"培养德智体美劳全面发展的社会主义建设者和接班人"②，无不是社会本位德育目标的体现。且德育目标的这种价值取向会导致德育屈服于政治压力之下，从而表现出"泛政治化—过度理想化—观念的绝对化—功能萎缩"的发展历程。正是这种政治化倾向导致大学生品德评价必然会随着国家和政府的重视与否出现不同的发展倾向。二是重"知"轻"行"的价值取向。德育的真正目的是要将一定社会要求的品德内容内化为个体的品德行为。因此，实现品德认知与品德行为的内在统一是德育的根本要求。事实上，我国古代都非常强调知与行的统一。但是，由于工具主义思想的影响，现代社会往往忽视品德的作用，甚至是片面强调品德中"知"的一面，进而忽视品德行为转化的必要性，由此导致德育仅仅是课堂说教。对于大学生品德评价来说，这种价值取向导致在具体的评价过程中往往用学业评价来取代品德评价，仅仅通过品德考核成绩来判断其品德形成和发展水平，进而忽视其品德行为的作用。事实上，品德的"知"只有落实到具体的"行"上才具有真实意义，单纯以分数高低来判断品德的优劣是功利主义的表现。因此，转变重"知"轻"行"的价值观念对于大学生重视品德评价具有重要作用。

三、评价理念的落后性

"理念就是思想观念，是人们对某种事物的观点、看法和信念。"③ 理念一经形成，能够对人的思想和行为产生重大的指导作用，是人们认识和把握世界的一种方式，它来自经验又超越经验。因此，理念对于大学生品德评价活动同样具有重要指导意义。但是，在传统的品德评价中，理念的落后和重视不足导致学生品德评价呈现出功利化发展的倾向，进而影响品德评价活动开展的真正意义。这种落后性主要表现为以下三方面。一是只重视对学生评等评级。自开展品德评价以来，在相当长时期以内，"品级性评价"是学生品德评价的一种主

---

① 王荣德 . 现代德育论 [M]．北京：中国社会科学出版社，2016：16.
② 坚持中国特色社会主义教育发展道路 培养德智体美劳全面发展的社会主义现代化建设者和接班人 [N]．人民日报，2018-09-11（1）.
③ 李家林 . 考试评价概论 [M]．广州：世界图书出版广东有限公司，2014：40.

导型模式。这种"品级性评价模式突出学生品德发展的等级性，它采用考试、测验或观察、问卷等量化方式给学生分等排队，划定学生的道德品级"①。一方面，"这种评价模式很难反映学生品德的真实水平，甚至会挫伤学生的自尊心和积极性"②，进而影响品德评价活动的开展和学生优良品德的养成；另一方面，这种评价模式会造成学生两极分化，或是品德精英化，或是品德平庸化，进而促使学生"破罐子破摔"，影响学生品德形成和发展的最终效果。可见，单纯地以"优、良、中、差"或"A、B、C、D"来划分学生品德等级，既不具备科学性，又不能实现品德评价的真正目的。对此，建立新的评价模式是当代中国大学生品德评价的当务之急。二是忽视大学生的主体作用。在传统的大学生品德评价中，大学生仅仅是作为评价对象而存在。在具体的评价中，大学生毫无发言权，完全游离于评价体系之外，没有参与评价的权利。事实上，品德评价与学生其他方面的评价有很大的差异，这种差异体现在学生品德的抽象性、隐蔽性和虚假性上面，仅仅通过外部的评价是很难判定学生品德的真实水平。对此，除外部评价以外，大学生还应该参与到评价中去，作为评价主体之一来评价自己的品德水平。一方面，大学生在自我评价中，能够进行自我检查、自我反思、自我提高；另一方面，大学生之间的相互评价，能够相互学习、相互督促、相互提高。这样，品德评价活动才能取得真正效果。三是割裂德育与现实生活之间的联系。在人类历史发展长河中，"教育与生产劳动相分离、教育与生活相脱离"是阶级社会教育的基本特征之一。随着社会不断向前发展，马克思恩格斯认识到，只有将教育与生产劳动相结合才能培养更多更好全面发展的人。这一理念甚至成为现代教育的重要指导方针。但是，教育与生产劳动和现实生活之间的分离在一定程度上影射了德育危机的出现，尤其是现代教育制度化发展，促使品德教育从现实生活中分离出来，成为间接经验教育的结果。事实上，品德是个人在社会生活中必须遵守的基本准则和规范，只有在社会生活中接受教育才能养成更好的品德行为。由此，对品德的评价也不能脱离现实生活而进行。另外，德育与现实生活之间的割裂也是自身逻辑的内在结果。现代教育将德育知识进行分类整合，以传授德育知识为目的来进行教学。这种德育的结果必然导致德育语言和符号化，学生学到的仅仅是抽象的概念，并不是生活的智慧。

---

① 叶飞. 合格性评价：品德评价的一种合理选择 [J]. 教育科学研究，2010 (1)：43.

② 叶飞. 合格性评价：品德评价的一种合理选择 [J]. 教育科学研究，2010 (1)：44.

第四章

当代中国大学生品德评价的目标和原则

当代中国大学生品德评价是高校思想政治教育过程的重要环节，与高校思想政治教育一样，是一项具有明确目标和具体原则的活动。其中，目标为当代中国大学生品德评价活动的开展指明了方向、提供了动力；原则作为当代中国大学生品德评价活动所要遵循的基本要求，反映了当代中国大学生品德评价活动的客观规律，对当代中国大学生品德评价发挥着规范作用。因此，明确当代中国大学生品德评价的目标和原则是保障当代中国大学生品德评价活动取得实效的关键。

第一节　当代中国大学生品德评价面临的机遇和挑战

进入新时代以来，我国的党情、世情、国情都发生了重要变化。这些变化为当代中国大学生品德评价的开展既带来了机遇，又提出了诸多挑战。准确把握这些机遇和挑战能够帮助我们更加清晰地认识当代中国大学生品德评价活动，从而促进大学生品德评价工作科学化发展。

一、当代中国大学生品德评价面临的机遇

党的十九大对我国历史方位的界定表明，我国已进入新的发展阶段，站在新的起点上向新的长征路不断迈进。这一清晰定位深刻揭示了当代世界和当今中国所处的时代方位和发展大势，为当代中国大学生品德评价提供了新的发展机遇。

（一）新时代"两个一百年"奋斗目标对人才的迫切需要

党的十九大报告在总结过去经验的基础上，立足当今我国所处的新的历史

方位，对我国今后的工作做出了新的部署和要求，提出"在本世纪中叶建成富强民主文明和谐美丽的社会主义现代化强国"①。可见，党和政府高屋建瓴，描绘了我国新时代长征路的发展蓝图。之所以称之为"长征路"，是因为它是从新民主主义革命战争中走出来，又经历了艰苦探索的社会主义建设和改革历程逐渐发展起来的。在新时代，这一长征路又具有新的发展特点，它是在连接过去的基础上，借助新时代的新征程，连通着实现中华民族伟大复兴的未来长征路。

那么，如何实现这一奋斗目标、走好新时代的长征路？关键是要"聚天下英才而用之"。换言之，人才资源是新时代最牢固、最可靠的依靠和支撑。对此，党和政府高度重视人才工作。一是提出人才强国战略。这一战略是其他各项强国战略顺利实施的基础，是抓住新一轮科技革命和产业变革机遇的必要条件，能够破解社会主义现代化强国建设和实现中国梦这一长征路上面临的发展难题。在具体实施中，要做到始终将人才资源开发放在第一位，促使人才结构高级化、现代化，不断增加人才投资力度，推进人才制度改革和创新，等等。二是制定更加积极、开放、有效的人才政策。为大力实施人才强国战略，党和政府先后制定了不少人才政策，包括 2002 年 5 月 7 日中共中央办公厅、国务院办公厅印发的《2002—2005 年全国人才队伍建设规划纲要》、2003 年 12 月 26 日公布的《中共中央 国务院关于进一步加强人才工作的决定》、2010 年 6 月 6 日中共中央、国务院印发的《国家中长期人才发展规划纲要（2010—2020年）》、2016 年 3 月 20 日中共中央印发的《关于深化人才发展体制机制改革的意见》、2018 年 2 月 26 日中共中央办公厅、国务院办公厅印发的《关于分类推进人才评价机制改革的指导意见》、2018 年 7 月 3 日中共中央办公厅、国务院办公厅印发的《关于深化项目评审、人才评价、机构评估改革的意见》、2020 年 10 月 13 日中共中央、国务院印发的《深化新时代教育评价改革总体方案》、2022 年 10 月 7 日中共中央办公厅、国务院办公厅印发的《关于加强新时代高技能人才队伍建设的意见》等。这些文件对人才工作做出了重要指示，尤其是对人才评价做出了明确指示，强调人才评价的内容要涵盖品德、知识、能力、业绩和贡献等要素，其中特别强调要突出"品德评价"，要将其作为人才评价的首要内容。可见，这些人才政策不仅对人才队伍建设和发展做出了重要指导，而

---

① 习近平.决胜全面建成小康社会 夺取新时代中国特色社会主义伟大胜利［M］.北京：人民出版社，2017：29.

且还为大学生品德评价提供了根本遵循。三是营造人人皆可成才、人人尽展其才的良好环境。事实上，人才的成长和发展与环境是密不可分的。一方面，环境的好坏会在一定程度上制约人才的成长和发展；另一方面，人才在成长和发展过程中会通过自身能动性的发挥来改造环境，使其更加有利于自身的成长和发展。为此，党和政府要求建立高水平的人才培养体系和完善的公共服务水平来优化人才的成长和发展环境。在人才培养体系建设方面，新时代要求人才培养要以"立德树人"作为中心环节和根本目标；在公共服务水平方面，新时代要破除人才干事创业的后顾之忧，为人才发展创造更好的环境条件。

综上可见，更高水平的人才队伍为新时代建设社会主义现代化强国和实现中华民族伟大复兴的中国梦提供了夯实的人才基础。简而言之，人才是新时代干事创业的重要推动力。

（二）"互联网"为当代中国大学生品德评价拓展了新思路

人类历史上的三次工业革命推动着人类社会不断向前发展，尤其是以原子能、电子计算机、空间技术和生物工程的发明和应用为标志的第三次工业革命推动着人类社会向更高水平的方向发展。在第三次工业革命中，以互联网为代表的新的生产力推动着人类社会逐渐迈入信息时代。对此，我国高度重视和发展互联网技术。1994年，我国开通了与Internet的全功能连接，标志着我国正式进入互联网大家庭。随后，互联网在我国逐渐拓展和发展，现已形成互联网经济实体，成为推动我国经济和社会发展的重要生产力。可见，互联网作为信息社会的先进生产力，不仅为人类社会各个领域的改革、创新和发展提供了广阔的平台，也为当代中国大学生品德评价带来了新的机遇。

一是互联网技术的发展促进了人的自由解放。马克思恩格斯高度重视科技进步对人类社会发展的重要作用，认为科技进步是生产力和社会发展的强大动力。"推动哲学家前进的，决不像他们所想象的那样，只是纯粹思想的力量。恰恰相反，真正推动他们前进的，主要是自然科学和工业的强大而日益迅猛的进步。"[①] 马克思恩格斯认为，人的全面自由发展只有在高度发达的生产力的推动下才能摆脱私有制和旧式分工的束缚。在当今社会，互联网技术就是这种发达的生产力，为人类实现自由全面发展提供重要的支持条件。具体表现为，互联

① 中共中央马克思恩格斯列宁斯大林著作编译局. 马克思恩格斯选集：第4卷［M］. 北京：人民出版社，2012：233.

网技术改变了当今人类的文化、知识、信息等各方面的传播。在传播主体方面，互联网技术使得每一个互联网用户由过去的"被动接受"向"主动传播"转变；在传播内容方面，互联网技术使得传播内容由过去的"少数资源集中"向所有互联网用户自主选择、组织、生产、散布转变；在传播方式方面，互联网技术使得传播方式由过去的"单向传播"向"双向互动"转变。正是这些变化使得人在全面发展过程中获得更多的支持。

二是互联网思维拓展了当代中国大学生品德评价的方法。"每一个时代的理论思维，包括我们这个时代的理论思维，都是一种历史的产物，它在不同的时代具有完全不同的形式，同时具有完全不同的内容。"[1] 在当今互联网快速发展的时代，互联网渗透人类社会生活、工作等各个领域，不断改变着人类的生活方式和生产方式，甚至深刻影响着人类的思维方式，进而促使人们学会借助网络工具来应对和处理自身生存和发展面临的各种问题。在这一背景下，互联网思维由此产生。从本质上来看，互联网思维是一种观念形式，伴随着互联网的广泛应用逐渐被人们认可的，包括"用户思维、简约思维、极致思维、迭代思维、社会化思维、大数据思维、平台思维、跨界思维"[2] 等多样化的新的思维形式。其中社会化思维、大数据思维对当代中国大学生品德评价发挥着重要作用。"社会化思维是指组织利用社会化工具、社会化媒体和社会化网络，重塑企业和用户的沟通关系，以及组织管理和商业运行模式的思维方式。"[3] 换言之，社会化思维是要将人类的生活和工作等通过互联网连接在一起，并通过网络呈现出来，使人类社会变成"地球村"。大学生在网络生活中的言论和行为也会通过网络呈现出来，从而为大学生网络道德的评价提供依据。大数据思维是指借助数据为各项决策提供依据，从而创造商业价值的一种思维方式。事实上，在大数据时代，一切都可以数据化，甚至数据已成为企业发展的核心资源。当今社会各个领域已着手运用大数据思维来解决更多问题，大数据方法随之形成。因此，在大数据时代，当代中国大学生品德评价要应时而为，借助大数据方法

① 中共中央马克思恩格斯列宁斯大林著作编译局．马克思恩格斯选集：第 3 卷［M］．北京：人民出版社，2012：873．

② 马云霞．"互联网＋"时代高校思想政治教育研究［M］．北京：人民日报出版社，2017：9-15．

③ 马云霞．"互联网＋"时代高校思想政治教育研究［M］．北京：人民日报出版社，2017：13．

来评价大学生的品德水平。

三是"互联网+"战略拓展了大学生品德评价的实施平台。随着信息技术和互联网的不断发展和成熟，党和政府更加重视互联网，提出"互联网+"行动计划，并将其上升为国家战略正式确定下来。所谓"'互联网+'就是应用以互联网为核心的一整套信息技术（包括云计算、大数据、移动互联网、物联网等技术），在经济、社会生活各部门与传统行业进行深度融合，广泛扩散和应用，促成各行各业的革命性改造和颠倒性重构，使其实现转型升级，升华为信息时代的发展新形态"①。在这一战略指导下，"互联网+"向各行各业延伸开来，其中，"互联网+教育"更是逐渐发展起来。这种模式强调的是互联网与教育之间的双向连接，使其产生互动、渗透、耦合，促进传统教育的换代升级。相较于传统教育而言，"互联网+教育"呈现出资源共享、交互性、随时随地、个性化、内容碎片化等特点，为新形态的教育拓展了发展和改革空间。具体来说，表现为促进人类认识方式从"连续的、线性的"向"碎片化"获取转变，教育场所从固定地向无限空间转变，教育资源从不均衡向均衡化配置转变，教育模式从整体规范向突出学生个性转变，授课模式从单向向多维互动转变，教育评价从描述与定性向分析与定量转变，等等。可见，"互联网+"战略为教育发展和创新带来了伟大的变革。当代中国大学生品德评价要应势而为，运用"互联网+"战略来拓展大学生品德评价的互联网平台。

二、当代中国大学生品德评价面临的挑战

马克思指出："在我们这个时代，每一个事物好像都包含有自己的反面。"②因此，当今中国新的历史方位和发展大势一方面给大学生品德评价带来前所未有的机遇，另一方面也带来了不容忽视的挑战。

（一）新时代新征程影响大学生品德素质的形成

党的十九大报告指出："经过长期努力，中国特色社会主义进入了新时代，

---

① 马云霞."互联网+"时代高校思想政治教育研究［M］. 北京：人民日报出版社，2017：7.
② 中共中央马克思恩格斯列宁斯大林著作编译局. 马克思恩格斯选集：第1卷［M］. 北京：人民出版社，2012：776.

这是我国发展新的历史方位。"① 这个新时代为我国提供了一个大有可为的发展机遇，是中国特色社会主义事业的"飞跃期"，是中国特色社会主义制度的"成熟期"，是中华民族实现伟大复兴的"关键期"，是世界格局剧烈变动的"重塑期"，也是中国日益走进世界舞台的"创业期"。可见，新时代的新征程为我国未来发展指明了方向。只有深刻厘清我国面临的世情、国情、党情，才能更好地把握住发展的历史机遇。但是，我国在日益走进世界舞台中央的过程中还面临着诸多问题和挑战。

一是社会转型下的各种冲突和矛盾影响大学生品德素质的形成。当前为了更好地实现中国梦和"两个一百年"奋斗目标，我国的经济体制转轨和社会结构调整正处于深刻变革中。这一过程必然使得社会矛盾和冲突加剧。其中，最为关键的是，人们对更高水平品德素质的需要与现实之间存在着极大的差距。比如，道德滑坡、贫富差距、贪污腐败等现象会对大学生的品德认识产生冲击，进而制约其相关品德的形成 。

二是价值多元化发展影响着大学生品德素质的形成。马克思主义认为，事物是不断变化发展的。回溯历史，人类社会经历了原始社会、奴隶社会、封建社会、资本主义社会、社会主义社会等不同的发展形态，最终向共产主义社会形态发展。在每一种社会形态下，人们的价值观念都是不同的。而当今社会主要是由社会主义社会和资本主义社会构成的。一方面，在全球化浪潮的推动下，世界正缩小为"地球村"；另一方面，中国要走进世界舞台中央，必然会与其他形态的国家进行交流。在这一过程中，其他各个国家的文化、意识形态、社会思潮等必然会渗透进来，使得我国大学生的价值观念、价值取向、行为方式等发生重大变化，促使大学生的价值观念多元化发展。这种多元化发展还会导致价值观念的多变性，使得大学生的价值观念发生冲突。且这种冲突会造成不好的结果，要么影响大学生自身价值观念的形成，要么影响整个社会价值观念的培育。可见，价值多元化发展会影响大学生品德素质的养成。

三是文明之间的冲突影响大学生品德素质的形成。自改革开放以来，中国与世界各国的联系和交往不断推进。尤其是进入新时代以来，人类命运共同体思想为这种交往提供了新的思路。在与世界各国的交往中，文化、制度、发展

---

① 习近平. 决胜全面建成小康社会 夺取新时代中国特色社会主义伟大胜利［M］. 北京：人民出版社，2017：10.

道路、思想等各方面的交流和互鉴异常活跃。但是,在交流中也存在对立。尤其是在思想文化领域,一方面人们日益感受到各国人民在互联互通中萌生的人类命运共同体意识,另一方面也注意到其他国家不好的极端的社会思潮所产生的影响和危害。这必然会造成不同文明之间的对立和冲突,而这种冲突正是危害的根本。"在这个新的世界里,最普遍的、最重要的和危险的冲突不是社会阶级之间、富人和穷人之间,或其他以经济划分的集团之间的冲突,而是属于不同文化实体的人民之间的冲突。"① 它会使得其他国家的文化、思想渗透进来,削弱我国主流意识形态的主导权和领导权。而意识形态决定着文化的前进方向和发展道路,能够将人们的理想信念、价值理念、道德观念团结起来。因此,文明之间的冲突必然会影响大学生品德素质的形成。

(二) 互联网增加了当代中国大学生品德评价的难度

互联网作为新时代重要的生产力,是人们认识世界和改造世界的现代化工具,极大地改变着人们的生产方式、思维方式、交往方式、信息传播方式和生活方式。最为关键的是,互联网将现实世界通过数字技术手段对自然和人类社会生活进行人工仿造和再造,抽象出一个虚拟的网络空间。具体来说,这个网络空间呈现出数字化与虚拟化、开放性与平等性、丰富性与多元性、主体性与互动性的特点。正是这些特点为当代中国大学生品德评价带来了诸多挑战。

一是互联网上海量信息影响着大学生品德素质的形成。互联网是一个巨大的信息场,不仅信息容量海量丰富,而且信息来源也超过传统媒介的限制,扩展到所有互联网用户。这必然导致不同国家的各种纷繁复杂的思想和信息蕴含其中,进而产生激烈碰撞。事实上,在互联网出现之前,传统大众传媒受到时空的限制,所宣传的都是本国主导的价值观和道德要求。但是,随着互联网的普及和发展,网络技术的超时空性必然打破原有地域和国界的限制,使得其他国家的意识形态渗透进来。一方面,互联网上充斥着大量信息,鱼龙混杂、难辨真伪,观点纷呈、良莠不齐,尤其是各种复杂的社会思潮的迅速传播,给我国大学生核心价值观的形成带来极大冲击。另一方面,西方国家利用互联网的传播优势大势推行文化霸权主义,将本国的意识形态渗透进来。而大学生正处于品德形成的关键期,互联网上纷繁复杂的思想和信息必然会误导大学生主流

---

① 亨廷顿. 文明的冲突与世界秩序的重建 [M]. 周琪,刘绯,张立平,等,译. 北京: 新华出版社, 1998: 7.

价值观的养成，进而影响大学生品德素质的形成。

二是数据化的海量信息为品德信息的处理增加了难度。互联网的快速发展催生了大数据时代的到来。何为大数据时代？是指人类进入了一个前所未有的3V 时代，即一个信息海量（Volume）、多样化（Variety）、快速（Velocity）的时代。在大数据时代，数据成为人类文明发展的重要资源。这些数据具有规模不断变大、类型多样复杂、生产速度快以及数据价值巨大等多样化的特征。当代中国大学生品德评价需要从海量的品德信息中筛选出有效的信息来进行评价。但是，在大数据时代下大学生品德信息呈现出复杂的情况，表现为：大学生品德信息不是精确的，而是混杂在其他数据当中，需要评价主体进行筛选；大学生品德信息形式多样，包括文字、数字、等级等形式，且还存在真假、偏全等问题，需要评价主体将这些原始信息转化为有效的数据。总之，大数据下的大学生品德信息既数量庞大又错综复杂，不仅为大学生品德信息的筛选和处理增加了难度，还对大学生品德评价主体提出了专业性要求。

三是交往方式的虚拟化增加了评价主体对大学生品德的评价难度。互联网的出现极大地改变了人们的交往方式，使得人们的交往从传统的现实交往转变为虚拟的网络交往。之所以说它是虚拟的交往方式，是因为它是通过数字化为中介的人机交往方式来实现的。这种虚拟的交往方式打破了现实世界的时间和空间的限制，使得人们能够突破现实世界秩序和规则的约束，在更大的时空范围内进行交流和沟通。因此，相较于现实交往，这种交往方式使得交往主体虚拟化、交往客体信息化、交往载体电子化、交往时空无限化。但是，网络社会并不是脱离现实社会而存在的，它是对现实社会的智能延伸。因此，它必然与现实社会一样在交往中要遵循一定的秩序和规则，这些秩序和规则就为大学生品德评价拓展了新的内容。但是，网络的自由和无序以及管理法规的不完善又使得大学生这方面的品德极具模糊性，从而为其评价增加了极大的困难。另外，交往方式的虚拟化使得大学生在交往中会产生"虚拟"自我意识，认为网络能够掩盖自己，使得大学生在网络交往中呈现出虚拟性、多样性、随意性、隐匿性，进而借由互联网隐藏自己的品德素质，为品德评价增加难度。

第二节　当代中国大学生品德评价的基本依据

当代中国大学生品德评价是评价主体在一定思想的指导下，依据特定的评价标准，采用科学、合理的评价手段或方法，对大学生品德诸要素的发展水平及状况做出事实分析和价值判断的过程。可见，当代中国大学生品德评价不是盲目随意的活动过程，而是在特定思想指导下进行的。理论是实践的基础，没有科学的理论做指导，实践往往都会"失之毫厘、差之千里"。因此，当代中国大学生品德评价首先得确定评价的基本依据，即将新时代党和国家对大学生品德素质的基本要求作为根本遵循，遵照高校思想政治教育的基本内容和大学生品德形成和发展的基本规律进行。

一、新时代党和国家对品德素质的基本要求

当前，我国已迈入新时代，这意味着中华民族实现了从站起来、富起来到强起来的伟大飞跃。为了更好地"强起来"，中华民族要向"全面建设社会主义现代化国家、不断创造美好生活、奋力实现中华民族伟大复兴中国梦、日益走近世界舞台中央"等方向发展。而如何实现"强起来"，关键之一就是培养更多更好的社会主义建设者和接班人。习近平总书记在党的二十大报告中指出："教育是国之大计、党之大计。培养什么人、怎样培养人、为谁培养人是教育的根本问题。育人的根本在于立德。全面贯彻党的教育方针，落实立德树人根本任务，培养德智体美劳全面发展的社会主义建设者和接班人。"① 可见，优先发展教育事业是培养人才的基础性工作。但是，自进入新时代以来，我国的党情、世情、国情都发生了重大变化，对教育事业提出了更高要求。对此，党和国家强调："我们要建设的教育强国，是中国特色社会主义教育强国，必须以坚持党对教育事业的全面领导为根本保证，以立德树人为根本任务，以为党育人、为国育才为根本目标，以服务中华民族伟大复兴为重要使命，以教育理念、体系、制度、内容、方法、治理现代化为基本路径，以支撑引领中国式现代化为核心

---

① 习近平．高举中国特色社会主义伟大旗帜 为全面建设社会主义现代化国家而团结奋斗［M］．北京：人民出版社，2022：26.

功能，最终是办好人民满意的教育。"① 可见，党中央高度重视教育工作，强调教育的首要目的就是培养人。

培养什么样人？具体来说，习近平总书记对此做了重要说明，一是要在"理想信念"上下功夫。从古至今，每种社会形态下的各个国家都是按照自己的要求来培养人。我国作为社会主义性质的国家，同样是以培养社会主义建设者和接班人作为根本培养方向。其中，核心是以"立德树人"为根本任务。而理想信念就是"立德树人"的灵魂，决定着"立德树人"的性质和方向。古语有言：从其大体为大人，从其小体为小人。因此，习近平总书记强调的"理想信念"是要"引导学生树立共产主义远大理想和中国特色社会主义共同理想，增强学生的中国特色社会主义道路自信、理论自信、制度自信、文化自信，立志肩负起民族复兴的时代重任"②。二是要在"爱国主义情怀"上下功夫。"爱国主义是人们忠诚、热爱、报效祖国的一种集思想、情感和意志于一体的社会意识形态。"③ 它是凝聚民族精神的政治力量，是几千年历史长河中激励中国人民自强不息的强大力量，对实现中华民族伟大复兴同样发挥着巨大作用。对此，新时代下仍然需要将"爱国主义"扎根于学生心中。三是要在"品德修养"上下功夫。古语有言：德者，才之帅也。"德"是人之为人的根本，是人成才的首要前提。且在人才培养中，"德"居于首要地位。我国著名教育家蔡元培先生曾说过："德育实为完全人格之本，若无德则虽体魄智力发达，适足助其为恶，无益也。"可见，一个人若没有正确价值观做引导，是不能成为真正意义上健全的人。对此，习近平总书记指出，要"教育引导学生培育和践行社会主义核心价值观，踏踏实实修好品德，立志成为有大爱大德大情怀的人"④。四是要在"知识见识"上下功夫。知识是立身之本。随着人类认识世界和改造世界的本领增强，知识的广度和深度逐渐拓宽，知识更新的节奏不断加快。因此，"书读完了"的感叹不会再出现，终身学习理念也早已深入人心。事实上，知识不仅需要传承，还需要培育。对此，当代大学生要"珍惜学习时光，心无旁骛求知问

① 习近平. 扎实推动教育强国建设 [J]. 求是，2023（18）：5-6.
② 坚持中国特色社会主义教育发展道路　培养德智体美劳全面发展的社会主义现代化建设者和接班人 [N]. 人民日报，2018-09-11（1）.
③ 郑永廷. 思想政治教育学原理 [M]. 北京：高等教育出版社，2016：195.
④ 坚持中国特色社会主义教育发展道路　培养德智体美劳全面发展的社会主义现代化建设者和接班人 [N]. 人民日报，2018-09-11（1）.

学，增长见识，丰富学识，沿着求真理、悟道理、明事理的方向前进"①。五是要在"奋斗精神"上下功夫。毛泽东曾经说过："什么是模范青年？就是要有永久奋斗这一条。……奋斗到什么程度呢？要奋斗到五年，十年，四十年，五十年，甚至到六十年，七十年，总之一句话，要奋斗到死，没有死就还没有达到永久奋斗的目标。"② 可见，奋斗精神对于青年来说，是其重要的精神推动力，是实现梦想的阶梯、走向未来的桥梁。回溯历史，我国的革命、建设和改革之所以能取得成功，很大程度离不开奋斗精神的重要作用。对此，当代大学生更要弘扬奋斗精神，不仅树立远大志向，更要有敢于担当、不懈奋斗的拼搏精神。六是要在"综合素质"上下功夫。"教育之为教育，正是在于它是一种人格心灵的唤醒。"③ 从本质上来说，教育的根本就在于帮助学生向心灵丰盈、精神饱满、人格完善、能力彰显的方向发展，这也是教育的根本追求。

综上可知，党和国家从"六个"下功夫为新时代"培养什么样的人"指明了方向。尤其是关于理想信念、爱国主义、品德修养、奋斗精神的论述，为当代中国大学生品德教育提供了根本指导。因此，对当代中国大学生品德进行评价，必须以此为基础，建构起当代中国大学生品德评价指标体系，这样当代中国大学生品德评价才具有真正价值。

二、高校思想政治教育的基本内容

"思想政治教育，是指社会或社会群体用一定的思想观念、政治观点、道德规范对其成员施加有目的、有计划、有组织的影响，使他们形成符合一定社会、一定阶级所需要的思想品德的社会实践活动。"④ 从其内涵可知，高校思想政治教育的主要目的就是提高大学生的思想品德素质、促进大学生的全面发展，而思想政治教育内容则是对这一目的的具体落实。由此，当代中国大学生品德评价指标体系的建构以思想政治教育内容作为基本依据必然是其题中之义。

"一切划时代的体系的真正的内容都是由于产生这些体系的那个时代的需要

---

① 坚持中国特色社会主义教育发展道路　培养德智体美劳全面发展的社会主义现代化建设者和接班人 [N]. 人民日报，2018-09-11（1）.
② 中共中央文献研究室. 毛泽东文集：第二卷 [M]. 北京：：人民出版社，1993：190.
③ 人民日报评论部. 以综合素养书写精彩人生：如何培养社会主义建设者和接班人 [N]. 人民日报，2018-09-25（5）.
④ 陈万柏，张耀灿. 思想政治教育学原理 [M]. 2 版. 北京：高等教育出版社，2007：4.

而形成起来的。"① 思想政治教育同样如此,它是无产阶级登上政治舞台,掌握群众的思想武器。因此,思想政治教育目的作为对一定历史阶段和时代特征的反映,它必然随着时代和社会的变化发展而不断变化和发展。从本质上来讲,它是一个动态发展的过程。因此,思想政治教育目的的动态发展必然导致思想政治教育内容呈现出历史的、发展的、动态的、活跃的特性。回顾思想政治教育内容的形成和发展历程可知,思想政治教育内容经历了一个复杂的形成过程。对此,理论界对思想政治教育内容的形成和发展阶段做了不同标准的划分:一是以中共党史的历史分期来划分思想政治教育内容的发展分期;二是以高校思想政治理论课程内容的演变为线索,结合党中央下发文件的出台时间来进行分期;三是以思想政治教育学科自身的属性和发展规律为依据来进行划分。以上的划分标准都有其独特的规律和依据。本书为了给当代中国大学生品德评价指标体系的建构提供依据,主要从思想政治教育的基本内容着手来划分其形成和发展分期。因此,本书认为,思想政治教育内容的形成和发展主要经历了以下四个阶段。

一是以政治教育、思想教育、道德教育为核心内容的恢复阶段(1978—1984年)。1978年党的十一届三中全会召开以来,我国进入改革开放的新时期。在这一背景下,清除"文化大革命"对大学生思想政治教育造成的影响,扭转大学生在思想上的错误观念,转移党和国家的工作重心就成为当务之急。对此,1980年4月29日,教育部和共青团中央印发了《关于加强高等学校学生思想政治工作的意见》(简称《意见》),强调:"我国高等学校的培养目标必须坚持又红又专的方向,使受教育者在德智体几方面都得到发展,成为有社会主义觉悟的专门人才。"② 这就为高校思想政治教育指明了方向。同时,《意见》指示:"思想政治工作要旗帜鲜明地对学生进行系统的马克思列宁主义、毛泽东思想基本原理的教育,革命理想教育,共产主义道德品质教育,培养学生运用马列主义的立场、观点、方法分析问题和解决问题的能力,逐步树立辩证唯物主义和

---

① 中共中央马克思恩格斯列宁斯大林著作编译局.马克思恩格斯全集:第3卷[M].北京:人民出版社,1960:544.

② 教育部思想政治工作司.加强和改进大学生思想政治教育重要文献选编:1978—2014 [M].北京:知识产权出版社,2015:4.

历史唯物主义的世界观。"① 随后，党中央和政府根据社会的变化发展对高校思想政治教育内容做了调整。但总的来说，这些内容主要围绕政治、思想、道德三个层面丰富和发展。

二是在政治教育、思想教育、道德教育的基础上增加法制教育的拓展阶段（1984—1992 年）。1984 年 10 月 20 日通过的《中共中央关于经济体制改革的决定》颁布以来，我国的经济体制发生了重大变化，多种经济成分和分配方式并存导致对外开放进一步扩大。在这一背景下，经济建设成为全国的工作重心，在一定程度上忽略了高校思想政治工作。另外，对外开放的进一步扩大使得我国大学生受到国外腐朽或错误思想、观念的侵袭。对此，以邓小平为代表的第二代领导集体强调："必须旗帜鲜明地坚持四项基本原则，反对资产阶级自由化。"甚至，中共中央于 1987 年 5 月 29 日还专门印发《关于改进和加强高等学校思想政治工作的决定》（简称《决定》），要求"新时期高校思想政治工作要继续坚持对学生进行马克思主义理论教育，党的路线、方针、政策教育，爱国主义、国际主义和革命传统教育，理想、道德和纪律教育，社会主义民主和法制教育"②。这就为高校反对资产阶级自由化做出了重要指示，强调高校要对学生进行深入广泛的政治教育、形势与政策教育、民主和法制教育，帮助学生分清理论上的大是大非问题，从世界观上武装学生。

三是在政治教育、思想教育、道德教育、法制教育的基础上增加心理健康教育的拓展阶段（1992—2002 年）。1992 年 10 月召开的党的十四大标志着我国迈入一个新的发展阶段。在这一背景下，一方面，市场经济体制的确认为我国经济的发展做出了重大贡献；另一方面，市场经济体制又给大学生思想带来巨大冲击，进而对大学生思想政治素质提出更高的要求。对此，中共中央于 1994 年 8 月 31 日印发的《关于进一步加强和改进学校德育工作的若干意见》明确指出："通过多种方式对不同年龄层次的学生进行心理健康教育和指导，帮助学生提高心理素质，健全人格，增强承受挫折、适应环境的能力。"③ 在这一文件的

---

① 教育部思想政治工作司. 加强和改进大学生思想政治教育重要文献选编：1978—2014 [M]. 北京：知识产权出版社，2015：5.

② 教育部思想政治工作司. 加强和改进大学生思想政治教育重要文献选编：1978—2014 [M]. 北京：知识产权出版社，2015：71.

③ 教育部思想政治工作司. 加强和改进大学生思想政治教育重要文献选编：1978—2014 [M]. 北京：知识产权出版社，2015：145.

指导下，"心理健康教育"正式纳入思想政治教育内容系统中来。随后，党和政府还印发了多个文件对大学生心理健康教育的主要内容做了明确说明。可见，心理健康素质是一个人品德形成和发展的基础，成为其重要组成部分。

四是以政治教育、思想教育、道德教育、法制教育、心理健康教育为核心内容的全面推进阶段（2003年至今）。2002年11月党的十六大召开，标志着我国进入改革攻坚、全面建设小康社会和构建社会主义和谐社会的新时期。在这一背景下，党中央和国务院高度重视大学生思想政治教育，强调在推进人的全面发展的基础上更加重视大学生思想政治素质的培养。对此，中共中央国务院于2004年8月26日印发的《关于进一步加强和改进大学生思想政治教育的意见》、教育部于2005年4月21日印发的《关于整体规划大中小学德育体系的意见》、中共中央国务院于2017年2月27日印发的《关于加强和改进新形势下高校思想政治工作的意见》等文件都对大学生思想政治教育内容做了明确说明，强调要从"政治教育、思想教育、道德教育、法制教育、心理健康教育"五方面进一步加强大学生思想政治教育，且这"五要素"内容也被学者们普遍认同，成为理论改革和创新的基础。

综上可知，高校思想政治教育内容随着时代和社会的发展不断做出调整，经历了从"政治教育、思想教育、道德教育"到"政治教育、思想教育、道德教育、法制教育"再到"政治教育、思想教育、道德教育、法制教育、心理教育"的丰富和发展。特别是"五要素"的确认，构成了当代中国大学生思想政治教育的基本内容。另外，在这五要素下，各自包含的具体内容也随着社会和时代的发展不断更新和充实，从而构成一个有机的整体，不仅保障着大学生思想政治教育内容的全面性，更为当代中国大学生品德评价指标内容提供学科指导。

三、大学生品德形成和发展的基本规律

每一类群体都有各自的特点。"95后"作为中国第一批真正意义上的"互联网一代"，互联网为其成长提供了一种新的模式。对此，习近平总书记对"95后"的大学生做了点评："现在高校学生大多是'95后'，再过两年，新世纪出生的青少年也将走进高校校园。他们朝气蓬勃、好学上进、视野宽广、开放自

信，是可爱、可信、可为的一代。"① "00后"生长于中国移动网络时代，互联网的基因融入了他们的行为和思想，使得"00后"具有"开放的视野、活跃的思维、创造的活力、广泛的兴趣、多样的才艺、优渥的物质、独立的思想、鲜明的个性、话语权的彰显和互联网的文化"②。尽管"95后"和"00后"由于其所处的生长环境呈现出不太一样的个性特点，但其自身的发展仍然遵循着青年生理和心理的发展规律，尤其是其品德的形成和发展必然遵循人的品德形成和发展的基本规律。一般来说，"人的思想品德是在社会实践的基础上，在客观外界条件的影响与主观内部因素的相互作用、相互协调和主体内在的思想矛盾运动转化的过程中产生、发展和变化的"③。概言之，人的思想品德是内外因共同作用的结果。

首先，人的思想品德是在社会实践基础之上主客体因素之间相互作用、相互协调的结果，这是其形成的外部原因。一方面，人的思想品德并不是与生俱来的，也不是社会环境因素对主体单方面的结果，而是主体在实践过程中主动接受并转化的结果。在现实生活中，处于同一环境下的每个个体的品德会呈现出不同的发展水平，其原因就在于个体在接受和转化过程中所发挥能动性的大小不同。因此，外部环境对主体品德能否发挥作用以及发挥作用的大小，主要取决于主体自身的主观能动性，取决于主体对环境因素的接受和转化程度。另一方面，主客体因素之间的一致性和协调性是建立在社会实践基础之上的。具体来说，主体首先是在实践的过程中受到环境因素的影响进而形成一定的品德认识；其次，主体将这种品德认识通过一定的社会实践转化为具体的品德行为。这才是主体品德形成的完整过程。因此，在这个过程中，社会实践是品德从认识转化为行为的基础。

其次，人的思想品德是主体内在思想矛盾运动转化的结果，这是其形成的根本原因。具体来说，主体内在的思想矛盾运动主要存在两种情况：一是主体内在的"知、情、信、意、行"诸要素在发展方向上从不一致到一致、在发展水平上从不平衡到平衡的矛盾运动。人的思想品德的形成和发展过程，是由一定的品德认识经过品德情感、品德信念、品德意志的催化逐渐转化为相应的品

---

① 习近平首次点评"95后"大学生［N］.人民日报，2017-01-03（2）.

② 叶敬忠.以确定的价值观面对不确定的未来［N］.光明日报，2018-09-28（2）.

③ 陈万柏，张耀灿.思想政治教育学原理［M］.2版.北京：高等教育出版社，2007：123.

德行为的过程。在这个过程中，品德认识是前提；品德情感和品德意志是必要条件；品德信念是核心，是将品德认识转化为品德行为的中介；品德行为是最终结果，反过来又能加强前四个要素。可见，"五因素"在品德形成和发展过程中具有各自的作用，缺少任何一个因素都不能形成完整的品德。且在这个转化过程中，"五因素"之间辩证发展，从不平衡到平衡，再到新一轮的从不平衡到平衡这样循环往复的矛盾运动促使人的思想品德最终形成。二是主体原有的品德状态与一定社会所要求的品德之间的矛盾运动。一般来说，主体在过去的社会交往中会形成一定的思想品德；但随时代和社会的变化发展，对品德的新要求就会与原有的品德之间产生矛盾，进而促使新的思想品德的形成。可见，这种矛盾运动是思想品德形成和发展的内部驱动力；没有这种内部矛盾运动，外部环境因素的影响就不可能发生作用，更不可能产生新的思想品德。概言之，正是主体内在的这两种矛盾运动促使主体产生形成和发展品德的需要，再依据一定社会对品德的要求，从而形成符合社会要求的良好的思想品德。

总之，品德形成和发展的基本规律揭示了所有人品德的形成和发展过程。对此，当代中国大学生主体——"95后"和"00后"也必然遵循这一基本规律。尤其是人的品德只有转化为品德行为才能称为品德。换句话说，当代中国大学生品德评价指标建构要穷极到具体的品德行为，这样才能为评价提供根本方向。

第三节 当代中国大学生品德评价的目标

当代中国大学生品德评价的目标，是指当代中国大学生品德评价活动开展所要达到的预期结果。在当代中国大学生品德评价活动中，科学的目标能保证评价活动顺利地开展，是当代中国大学生品德评价活动开展的出发点和落脚点。因此，制定科学、合理的目标是开展当代中国大学生品德评价活动首先要弄清的核心问题。具体来说，这一目标不是主观臆断的，而是由品德自身的独特作用所决定的。随着时代和社会的发展，当代中国大学生品德评价的目标必然做出调整以适应新时代的新要求。

一、激发大学生的潜能和潜质

当代中国大学生品德评价的直接目标，就是帮助大学生激发自身品德素质方面的潜能和潜质，将其转化为显著的品德素质来发挥作用。大学阶段是人一生当中最有活力、最有生机的时期。在这一阶段，大学生的生理和心理都极具发展和提升空间，更是塑造其品德素质的关键期。一方面，在由少年向成年转变的过渡期中大学生的品德认知和情感基本成熟并趋向于稳定；另一方面，来自社会和时代的变化极大地冲击和影响着大学生的品德心理，给大学生造成一定的混乱。因此，通过当代中国大学生品德评价来矫正大学生的品德素质，能够将隐藏在大学生内心中的品德潜能和潜质挖掘出来，帮助大学生形成正确的符合时代发展的品德素质。事实上，潜能和潜质是一个人潜在的东西，是一个尚未被发现的"自在之物"。列宁对此做了明确说明："'自在'等于潜在。尚未发展，尚未开发。"[①] 换言之，潜能和潜质就是这样一种尚未开发和发展的潜在因素。具体来说，"潜能是一种已经具备但尚未展示或者尚未得到社会承认的能力"[②]，"潜质是人才具有的开发价值，是人才有可能实现但尚未实现的'准能力'"[③]。两者都是隐藏着的尚未被开发出来的潜在能力的集合。而每个人的能力都是由显能和潜能、潜质组成的。其中，"显能"只是潜能和潜质中很小的一部分。美国人类潜能研究专家奥托认为："一个人所发挥出来的能力，只占他全部能力的4%。"[④] 可见，要想将一个人最大的价值发挥出发，就必须激发隐藏在其内心、尚未被开发出来的潜能和潜质，将其转化为显能来发挥作用。但是，潜能和潜质本身具有的隐蔽性、模糊性、相对性和待验性特征为转化增加了不少难度。说它们具有隐蔽性，是指潜能和潜质是隐藏在人的内心当中尚未被人发现的能力，是其本身蕴含的基本特征。正是这种隐蔽性使得从古至今对人才都有"才难之叹"。说它们具有模糊性，是指潜能和潜质转化为显能的边界是模糊的、动态的、相对的，通常只是凭着某一特点来开发和培养某一方面的显能。说它们具有相对性，是指潜能和潜质的存在只是暂时的、有限的、有条

① 列宁. 哲学笔记 [M]. 中共中央马克思恩格斯列宁斯大林著作编译局. 北京：人民出版社，1974：244.
② 郑其绪. 人才评价理论与方法 [M]. 北京：党建读物出版社，2016：380.
③ 郑其绪. 人才评价理论与方法 [M]. 北京：党建读物出版社，2016：381.
④ 马斯洛，等. 人的潜能和价值 [M]. 林方主编. 北京：华夏出版社，1987：385.

件的，能在一定条件下与显能进行相互转化。这是因为，潜能、潜质和显能是属于同一范围的两个问题，通过一定条件就能实现相互转化，这种转化体现在具体的时间和层次上。说它们具有待验性，是指潜能和潜质要想转化为显能还需得到社会的认可。但是，这种社会认可往往存在滞后性和困难性，进而影响社会认可的时间和程度。总之，潜能和潜质的这些特征，一方面使得它们本身成为一种客观存在，另一方面又很难被开发和转化。大学生品德素质同样如此，一方面它是客观存在于人的内心中的素质之一，另一方面由于各种原因大学生品德呈现出的隐蔽性、虚假性、易变性和外控性特征在一定程度上增加了对品德素质的掌握难度。对此，通过大学生品德评价，就能将这些隐藏着的品德潜能和潜质挖掘出来，进而提高大学生的品德素质。

二、实现高校立德树人的根本任务

当代中国大学生品德评价的现实目标，就是借助评价来提升大学生的品德素质，从而实现高校立德树人的根本任务。这一根本任务是在党的十八大报告中首次提出的："教育是民族振兴和社会进步的基石。要坚持教育优先发展，全面贯彻党的教育方针，坚持教育为社会主义现代化建设服务、为人民服务，把立德树人作为教育的根本任务，培养德智体美全面发展的社会主义建设者和接班人。"① 随后，为解决高校"培养什么样的人、如何培养人、为谁培养人"这一根本问题，党和国家对"立德树人"根本任务做了进一步调整和发展。"在党的坚强领导下，全面贯彻党的教育方针，坚持马克思主义指导地位，坚持中国特色社会主义教育发展道路，坚持社会主义办学方向，立足基本国情，遵循教育规律，坚持改革创新，以凝聚人心、完善人格、开发人力、培育人才、造福人民为工作目标，培养德智体美劳全面发展的社会主义建设者和接班人，加快推进教育现代化、建设教育强国、办好人民满意的教育。"② 为了实现高校"立德树人"的根本任务，以习近平同志为核心的党中央提出了具体的措施。一是要确定人才培养目标。习近平总书记指出，新时代要以"培养一代又一代拥护中国共产党领导和我国社会主义制度、立志为中国特色社会主义奋斗终身的有

---

① 中共中央文献研究室．十八大以来重要文献选编：上［M］．北京：中央文献出版社，2014：27.

② 坚持中国特色社会主义教育发展道路　培养德智体美劳全面发展的社会主义现代化建设者和接班人［N］．人民日报，2018-09-11（1）.

用人才"① 作为高校人才的培养目标。这是高校立德树人的根本要求，也是教育现代化的发展目标。为此，要在"理想信念、爱国主义、品德修养、知识见识、奋斗精神、综合素质"六方面下大功夫。二是要建构高水平的人才培养体系。高校人才培养体系的建构涉及学科体系、教学体系、教材体系、管理体系等多方面体系的建设。其中，最为关键的是要将立德树人融入教育的各个环节和各个领域中去，并让教师的教和学生的学都要围绕这个目标进行。其中，在人才培养体系建设中，最重要的是将思想政治工作体系贯通在教学、科研、管理各个环节，在组织领导、理论指导、工作内涵、工作方式等方面进行"贯通"。三是要健全立德树人落实机制，发挥教育评价"指挥棒"的作用。教育评价是教育的关键环节，不仅能够为教育改革提供指导，还能够帮助提高教育质量。但是，由于传统教育模式的影响和现实国情的制约，教育评价往往以"唯分数、唯升学、唯文凭、唯论文、唯帽子"为导向，失去了教育评价的真正意义。因此，教育评价要发挥其"指挥棒"作用，就必须建立一套科学、系统、完整的教育评价体系。具体来说，教育要实现从量的扩张向质的提升转变，从学历本位向能力本位转变，从教育普及向提升素质转变。当代中国大学生品德评价作为新时代人才培养目标的重要内容、人才培养体系建设的根本要求、教育评价的重要组成部分，必然为高校立德树人这一根本任务的实现提供根本遵循。

三、契合新时代对人才素质的新要求

当代中国大学生品德评价的最终目标，就是通过对入学生品德素质进行分析和判断，找出其品德素质发展的不足和问题，在帮助大学生提高和发展自身品德素质的基础上促进大学生各方面素质的全面发展，从而为新时代党和政府培养更多更好的各方面素质全面发展的优秀人才提供更多的人才资源。也就是说，为党和政府提供更多更优秀的人才资源是当代中国大学生品德评价开展的终极目标。首先，人的德智体美劳等素质各方面全面发展一直是党和政府人才培养的核心要求。人的全面发展是人类最高的一种理想和追求，是人致力于一生的奋斗目标。马克思恩格斯强调的"人的全面发展"是"人以一种全面的方

---

① 坚持中国特色社会主义教育发展道路　培养德智体美劳全面发展的社会主义现代化建设者和接班人［N］. 人民日报，2018-09-11（1）.

式，也就是说，作为一个完整的人，占有自己的全面的本质"①。也就是说，人的全面发展具有全面而丰富的内涵，包括人的自由、全面、充分、和谐发展。在人的全面发展中，还包括人的劳动、人的素质和能力、人的需要、人的社会关系各方面都全面发展。马克思恩格斯这里讲的人的素质的全面发展主要包括"德、智、体、美"各方面素质的全面发展。随后，我国在社会主义革命、建设、改革的历程中将马克思恩格斯的"人的全面发展理论"进行了中国化和具体化。其中，以毛泽东为核心的第一代领带集体指出，"我们的教育方针，应该使受教育者在德育、智育、体育几方面都得到发展，成为有社会主义觉悟的有文化的劳动者"②。也就是说，要培养德、智、体全面发展的人。以邓小平为核心的第二代领导集体指出："要教育人民成为'四有'人民，教育干部成为'四有'干部。'四有'就是有理想、有道德、有文化、有纪律。"③ 以江泽民为核心的第三代领导集体指出，"努力造就'有理想、有道德、有文化、有纪律'的，德育、智育、体育、美育等全面发展的社会主义事业建设者和接班人"④。也就是说，人的全面发展就是要致力于提高人各方面的素质水平。以胡锦涛同志为总书记的党中央强调，人是发展的根本和目的，要坚持"以人为本"为核心的科学发展观。以习近平同志为核心的党中央提出"'以人民为中心'的发展思想，培养德智体美劳全面发展的社会主义建设者和接班人"⑤ 为根本目标，且规划了实现这一目标的具体路径。总之，"人的全面发展"在不同时期虽然有着不同的时代内涵，但核心都是围绕促进人的各方面素质的全面发展进行的。其中，对"德"的要求为当代中国大学生品德评价提供了理论指导。其次，当代中国大学生品德评价是实现人的全面发展的重要路径。"国无德不兴，人无德不立。"⑥ 在人的全面发展中，"德"永远是居于统师地位，影响着其他方面素质的形成和发展。因此，培养全面发展的人首先要培养人的品德素质。概言之，"立德"是人的全面发展的根本。而当代中国大学生品德评价就是通过对大学生

---

① 中共中央马克思恩格斯列宁斯大林著作编译局 . 马克思恩格斯全集：第42卷［M］. 北京：人民出版社，1979：123.

② 毛泽东 . 关于正确处理人民内部矛盾的问题［M］. 北京：人民出版社，1964：23.

③ 邓小平文选：第三卷［M］. 北京：人民出版社，1993：205.

④ 江泽民文选：第二卷［M］. 北京：人民出版社，2006：332.

⑤ 坚持中国特色社会主义教育发展道路 培养德智体美劳全面发展的社会主义现代化建设者和接班人［N］. 人民日报，2018-09-11（1）.

⑥ 习近平 . 习近平谈治国理政［M］. 北京：外文出版社，2014：168.

品德素质的发展水平进行分析和判断，找出品德中存在的问题和不足，然后改进和提高品德素质，进而促进大学生其他素质的发展，最终为人的全面发展提供根本遵循。

第四节　当代中国大学生品德评价的原则

当代中国大学生品德评价的原则，是指大学生品德评价开展过程中所应遵循的法则或准则，它是人们基于对大学生品德评价客观规律的认识，对当代中国大学生品德评价提出的基本要求。它不仅是对自身客观规律的认识，更是在一定的主观认识中形成的，是主观认识和客观规律的统一。对此，在一定原则的指导下，当代中国大学生品德评价才能科学、有效。

一、自我评价与他人评价相结合

"所谓自我评价，是指在评价过程中，被评价者主动参与进来，按照一定的目的和标准，对自己进行评价。"① 因此，当代中国大学生品德评价的自我评价，就是指大学生转变自己的角色定位，由被评价者向评价者转换，对自身品德诸要素的表现进行价值判断。可见，当代中国大学生品德评价的自我评价就是为了强调大学生的主观能动性。马克思主义认识论指出，人的实践活动具有自主性、创造性和主体性。当代中国大学生品德评价从本质上来讲也是人的实践活动的一种。因此，在这个活动中，充分发挥人的主观能动性能够"把世界还给人、把人还给他自己"，激励大学生主动参与品德评价，提高大学生的积极性、自尊心、自信心，从而使这一活动顺利地开展。但是，由于大学生对品德评价目的的理解不到位，往往会误解品德评价，从而使大学生在自我评价中虚假地应付的甚至是伪造的评价结果，进而影响到品德评价结果的客观性。所谓他人评价，也称外部评价，是指在评价过程中，由被评价者以外的人进行的评价。因此，当代中国大学生品德评价的他人评价，就在除大学生以外的其他评价主体对大学生品德进行的评价。一方面，他人评价相较于自我评价更为严格、慎重，因此结论更加客观、公正，可信度高，具有一定的权威性。另一方面，

---

① 许文蓓. 构筑多维度大学生品德评价体系的思考 [J]. 高校理论战线，2008（3）：48.

他人评价的要求也比较严格，它要求参与评价的主体一定要对大学生有一定的熟悉和了解，且能够听取其他评价主体的意见，不要弄虚作假或诱导他人做出虚假评价。

综上可知，自我评价和他人评价都各具优缺点。因此，当代中国大学生品德评价过程中，一定要把自我评价和他人评价结合起来，来保证评价结果的有效性。这也是当代中国大学生品德评价目的的基本要求。当代中国大学生品德评价不仅仅是为了对大学生品德发展水平进行判断，更多的是发现他们在品德方面存在的问题，进而帮助他们提高自身的品德水平，从而向党和国家的要求靠拢。一方面，通过大学生的自我评价，能够帮助大学生发现自身的不足，促使大学生实现自我教育、自我鞭策；另一方面，通过他人的评价，能够促使大学生在"照镜子"中发现自身与他人的差距，进而改正和调整，督促自己向更好的方向发展。

二、单项评价与综合评价相结合

所谓单项评价，是指把评价内容分解为一个个独立的项目进行评价，然后将评价结果进行简单相加。当代中国大学生品德评价的单项评价，就是把品德诸要素进行细化，然后对每个指标进行评价。一方面，这种评价可以就某一评价内容做纵向和横向比较，以此发现问题，为后面的调整和改善打下基础。另一方面，这种单项评价只能反映出学生品德某一方面的水平，只见树木不见森林，从而忽视学生品德的整体印象。所谓综合评价，是指对评价对象的各个方面进行整体系统的评价。当代中国大学生品德评价就是对大学生品德的各个方面进行整体的系统的综合评价。这种评价能够通过对品德各要素的整体评价掌握学生品德的全貌，以此区分评价的优劣等级。但是，这种评价会导致"只见森林不见树木"，会掩盖学生品德某一方面的闪光点，而且也不能反映出学生品德各要素的具体差异，影响教师的因材施教，甚至会影响评价结果对思想政治教育工作的指导。

综上可知，单项评价与综合评价都有各自的优缺点。因此，当代中国大学生品德评价过程中，一定要把单项评价和综合评价结合起来，这样才能实现评价的真正目的。与传统学生品德评价不同，当代中国大学生品德评价不只是为了对大学生的品德状况评优评等，而是通过评价这一手段发现当代大学生品德发展的水平和不足，以此为思想政治教育工作者指明培养方向，为以后的品德教育制订更优、更好的计划。而单项评价和综合评价的有机结合，既能帮助评价者掌握大学生品德发展的整体水平，又能帮助评价者了解大学生品德各要素的发展程度和不足之处。由此可见，将单项评价与综合评价结合起来，有利于品德评价目的的实现，更能为整个思想政治教育工作提供方向性指导。

三、静态评价与动态评价相结合

所谓静态评价，是指对当代中国大学生品德的现有水平进行判断，其实质是考察他们的品德素质在某个特定阶段的现实状态。事实上，当代中国大学生品德素质的形成是一个不断变化发展的过程。但是，这个过程在一定时期、一定范围内又具有相对稳定性。正如前面对大学生品德的稳定性特征所言，大学生品德的表现具有稳定性。因此，在评价中就不能忽视静态评价。通过静态评价，可以对大学生品德素质在某个阶段的水平做出客观的评价，进而厘清大学生品德现有状况与评价标准或目标的差距，从而为大学生品德进一步发展提供依据。所谓动态评价，是指对大学生品德素质的发展变化过程进行评价，其实质是评价大学生品德的历史状况，关注大学生品德的发展趋势和潜力，且在评价中要注重纵向比较。通过动态评价，可以从大学生品德的变化历程中发现问题并探究其发展态势，进而为大学生品德培养提供充足的指导。事实上，大学生品德素质是在不断形成和发展过程中逐渐塑造起来的。在这个过程中，大学生既受到来自外界因素的干扰，也受到自身心理因素的影响。因此，评价当代中国大学生品德素质必须在动态中进行，即把大学生品德放到整个大学生品德素质培养环境中去评价。在评价中，既要考察大学生品德素质的历史基础，又要看到其现状，更要看到其发展趋势。

事实上，静态评价和动态评价具有深刻的内在联系。其中，前者是后者的前提和基础，后者是前者的落脚点和必然结果。这是因为：一方面，没有对现实状况的把握就不能掌握不断发展的动态过程。另一方面，万事万物都是不断变化发展的。因此，事物的静态都是有条件的、相对的、暂时的，只有抓住事物变化发展的本质属性才能得出正确的评价结论。综上可知，静态评价与动态评价相结合不仅是两者内在关系的必然要求，而且是大学生品德特征的综合反映。唯有如此，才能降低评价的随意性和人为性，从而正确客观地评价大学生的品德素质。

四、定性评价与定量评价相结合

"所谓定量分析，是人们对评价对象实际状况作精确的量的认定，是对评价对象运用数学方法所进行的定量分析、比较和鉴定。"① 因此，当代中国大学生品德评价的定量分析，就是运用操作化手段对当代中国大学生品德诸要素进行定量测定和量化处理。马克思曾经说过："一种科学只有在成功地运用数学时，才算达到真正完善的地步。"② 因此，品德评价的量化过程，使得品德诸要素符号化、等值化、客观化，进而便于采用数学方法与计算机技术进行客观综合、分析与推断，从而促使品德评价步入科学化和现代化的发展轨迹。这种量化不仅能使品德的表述更为简洁明了，而且能够帮助人们树立一种动态的眼光来看待品德的发展变化，从而帮助人们从大量的具体表征中概括出品德的本质特征。总而言之，品德的量化评价在一定程度上满足了科学化和现代化的要求。但是，量化并不等于科学，有时候错误的精确比模糊更不准确。由于人们对科学的盲目崇拜，认为量化就等于客观、科学、严格，进行定量评价就能避免定性评价的主观随意性，新的形式主义便随之出现。尤其是对于品德而言，定量评价只是把复杂的品德进行简单化，或者是对品德进行简单化评价，不管是哪一种最后都会使品德失去评价的意义，甚至会阻碍学生品德的发展。"所谓定性评价，是人们对评价对象基本属性和特征的总体认识，一般对评价对象进行抽象分析，而不做具体量的分析，最后给出定性结论。"③ 因此，当代中国大学生品德评价的定性分析，就是对当代中国大学生品德诸要素发展水平进行整体上的分析和综合，判定其品德的发展程度。这种定性评价固然能在某种程度上鉴别学生的品德水平，但缺乏一定的科学依据，带有极大的主观随意性和片面性，因此很难判断学生品德的差异，更不能准确描述学生品德诸要素的发展倾向。

综上可知，定量评价与定性评价都有各自的优缺点。为了有效地完成评价任务，将两者有效结合起来，是当代中国大学生品德评价发展的必然趋势。首先，这是由品德评价方法发展事实所证明的。在进行品德评价很长的一段时间里，评价者要么进行单纯的定量评价，要么进行单纯的定性评价，从而形成了

---

① 赵艺. 近年我国品德测评方法分类述评 [J]. 上海教育科研, 2010 (2): 23.

② 漆琪生.《资本论》大纲（第三卷）[M]. 北京：人民出版社, 1988: 24.

③ 赵艺. 近年我国品德测评方法分类述评 [J]. 上海教育科研, 2010 (2): 23.

一系列的评价方法。后来，研究者们发现，单方面进行定量评价或定性评价太具片面性。为了弥补单独一种方法的不足和缺陷，必须将两种评价方法结合起来，进而提出了"评分评等评语法、投射法、考试考核测评法、写实测评法、工作实践考察法、OSL品德测评法"等质量相结合的评价方法。其次，马克思主义辩证法认为，世界上任何事物的发展都是质量互变的结果，即没有无质的量，也没有无量的质。因此，品德评价必须将定量评价与定性评价结合起来。最后，这是由当代中国大学生品德评价的复杂性所决定的。一方面，定性评价是当代中国大学生品德评价的直接目的，是对当代中国大学生品德发展水平的直接把握。但定性评价又很难把握评价标准的客观性和评价指标的全面性，所使用方法又是一些抽象意义上的原则，所得的只是相对意义上的结论。再加上，品德是一个多要素综合的复杂系统，涵盖了政治、思想、道德、法纪、心理等多方面的内容。为了有效评价品德诸要素的发展程度，就需要运用定量评价来分析品德诸要素的发展程度。因此，在具体的评价过程中，就需要将定量评价和定性评价有机结合起来，扬长避短，以定性为基础，以定量为辅助，从而使评价更加科学化。总而言之，定量评价是定性评价的依据，是定性评价的具体化，只有将二者结合起来才能使当代中国大学生品德评价更具有科学性、准确性、客观性和可操作性。

五、形成性评价与总结性评价相结合

所谓形成性评价，又称"过程评价"，是指在当代中国大学生品德评价的过程中进行的评价，旨在及时得到信息，从而发现问题、做出调整，进而有利于评价工作的进行。通过这种评价形式，一方面有利于教师及时发现当代中国大学生品德存在的问题，从而进行有针对性的调节和优化；另一方面有利于教师自省德育过程，进而调整或改善德育内容和策略，切实保障德育效果。可见，这种形成性评价对当代中国大学生品德形成和发展具有重要作用。所谓总结性评价，又称"事后评价"，是指在当代中国大学生的品德评价活动结束后，将当代中国大学生品德的各个方面进行总结、归纳，从而得出大学生品德的总体结论，进而甄别优劣、鉴定分等，从而为后面的发展提供决策性信息的一种评价形式。事实上，目前各个高校基本上都是每一学期或每一学年进行一次品德评价，然后将评价结果作为大学生评优评奖、升学晋升、就业推荐等的条件之一。这种总结性的评价，只是让学生了解评价结果，但是并不知道评价结果得出的

原因，进而会在一定程度上误导大学生更多关注评价的结果，而忽视品德素质的养成。

综上可知，形成性评价和总结性评价都具有各自的优缺点。因此，当代中国大学生品德评价过程中，一定要把形成性评价和总结性评价有效结合起来。这也是当代中国大学生品德评价的根本目的，即对大学生进行品德评价不是为了简单的筛选分流，而是通过品德评价发现和预测大学生品德发展的真实状况，对大学生进行科学、合理的指导，从而促进大学生品德更好的发展。对此，将形成性评价和总结性评价结合起来，可以通过评价链将"目标—过程—结果"打通，对大学生各个阶段品德的形成情况进行有效把控，并将这些信息及时反馈给学生，进而引导大学生扬长避短，自觉调整自己的品德行为。在实践过程中，许多高校通过"成长记录袋"的形式将形成性评价与总结性评价结合起来，发挥了品德评价的重要作用。因此，实现二者的结合，不仅是教育发展的本质要求，也是高校把握大学生品德发展状况的关键，更是提高品德评价有效性的保证。

第五章

当代中国大学生品德评价指标体系的建构

自 20 世纪 80 年代中期以来，大学生品德评价指标体系的建构一直是学者们关注的重点。虽然经过 30 多年的发展，在党和国家的指导以及理论工作者的辛苦耕耘下，大学生品德评价指标体系的建构逐步取得了一些成绩，但仍然存在很多问题，集中表现为大学生品德评价指标体系的模糊化和宏观化。因此，建构当代中国大学生品德评价指标体系，一定要充分吸取前人留下的精华，再结合当代中国大学生品德的特殊要求，建构起科学的评价指标体系。一般来说，大学生品德评价的指标体系是大学生品德评价目的的具体化，是评价主体在一定思想的指导下对大学生品德内容结构的细化。换言之，大学生品德评价的指标体系关系到大学生品德评价"评什么"这一核心问题，是大学生品德评价开展的依据。基于大学生品德评价指标体系如此重要的作用，本章着重从当代大学生品德评价指标体系建构的基本路径、基本结构、评价标准、权重分配等方面着手，尝试建构起一个完善、系统、科学的评价指标体系，从而为当代中国大学生品德评价这一事业服务。

第一节　当代中国大学生品德评价指标体系
建构的基本路径

当代中国大学生品德评价指标体系建构的基本路径，是指确定当代中国大学生品德评价指标体系的具体过程和步骤。在这个过程中，指标体系的建构必须遵循一定的原则和程序。唯有如此，当代中国大学生品德评价指标体系的建构才能更为科学、合理。

一、当代中国大学生品德评价指标体系建构的原则

当代中国大学生品德评价指标体系的建构原则，是建构当代中国大学生品德评价指标体系工作的基本要求，也是必须遵循的基本准则，是对当代中国大学生品德评价指标体系的客观规律和特点的具体反映，指导着当代中国大学生品德评价指标体系建构工作的有序推进。具体来说，主要包括导向性原则、动态性原则、科学性原则和可操作性原则。

（一）导向性原则

导向性原则，是指当代中国大学生品德评价指标体系是大学生品德素质的奋斗目标和基本要求，指导着高校大学生品德培养方向和大学生的努力方向，发挥着"指挥棒"这一重要导向作用。从本质上来讲，当代中国大学生品德评价指标体系是大学生品德评价目标的细化和深化。而当代中国大学生品德评价的目标就是为了激发大学生品德素质中的潜能和潜质，使其转化为显性的品德素质，促进大学生自身品德素质的全面发展。换言之，当代中国大学生品德评价的目标就为大学生品德素质的培养提供了根本遵循；而作为目标深化或细化的指标体系必然反映了大学生品德素质的基本要求。在此基础之上，必然要求当代中国大学生品德评价的指标体系反映大学生品德素质的基本要求，进而为大学生品德形成和发展发挥导向作用。在具体的建构过程中，还需做到以下三点：一是认真学习和掌握党和国家对公民品德素质的根本要求，领会相关中央文件的精神实质，掌握好根本方向，力求指标体系的建构符合党和国家的有关要求；二是当代中国大学生品德评价的目标要符合新时代党和国家的方针政策，符合我国高校"立德树人"的根本要求，确保大学生身心全面健康发展；三是当代中国大学生品德评价的指标体系要做到理想和现实相结合，既反映党和国家的要求，又具有可操作的余地。

（二）动态性原则

动态性原则，是指当代中国大学生品德评价指标体系要具有一定的变化性，这是外部环境变化的基本要求。首先，时代的变化发展影响大学生品德评价指标体系的建构。因为时代不同，设计的指标体系也是不同的。高校思想政治教育承担着培养大学生品德素质这一重大使命。但是，思想政治教育不是一成不变的，它会随着时代和社会的变化发展不断做出调整，展现出极强的时代性。

为了适应这种变化和发展，思想政治教育的目的和内容也必然需要做出调整，以适应不同时代的发展要求。另外，思想政治教育的对象不仅是不断更新交替的，而且教育对象本身具有思想变化快、可塑性强、易受环境影响等特征。因此，当代中国大学生品德评价的指标体系必须紧跟时代的发展，以适应思想政治教育和大学生自身的变化。其次，当代中国大学生品德评价指标体系要根据目标的变化及时做出相应的修改和调整。因为，当代中国大学生品德评价的指标体系是目标的具体化，而目标会随着评价组织者和实施者的主观意愿随时发生变化，进而导致评价指标体系出现变化。再次，当代中国大学生品德评价所处空间因素的变化，包括评价环境和条件的变化，必然要求评价目标的内容及权重做出相应的调整和变化。最后，当代中国大学生品德评价活动不是一劳永逸的，它只是对处于特定阶段的大学生品德素质进行判断和分析。一方面，时代和社会的变化发展会对大学生品德素质提出更高的要求；另一方面，评价大学生品德素质是想在判断大学生品德现有水平基础之上来发现问题，进而为大学生品德素质的进步和发展提供方向。因此，当代中国大学生品德评价应该贯穿大学生品德的过去、现在、将来的发展全过程。在此基础上，大学生品德评价指标体系必然显现出动态性的变化发展态势。

（三）科学性原则

科学性原则，是指当代中国大学生品德评价的各级指标的建构都要符合科学的要求。首先，当代中国大学生品德评价的指标数量要控制得恰到好处，既能反映大学生品德的各个方面，又能为评价减少一定的困难。事实上，当代中国大学生品德涵盖了政治品德、思想品德、道德品质、法纪品德、个性心理等多样化内容，且每个内容下面还涵盖了许多的具体要素。对此，在具体的评价过程中根本不可能对所有的要素进行评价，只能选择其中具有代表性的对品德影响很大的指标进行评价，即坚持适度性（或称择要性）原则。因为，一方面，指标太多必然鱼龙混杂，既不能保证评价结论的准确性，也会为评价过程带来许多麻烦；另一方面，指标太少必然顾此失彼，不能全面反映品德的所有内容，就无法保证评价结论的质量。所以，在建构指标的过程中，要注意以下问题：一是评价指标的精简，这是适度性的本质要求。因为指标只有少而精，才能避免重复评价，提高数据采集、处理和传递的效果，最终提升整个评价工作的准确性。因此，"少而精"的标准就对指标的质量提出了要求，既要保证各层级指标之间是并列关系，又要保证各层级指标是所有候选指标中的最具代表性或最能反映本质信息的内容。二是评价指标的数量，这是适度性的基本要求。马克思主义质量互变原理认为，任何事物都是质与量的统一，当一类事物的量变发展到一定临界值的时候就会发生质变。大学生品德评价指标数量也需要遵循这一原理，指标数量既不是越少越好，也不是越多越好，而是大学生品德评价指标的设计数量一定要遵循一定的度，从而保证这些指标能够很好地反映大学生品德的本质内涵。其次，当代中国大学生品德评价各级指标之间既不能重叠又需要全面反映上级指标的主要特征。这一要求是相对适度性来讲的。大学生品德具有复杂的形式结构和内容结构。因此，在建构具体的评价指标时一定要选择适度的具有代表性的品德特征进行评价，同时还需要注意这些指标必须全面概括品德特征。对此，一方面，评价指标体系的建构者要从整体上把握新时代党和国家对大学生品德素质的基本要求；另一方面，建构者还要将自己对品德素质的理解和把握反映出来。唯有如此，才能不遗漏反映大学生品德素质的重要指标，得出的评价结论才能够准确、科学。最后，要对当代中国大学生品德评价的指标要素进行合理量化，使每个评价指标都易于操作和客观化。也就是说，评价指标能够用数量化的形式就用数量化表示，不能进行数量化表示的主观性评价指标可以通过设计"定量的等级判断的参照标准"①（又称标度）来作为评价标准进行评价。假如既不能客观量化也没有参考的量化标准，则需要评价者在调查研究的基础上进行定性分析，再借助自己的经验和获得的实际来确定该指标的等级水平。

（四）可操作性原则

可操作性原则，是指当代中国大学生品德评价的各个指标都必须能够进行客观或相对客观的测量和评价，且每个评价指标的评价标准能够通过观察、计算或其他方法进行辨别和把握。首先，当代中国大学生品德评价各级指标要相互独立、层次清晰、互不相容、没有重叠，能够提供独立的信息。具体来说，就是品德评价指标在同一个层级上相互独立、没有交叉，且上级指标和下级指标之间是包含和被包含的关系。这是因为，指标之间若不独立而存在重叠，就表明指标设计是冗余的，这种冗余的指标不仅对整个指标体系毫无意义，而且

---

①　肖鸣政. 人员测评理论与方法［M］. 3 版. 北京：中国劳动社会保障出版社，2015：80.

影响评价的工作量和准确性，从而降低评价的科学性和精确性。另外，有学者把这种独立性称为"互斥性"①，这种互斥性是指同一层级的指标不得重复、交叉、互为因果、相互矛盾；从逻辑上讲，就是同级指标之间必须是并列关系。总之，尽管"互斥性"这一提法与独立性不同，但两种提法所表达的内蕴是一致的，都是要求同级指标之间没有重复和交叉。其次，当代中国大学生品德评价各级指标的内涵和外延明确，且每个指标必须具有明确的定义，不存在模棱两可、歧义的地方。之所以指标体系设计要坚持确定性的原则，就是为了防止评价主体和评价对象对指标内涵的误解从而得出错误的结论，最后影响整个评价的结果。具体来说，在建构各层指标的过程中要注意以下问题。一是各级指标的表述不能模棱两可。一般来说，从文学表达来看，词语的表述都要讲究修辞，从而使词语的边界更为清晰、明确，避免因为笼统而产生模糊不清、模棱两可。二是指标用语要避免专业术语。指标用语主要是用于大学生进行自我品德评价，必须考虑到大学生的理解和接受程度，因此一定要避免使用生僻的表述。三是各级指标的表述要简明扼要。也就是说，各级指标的措辞不能冗长烦琐，必须简单明了。事实上，这种简明性不仅包括指标的措辞要简单明了，而且还包括各级指标的内容、层级、条目等都要简洁明了。四是每个指标的措辞要中性化。事实上，对当代中国大学生品德进行评价不只是为了简单地对其品德层次定性，而是为了更好地引导大学生品德向更高水平方向发展。因此，在设计指标的时候，一定要注意品德各级指标的表述，避免出现极端化的情况。再次，当代中国大学生品德评价设计的各级指标能够使用操作化的表述进行概括，或者能够通过一定的评价手段进行测量从而获得相应的信息和结论。事实上，当代大学生的品德素质是一个极为抽象的概念。一般来说，具体的指标容易测量，抽象的指标难以测量；定量的指标容易测量，定性的指标难以测量。对此，对当代中国大学生品德进行评价，可以将大学生这种看不见摸不着的内在品德进行转化，分解为具体的行为化指标加以测量。事实上，在当代中国大学生品德评价整个指标体系中，一级指标都是相对抽象的，而后逐级指标依次越来越为具体，特别是末级指标是最为具体的。因此，通过将大学生品德进行逐级转化和分解，能够充分保障各级指标的可测性，更能保障整个评价工作的客观、全面和准确性。最后，当代中国大学生品德评价指标的各级内容要反映

---

①　王茂胜. 思想政治教育评价论［M］. 北京：中国社会科学出版社，2006：127.

大学生群体的共同属性，从而保证评价的结果能对大学生进行正确的比较。这种比较包括两个层次的内容：一是进行比较的内容必须是同质的，即属性一致，如果属性不一是不能得出正确、科学的结论的；二是进行比较的指标所反映的内容，相互之间还需具备一定的等级差别或序列关系。通过这种比较，就能发现当代中国大学生品德各方面的发展程度。

二、当代中国大学生品德评价指标体系建构的程序

当代中国大学生品德评价指标体系的建构是一个系统的过程，需要遵循一定的程序。简单来说，就是要依据大学生品德评价的目标，将其细化和再分解为具体的可操作的指标，然后确定这些指标的权重，制定恰当的评价标志和标度进行分析，最后再通过"试评"来进行调整和完善。因此，当代中国大学生品德评价指标体系的建构需要按照基本程序经过多次循环实践才能达到理想的效果。具体来说，当代中国大学生品德评价指标体系的建构程序如图5-1所示。

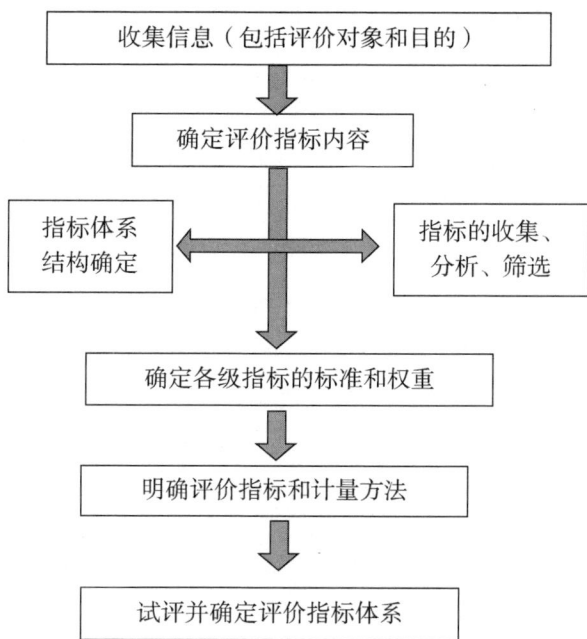

图5-1 当代中国大学生品德评价指标体系建构的基本程序

一是明确大学生品德评价指标体系建构的对象和目的。大学生品德评价是对大学生的品德素质进行事实分析和价值判断的过程，通过这种分析和判断来

发现大学生品德素质培养和发展中存在的问题，从而为推进大学生品德素质进一步发展而服务。因此，大学生品德是大学生品德评价的具体对象，推进大学生品德素质进一步发展是大学生品德评价的根本目的。在建构大学生品德评价指标体系之前，首先要弄清评价的对象和目的。一方面，评价对象的确定能够为指标体系建构指明方向。因为评价对象的不同会使得其评价指标体系也不尽相同。另一方面，评价目的是指标体系建构的基本依据，因为只有厘清大学生品德评价所要达到什么样的目的，才能着手制定指标体系。也就是说，对指标体系评价的结果是为评价目的服务的。如果脱离了评价目的，对大学生品德指标体系的评价是达不到预期的评价效果的。

二是确定评价指标内容。当大学生品德评价的对象和目的确定以后，需要确定大学生品德评价的具体内容，并将评价内容指标化，变成可操作、可测量的具体指标。具体来说，这一环节主要做好以下工作。第一，确定大学生品德评价指标体系的结构。大学生品德评价指标体系是由多个层级的指标构成的一个完整的系统，包括大学生品德评价指标体系的横向结构和纵向结构（后文将做具体阐述）。其中，横向结构是大学生品德评价指标体系的一级指标，纵向结构是大学生品德评价指标体系一级指标的具体内容和细化。第二，评价指标的收集、分析和筛选。这项工作主要是对大学生品德评价一级指标进行细化和分解，进而确定其所属的二级指标和三级指标，直至到能够进行操作的具体指标为止。

三是确定评价标准和权重分配。事实上，评价标准是对评价指标的一种表述和界定，主要包括对评价指标从标准、标度、标记三个角度进行界定。通过评价标准的表述和界定，才能对评价指标进行质的分析。权重分配是指确定大学生品德评价各个指标在整个指标体系中的重要性以及在总体上应占的比重。事实上，在大学生品德评价指标体系中，每个指标都具有自己独特的作用和地位，并不是等量齐观的。因此，要根据大学生品德的结构内容确定各级指标的权重。唯有如此，才能对评价指标体系进行量的分析。可见，确定评价标准和权重分配是大学生品德评价进行定性和定量评价的关键。

四是明确评价指标的计量方法。在确定了评价指标的标准和权重以后，还需考虑对各级指标进行计量，包括计量指标的等级及其对应的分数以及计量的规则和标准。对于计量的等级和分数，为了使计量结果简单化、规范化、统一化，通常采用"分等记分法"① 进行，即将每个指标均分为"五等"，一等为最好，二等为较好，三等为一般，四等为较差，五等为最差。因其均匀并连续递降排列，其对应分数分别为 5 分、4 分、3 分、2 分、1 分。对于计量的规则和标准，要根据指标的性质采取不同的规则和标准。对于客观性的评价指标，要么根据评价指标偏离参考标准的实际程度来确定相应等级，要么按照评价指标实际达到的水平由高到低顺序排列来确定等级得分。对于主观性的评价指标，需要评价主体在调查研究的基础上进行定性分析，根据自己的经验和实际状况来确定等级和得分。通常情况下，主要采用模糊数学的方法来进行模糊计量，即每一个评价主体首先对同一个评价指标按照等级量表进行计量，然后统计每个等级的评价人数算出最终得分。当多项指标都需要模糊计量的时候则可以采用矩阵进行综合计量。除此之外，对于主观性的评价指标，还可以采用"分点赋分法、分段赋分法、连续赋分法、积分赋分法"② 等方法进行计量。

五是"试评"并确定评价指标体系。经过上面几个程序后基本上就可以建构出大学生品德评价的指标体系。但是，由于这个过程中还受到许多因素的影响，指标体系的客观性、准确性和可行性还是一个未知数。这就需要"试评"来检验，将建构起来的指标体系投入一定范围内进行评价。在这个过程中，需要倾听评价对象、相关领域专家以及与评价工作相关人员等人的意见，然后对指标体系进行进一步的充实和完善。这样最终形成一个比较客观、准确、可行的评价指标体系，从而保证大学生品德评价工作的可靠性和有效性。

第二节　当代中国大学生品德评价指标
体系的基本内容

对人的评价同对物的评价一样，首先必须确定明确的评价指标。这项工作既是评价工作的起点，也是评价工作的核心，关系到整个评价工作能否顺利进行。当代中国大学生品德评价指标要求能够全面、综合地反映大学生品德各要

① 肖鸣政. 人员测评理论与方法［M］. 3 版. 北京：中国劳动社会保障出版社，2015：99.
② 肖鸣政. 人员测评理论与方法［M］. 3 版. 北京：中国劳动社会保障出版社，2015：101.

素及其行为表现，它从宏观上确定了大学生品德的评价方向，对大学生品德具有界定和规范的作用。因此，全面、科学的品德评价指标是当代中国大学生品德评价工作走向成功的第一步。

一、当代中国大学生品德评价指标体系的内涵

指标，是社会生活中常用的范畴，比如，人口指标、环境指标、物理指标、评价指标等。从语义学来看，《现代汉语词典》（第6版）将"指标"界定为"计划中规定达到的目标"①。但是本书中所使用的评价指标，特指"依据评价目标，由评价对象分解出来，并能够反映其某方面本质特征的具体化、行为化的主要因素，是对评价对象价值进行评价的依据，也是进行调节、控制、评价对象行为的准则和参照"②。由此可知，在当代中国大学生品德评价系统中，指标就是衡量和评价大学生品德特定属性的各个维度。事实上，在评价系统中，评价指标是评价指标体系的基本单位。这是因为，"指标体系是指以评价目标的本质属性为核心，建立的多个指标相互密切联系、权重分配合理、具有内在结构的有机整体"③。也就是说，根据评价对象、评价目标和要求，形成一系列评价维度（指标），再由这些评价指标的集合就构成了评价的指标体系。由此可知，当代中国大学生品德评价指标体系是由一系列相互联系的评价指标组成，且每一个指标都具有自己独立的内部结构，反映了大学生品德某一方面的内容。换言之，当代中国大学生品德评价指标体系反映了当代中国大学生品德评价的各方面，且这个评价指标还能把评价主体、评价客体、评价对象、评价方法和评价结果融为一体，共同构成了当代中国大学生品德评价工作的结构大厦。

二、当代中国大学生品德评价指标体系的结构

当代中国大学生品德评价指标体系对大学生品德的价值起着"标尺"的作用。事实上，大学生品德是一个极为抽象、模糊的内容。为了有效对大学生品德进行评价，必须将大学生品德的内容投射到具体的评价指标上，这样才能呈现出大学生品德的相对水平和内在价值。这就决定了当代中国大学生品德评价

---

① 中国社会科学院语言研究所词典编辑室. 现代汉语词典 [M]. 6版. 北京：商务印书馆，2012：1675.
② 李进才. 高等教育教学评估词语释义 [M]. 武汉：武汉大学出版社，2016：207.
③ 李进才. 高等教育教学评估词语释义 [M]. 武汉：武汉大学出版社，2016：209.

指标体系由横向结构和纵向结构两方面组成。

　　当代中国大学生品德评价指标体系的横向结构是指当代中国大学生品德评价的基本指标，又称一级指标或"基模"①，是整个大学生品德评价指标体系的基础，对其下属的各级指标具有方向性和规定性的作用。因此，确定基本、全面、科学的一级指标是建构当代中国大学生品德评价指标体系的首要工作。基于一级指标的重要性，当代中国大学生品德评价一级指标的确定必须建立在夯实的理论基础和科学的实践基础之上。对此，从历史、理论、专家、现实等角度下综合分析得出，当代中国大学生品德评价主要包括政治品德、思想品德、道德品质、法纪品德四个一级指标，且这四个一级指标在整个大学生品德评价体系中处于不同的位置。当代中国大学生品德评价指标体系的纵向结构是指对当代中国大学生品德评价的一级指标进行逐层分解所做出的细化和描述，有学者也将这种分解的分指标称为"条模或点模"②。事实上，在纵向结构中，对一级指标的细化和分解必须穷尽到具有可操作性的程度。也就是说，一级指标要分解为二级指标，二级指标再分解为三级指标，直到末级指标能够进行操作或量化为止。对此，在当代中国大学生品德评价指标体系中，对政治品德、思想品德、道德品质、法纪品德四个一级指标的分解和细化就形成了当代中国大学生品德评价指标体系的纵向结构。

　　综上可知，当代中国大学生品德评价指标体系由横向结构和纵向结构组成。在这个结构系统中，横向结构是基础，纵向结构是对横向结构各要素进行逐层分解，并推向操作化。可见，当代中国大学生品德评价指标体系反映了大学生品德的宽度、深度和层次关系。因此，当代中国大学生品德评价指标体系要遵从评价指标系统的设计原则，对大学生品德进行逐级分层，建构起当代中国大学生品德评价的指标体系。

三、当代中国大学生品德评价指标体系的具体内容

　　由上可知，当代中国大学生品德评价指标体系是由政治品德、思想品德、道德品质、法纪品德及其下属的各级指标组成的有机整体。在这个指标体系中，政治品德是方向性教育的结果，是整个品德体系中最为核心的部分，需要教育

---

　　①　郑其绪. 人才评价理论与方法［M］. 北京：党建读物出版社，2016：126.
　　②　郑其绪. 人才评价理论与方法［M］. 北京：党建读物出版社，2016：126.

主体进行灌输、主导、控制；思想品德是认知性教育的结果，是品德体系中的主导部分，需要教育主体进行启发、说理、引导；道德品质是规范性教育的结果，是品德体系中的基础部分，需要教育客体做到内省、养成、自律；法纪品德是保障性教育的结果，是品德体系中的保障部分，需要强化、自制、他律。

（一）政治品德

"政治品德是政治教育的结果，是指一定阶级和社会依据一定的政治思想和政治规范对受教育者施加影响，以帮助受教育者确立正确的政治观，包括树立正确的政治方向、政治立场、政治观点、政治态度、政治信念等。"① 其实质是帮助社会成员形成坚定的政治信仰，确立对国家、阶级、社会制度等重大政治问题的立场和态度。在大学生品德体系中，政治品德处于核心地位。因为，在现代社会生活中，政治生活与每一个人息息相关，有国才有家，每一个人的生存都与国家发展密不可分，国家的发展甚至影响一个人的生活轨迹和发展方向。在此基础之上，当代中国大学生品德的培养必须将政治品德作为灵魂、核心所在，这样才能为大学生其他品德的形成和发展提供方向性指导。事实上，"任何一个社会的主流意识形态，都是统治阶级意志和思想体系的反映。这是一个普遍的社会规律"②。因此，当代中国大学生的政治品德必须反映我国对全体人民的政治要求。对此，江泽民同志在《关于讲政治》一文中指出："讲政治包括政治方向、政治立场、政治纪律、政治鉴别力、政治敏锐性。"③ 可见，这句话提出了公民政治品德的基本要求。在新时代，培养大学生的政治品德，主要从以下四方面进行。一是政治信仰，是指基于政治理性层次上形成的一种政治安慰，是个体心理上的特定政治形态表现。政治信仰一经形成，能够在人们精神世界中营造出一个稳定有序的政治秩序，进而起到稳固政治格局的重要作用。当前，大学生不仅要树立中国特色社会主义共同理想和实现共产主义的远大理想，还要有实现中华民族伟大复兴和"两个一百年"奋斗目标的坚定信心，以及对中国特色社会主义道路、理论、制度、文化树立坚定的信心。二是政治水平，即大学生对中国特色社会主义理论发展轨迹、中国共产党的历史和基本理论、党

---

① 熊建生. 思想政治教育内容结构论 [M]. 北京：中国社会科学出版社，2012：199.
② 中共中央文献研究室. 十六大以来重要文献选编：中 [M]. 北京：中央文献出版社，2006：49.
③ 江泽民文选：第一卷 [M]. 北京：人民出版社，2006：516.

的基本国情和基本路线、国际国内形势和政策等各方面的掌握程度。三是政治鉴别力，即大学生能够通过掌握的政治理论来判断某些现象、行为、言论对国家的利害情况，能够对大是大非问题保持清醒的认识。四是政治觉悟，即大学生对加入中国共产党的积极性以及参加政治活动的参与度。

（二）思想品德

"思想品德是思想引导的结果，是指教育者依据一定的哲学思想及其方法论对受教育者施加影响，帮助受教育者形成正确的世界观、人生观、价值观及其思维方式。"① 思想品德一经形成，能够为人们认识世界和改造世界提供强大的思想指引和精神支撑。由此可见，思想品德是大学生品德系统中的主导力，为其他品德要素提供夯实的思想基础。具体来说，大学生的思想品德主要包括以下三方面的内容。一是世界观。"世界观是人们对整个世界的总的看法和根本的观点，是人们对世界本质、人与周围世界的关系、人在世界中的地位和生存价值等一系列观点的总和。"② 世界观一经形成，能够对人们的社会实践活动产生重大影响。对此，培养当代大学生的思想品德，塑造科学的世界观是首要前提；具体来说，就是要帮助大学生树立马克思主义哲学世界观，用辩证唯物主义和历史唯物主义来观察问题和处理问题。二是人生观。"人生观是指人们在实践中形成的对于人生目的和意义的根本看法和总的态度。它主要回答人生的价值、目的是什么，应该使自己成为一个什么样的人，怎样度过自己的一生等问题。"③ 人生观能够决定一个人的人生道路的选择，指引着人生发展的方向。因此，当代中国大学生要形成科学的人生观。首先，要有奉献精神。人生最大的价值就是能将个人利益和集体利益、国家利益结合起来，在实现自我价值的基础上致力于社会、国家价值的实现。因此，人生的价值在于奉献而不是索取，大学生要养成高尚的奉献精神。其次，要有艰苦奋斗精神。艰苦奋斗精神是中华民族的优良美德，也是党的光荣传统。中国共产党在社会主义革命、建设、改革的进程中，正是发挥了艰苦奋斗这一优良精神才取得了伟大成绩。习近平总书记指出："只有奋斗的人生才称得上幸福的人生。奋斗是艰辛的，艰难困

---

① 熊建生. 思想政治教育内容结构论 [M]. 北京：中国社会科学出版社，2012：200.

② 陈万柏，张耀灿. 思想政治教育学原理 [M]. 2版. 北京：高等教育出版社，2007：180.

③ 陈万柏，张耀灿. 思想政治教育学原理 [M]. 2版. 北京：高等教育出版社，2007：188.

苦、玉汝于成，没有艰辛就不是真正的奋斗，我们要勇于在艰苦奋斗中净化灵魂、磨砺意志、坚定信念。"① 可见，在社会主义现代化强国建设的今天仍然要将艰苦奋斗精神发扬光大。三是价值观。价值观是人内心深处的信念系统，对人的社会活动和行为实践发挥着导向作用。事实上，每一个时代都有每一个时代的价值观。而今天，社会主义核心价值观作为"当代中国精神的集中体现，凝结着全体人民共同的价值追求"②，正是当前我国价值观的核心内容。因此，当代中国大学生必须将社会主义核心价值观作为根本遵循。首先，热爱祖国。习近平总书记指出："在社会主义核心价值观中，最深层、最根本、最永恒的是爱国主义。爱国主义是常写常新的主题。拥有家国情怀的作品，最能感召中华儿女团结奋斗。"③ 也就是说，热爱祖国是大学生的基本要求。其次，诚实守信。这是中华民族的传统美德。古语曾说：人而无信，不知其可也。可见，诚实守信是一个人立身的根本，是人与人、人与社会交往中所应遵循的基本标尺。对此，大学生要养成诚实守信的品质和习惯。

（三）道德品质

"道德品质是规范教育的结果，是指教育者依据一定社会的伦理思想和道德规范，对受教育者施加影响，帮助受教育者培养良好的道德品质、道德人格和道德精神。"④ 换句话说，它是将一定社会的要求内化为个人的道德行为，在大学生品德系统中发挥着基础性的作用。这种品德一旦形成，能够对个人起到内省、自律的作用，进而帮助其他品德要素的形成。党的十九大报告指出："深入实施公民道德建设工程，推进社会公德、职业道德、家庭美德、个人品德建设，激励人们向上向善、孝老爱亲，忠于祖国、忠于人民。"⑤ 因此，大学生道德品质的培养也要从以下五方面着手。一是文明友爱，是指大学生在大学生活中，与其他同学交往要文明礼貌、相互帮助。二是爱护财物，是指大学生要爱惜和保护公共财物，不损坏、浪费、私占、盗窃学校公共财物。三是保护环境。恩

---

① 习近平. 在 2018 年春节团拜会上的讲话 [N]. 人民日报，2018-02-15（2）.

② 习近平. 决胜全面建成小康社会 夺取新时代中国特色社会主义伟大胜利 [M]. 北京：人民出版社，2017：42.

③ 习近平. 在文艺工作座谈会上的讲话 [N]. 光明日报，2015-10-15（1）.

④ 熊建生. 思想政治教育内容结构论 [M]. 北京：中国社会科学出版社，2012：201.

⑤ 习近平. 决胜全面建成小康社会 夺取新时代中国特色社会主义伟大胜利 [M]. 北京：人民出版社，2017：43.

格斯指出："我们不要过分陶醉于我们人类对自然界的胜利。对于每一次这样的胜利，自然界都对我们进行报复。"① 可见，人们必然重视人与自然的关系，形成以保护自然环境为核心的生态道德。而对于大学生来说，就是要自觉爱护学校环境，讲究公共卫生，不使用一次性的资源。四是尊师重教。古语有言：一日为师，终身为父。尊师重教是中华民族优秀的传统美德。对此，大学生要继续发扬光大，要像敬重自己的父母一样敬重老师。五是责任意识。责任意识是人内心的一种主观意识，是在一定的经历之后产生的自觉意识。这种意识一经形成，不会轻易受外界影响，是一个人发展的内在驱动力。大学生作为祖国的未来和民族的希望，承担着重要的使命和责任，包括对国家的责任、对社会的责任、对家庭的责任以及对自己的责任。其中，大学生首先得对自己负责，即对自己的生命负责才能谈论其他的责任。

（四）法纪品德

"法纪品德是强制教育的结果，是指教育者对受教育者进行社会主义法制和纪律教育，培养他们具有法律纪律观念和遵纪守法的品质，并且能运用法律武器保护自己的合法权益。"② 法纪品德是法治社会必须遵循的基本准则。在整个品德系统中，法纪品德能够对其他品德要素形成保障作用。邓小平曾经说过："在党政机关、军队、企业、学校和全体人员中，都必须加强纪律教育和法制教育。"③ 可见，法纪品德是中国特色社会主义法治建设的重要内容。具体来说，当代中国大学生的法纪品德主要包括以下两方面。一是法律水平。"法律是国家按照统治阶级的利益与意志制定或认可，并以国家强制力保证实施的行为规范的总和。"④ 它与道德一样，都是调整和制约人们公共生活行为的准则和规范。但相比于道德而言，法律具有强制性、公正性、确定性的特点。对此，当代中国大学生要对我国法律有一个全面的了解，包括知道宪法是我国的根本大法，知道我国实体法律和程序法律，知道中国特色社会主义法治体系和道路的具体内容，知道自己在法律体系下享有的权利和履行的义务，等等。二是遵守纪律。

---

① 中共中央马克思恩格斯列宁斯大林著作编译局．马克思恩格斯选集：第3卷［M］．北京：人民出版社，2012：998．
② 熊建生．思想政治教育内容结构论［M］．北京：中国社会科学出版社，2012：202．
③ 邓小平文选：第二卷［M］．北京：人民出版社，1994：360．
④ 郭明霞．思想政治教育理论与方法［M］．兰州：甘肃人民出版社，2010：78．

"纪律是一定的社会组织为自己的成员所规定的具体的行为准则。"① 具体来说，就是人们要正确认识遵守纪律的必要性和合理性，自己遵守各项纪律，用纪律来约束自己的行为。因此，对大学生来说就是要遵守自己所在学校制定的各项规章制度；其中，最为关键的是要遵守《普通高等学校学生管理规定》和《高等学校学生行为准则》等规章制度。

总之，当代中国大学生品德评价指标体系是由政治品德、思想品德、道德品质、法纪品德及其下属的各级指标组成的集合体。在这个体系中，政治品德是核心，思想品德是根本，道德品质是基础，法纪品德是保障。它们各自处于不同的位置，发挥着不同的作用，既不可偏废，又不能互相替代，而是相互依托、相互关联、相互渗透，共同构成完整的当代中国大学生品德评价指标体系。

第三节　当代中国大学生品德评价指标体系的标准设置

当代中国大学生品德评价是对大学生品德诸要素进行分析和判断。一方面，大学生的生活环境、教育背景的不同，必然使得大学生品德呈现出差异性；另一方面，要对大学生品德水平进行判断和定性，还需要科学的评判标准。要客观、科学地将大学生品德不同要素的差异评价出来，就需要对大学生品德诸要素的水平制定相应的评判标准，以此标准来衡量大学生品德水平，从而得出客观的准确的评价结论。

一、评价标准的内涵及构成

标准与指标一样都是社会生活中常用的概念，比如，质量标准、评价标准、行业标准等。对此，从语义学上来看，《现代汉语词典》（第6版）将"标准"界定为"衡量事物的准则"②。与前面指标的定义相比，标准的含义要比指标的含义宽泛一些。从语义学角度来看，二者在逻辑上是属种关系；其中，标准是

① 陈万柏，张耀灿．思想政治教育学原理［M］．2版．北京：高等教育出版社，2007195.
② 中国社会科学院语言研究所词典编辑室．现代汉语词典［M］．6版．北京：商务印书馆，2012：85.

属概念，指标是种概念，标准包含着指标。但是，学术界在运用这两个概念时还存在其他用法：一是把这两个概念的关系颠倒过来，认为指标是属概念，标准是种概念，指标包含着标准，这种用法多用于评价系统中；二是将两个概念在同一个意义上使用，或者一并使用，或者交叉使用，等等。可见，标准和指标混用给理论研究带来极大的不便。但是，本书主要研究的是对当代中国大学生品德进行评价，属于评价系统的组成部分。因此，本书仍然遵循评价系统中使用的惯例，将标准作为指标的种概念。具体来说，评价标准是指判断评价指标水平高低的准则和尺度。对于当代中国大学生品德评价来说，评价标准就像一把尺子一样，用来判断大学生品德诸要素的水平高低。如果把评价指标比作是靶子，那么评价标准就是靶子上的那些环，不同的"环"显示出评价指标达到的不同水平。由此可知，评价标准是获得评价指标水平的依据。当代中国大学生品德评价一旦缺少了评价标准，就不能进行测量和评价，就不能判断大学生品德水平的高低。

一般来说，评价标准由"标准、标度和标记三个要素组成"[1]。但由于标准与评价标准存在概念的重复，一些学者也将"标准"换成"标志"，其表达内涵基本一致。对此，本书遵循后者的表述，认为评价标准主要由"标志、标度、标记"三个要素组成。其中，"标志"是指"对与评价指标相联系的行为表现或特征所进行的描述"[2]。它是判断评价对象在某个指标上的表现情况的规则和标准，是评价标准的具体内容，是评价标准要素中最为重要的部分。一般来说，标志具有辨识度高、操作性强的特征，且每个评价指标可根据情况使用多种标志来进行表达。事实上，标志的形式多样，根据其揭示的内涵可划分为客观标志、主观标志、半客观半主观标志三种，根据其表示的形式可划分为评语短句式、设问提示式、方向指示式三种标志，根据评价指标的操作方式可划分为测定式标志和评定式标志两种。总之，标志的设立必须与指标一样科学合理，这样才能产生最佳的效果。"标度"是"标准的外在形式划分，常常表现为对素质行为特征或表现的范围、强度和频率的规定"[3]。从目前存在的评价指标系统来看，评价指标的标度大致有"量词式、等级式、数量式、数轴式、图表式、定

---

[1] 肖鸣政. 人员测评与选拔 [M]. 3版. 上海：复旦大学出版社，2015：135.

[2] 侯典牧，傅家荣. 人员素质测评 [M]. 北京：科学出版社，2012：230.

[3] 肖鸣政. 人员测评与选拔 [M]. 3版. 上海：复旦大学出版社，2015：136.

义式、综合式"① 等多种形式。事实上，标度的确定主要是根据评价目标来定。当评价是为了了解评价客体在评价对象方面的基本情况，可以使用"合格"和"不合格"两个级别的标度；当评价是为了了解评价客体在评价对象方面的发展水平进而为以后的教育和培养提供指导，则需要更细化的等级标度。可见，评价目标要求得越细致、区分度越高，标度的级别就会越多。"标记"是指"对应于不同标度（范围、强度、频率）的符号表示，通常用字母（A、B、C 等）、汉字（甲、乙、丙等）、数字（1、2、3 等）来表示"②。需要注意的是，"标记"本身没有独立的意义，只有与"标度"结合在一起才具有真正的内涵。可见，标志、标度、标记一起组成了评价标准，他们分别在标准体系中发挥着各自的作用。其中，通过标志可以掌握评价的判断规则，通过标度可以判断评价指标的等级，通过标记可以清楚各评价等级所对应的符号。因此，设计科学合理的标志、标度、标记能够帮助评价者清楚地判断评价客体在每一个评价指标上的水平程度，从而为最终评价提供依据。

二、评价标准的分类

如前所述，评价标准是判断评价指标水平高低的尺度和准则，是整个评价指标体系中的重要组成部分。如果没有评价标准，就不能对评价指标做出准确的判断。因此，还需要编制好当代中国大学生品德评价标准体系，进一步丰富和完善当代中国大学生品德评价的指标体系。现有的评价标准从形式上来看有各式各样，但从本质上来看，不外乎有"比照判定式和模糊判定式"③ 两大类标准，在具体的运用中二者又呈现出不同的特点。

（一）比照判定式标准

"比照判定式标准给出了明确的标准（定性的描述或者定量的界定），以此为准则与被评价人的实际表现相对照确定评价结论。"④ 在实际的运用中，给出的标准模式主要有以下三种。一是描述式标准。这种模式主要是对各评价要素水平高低用简练、确切、通俗易懂的语言来进行描述，以方便进行比较，从而

---

① 肖鸣政.人员测评与选拔［M］.3 版.上海：复旦大学出版社，2015：136.
② 肖鸣政.人员测评与选拔［M］.3 版.上海：复旦大学出版社，2015：136.
③ 郑其绪.人才评价理论与方法［M］.北京：党建读物出版社，2016：203.
④ 郑其绪.人才评价理论与方法［M］.北京：党建读物出版社，2016：203.

确定最终的评价结论。一方面，这种描述式标准呈现的内容能够让评价人更容易将被评价对象的表现水平与标准比对，从而确定其评价要素的水平；另一方面，这种描述式标准又非常烦琐，它要求对每一个评价要素进行描述，因此呈现的文字表述较长，会在一定程度上引起评价人员的反感，不利于达到理想的评价效果。二是期望式标准。这种模式主要是针对特定岗位上的评价对象而言，以所处岗位职责的理想要求为参照，将每个评价要素在该岗位上的最佳表现描述出来，然后通过评价对象在该方面的实际表现与理想要求的吻合度来确定评价等级。因此，这种模式只需要给出每个评价要素的最高等级的描述，在使用上比描述式模式更为简单；但是，这种模式在使用中增加了评价人员的操作难度，除最高等级以外其他的等级都需要评价人员自己去把握。因此，这种模式对评价主体的要求较高。三是目标责任式标准。这种模式是以一定时期所要达到的目标来进行判定。事实上，目标本身就是一种标准；且目标内容的明确和具体能够方便进行比较，具有很强的操作性。综上可知，比照判定式标准对标准的描述具体、详细、明确，在评价中便于得出评价结果。因此，这种标准模式的使用能够降低对评价人员的要求。但是，这种模式在标准的表述中过于烦琐，因而不能很好地长期坚持下去。所以，这种比照判定式标准基本上不再使用。

（二）模糊判定式标准

"模糊判定式标准常常没有明确具体的文字描述或者数字界定，它是依靠评价人的经验、水平对被评价对象的行为表现进行模糊把握而得出结论的评价方式。"① 在实际的运用中，这种模糊判定主要有以下三种模式。一是隶属度式标准。这种模式主要是运用模糊数学中的隶属度函数的结果。它将评价要素的最高理想行为界定为 1（上限值为 1），然后将评价要素表现出来的各个程度用隶属函数来表示，主要是区间 [0，1] 给出一个确定的数值。这种模式在使用中还有一种细化形式，是将评价要素的各个等级用语言描述出来，然后赋予各个等级明确的隶属区间。在评价中，评价人员只需要确定该评价要素的等级，并选取该等级对应区间的一个确定数值就可以了。换言之，这种细化的隶属度式标准是一种结合了描述式标准的综合判定式标准。二是分等式标准。这种模式主要是将各个评价要素的表现水平划分等级。因此，这种模式是一种更为简单、

---

① 郑其绪. 人才评价理论与方法 [M]. 北京：党建读物出版社，2016：205-206.

快捷的评价标准，往往隐藏于人的大脑深处。三是积分式标准。这种模式主要是将评价对象划分为各级评价要素，赋予每一层级评价要素固定的上限值，然后将各评价要素的子要素的实际得分进行累加，就能把握该要素的实际情况。这种模式的标准明确、赋分具体又具有极强的操作性，在实际评价中运用较为普遍。但在具体的使用中要注意以下问题：首先，每个评价要素都要确定等级；其次，评价对象的各个评价要素的上限值的总和为100，方便计算；再次，确定每个评价要素的等级落差，其方法为先确定每个要素的下限值，再根据公式"落差=（上限值-下限值）/等级数"确定落差的具体数值；最后，等级之间的区间表达要具有连贯性，不能有间断或重合的情况出现。综上可知，模糊判定式标准不管有多少种标准模式，其本质都是评价主体将评价对象在各个评价要素上的实际水平依据评价人自身内在的标准进行判定得出的一种定性结论或是模糊化的数字。相较而言，这种判定标准最大的优点就是避免了实际评价中的心理和技术的影响，使评价结果更为客观。因此，这种判定标准在评价实践中运用较多。

三、评价标准的编制原则和程序

评价标准作为判断评价指标水平高低的准则和尺度具有"法"的意义。一般来说，评价标准是由人来编制的。因此，在编制过程中必然会因为某些人为因素而出现某些问题，进而影响评价结果。因此，这就需要在编制过程中遵循一定的原则，这样才能保证标准体系的科学性和可操作性。

具体来说，应遵循以下原则。一是客观原则，是指在确定标准时要实事求是、不脱离实际。具体来说，标准的编制一般会从选定"参照水平"或"参照样本"开始。通常情况下，是以被评对象所处群体的平均水平作为参照，以此为基础进行上下延伸来确定等级。二是等距原则，是指标准确定的各个等级之间具有相同的"落差"，等级之间的水平差异大体相同。如何确定各等级之间的落差前面已经阐述，这里就不再赘述。三是针对性原则，主要是强调对各个评价要素的标准描述要与评价要素相吻合，不能笼统化或者千篇一律。具体来说，要促使评价标准与"时代要求、党和国家的相关政策、大学生的特殊职责"三方面保持一致。另外，这种针对性还强调标准的表达要简练、形式要大众化，能够让人一目了然。四是完整性原则，是指标准要具有全面性和统一性。这种全面性和统一性表现为标准确定的等级必须穷尽，具有正反两级，且等级之间不能出现断层，必须具有连贯性。总之，这四个原则不仅为编制评价标准指明了方向，而且提供了具体的编制方法。因此，在编制当代中国大学生品德评价标准体系时一定要遵循这些原则。

另外，评价标准的编制是一项高要求的工作，必须遵循严格的程序。一般来说，主要有五个步骤。一是成立标准编制小组，提出具体的工作计划。当代中国大学生品德评价工作主要是由负责学生工作的副校长牵头，由学校学生工作部办公室制订计划和方案，再交由各个院执行。因此，评价标准就需要校学生工作部办公室来负责编制，制订具体的编制工作计划。具体来说，编制工作计划主要包括以下内容：编制标准的目的和要求、编制工作的步骤和进度、编制小组的任务分工、编制标准的集合和检验。二是编制标准草案。标准草案是形成正式标准的基础，是编制标准工作的起点，能够为后面的意见征询和修改完善提供根据。具体来说，草案的编制要着手以下三个问题：首先，确定评价标准的等级。标准等级的确定一般采用偶数分等。通常情况下，标准等级为3~5个等级；基于偶数分等原则，标准等级确定为4等，这样就可以避免评价选择的"趋中倾向"。其次，确定标准的程度用语。这个程度用语是指对每个评价要素的各等级水平的描述用语，描述用语只有表达明确才能帮助评价人理解评价标准，从而快速做出评价。最后，确定各等级的语言描述或数字区间。需要注意的是，语言描述的表达要言简意赅、恰如其分，数字区间的连接端点要保证既不重合也不断开。三是意见征询，主要是将编制好的标准草案通过座谈或个别访谈等形式向专家、同级、上下级以及在岗人员等征询意见，也可通过书面形式编制规范的咨询书来征询意见。需要注意的是，在征询意见的过程中，要把标准草案编制的目的和作用、主要依据、存在的不同意见和处理情况、如此编制的参考文献和引文出处等信息做详细说明。四是修改完善，即编制小组把征询的意见进行统计和分析，对标准草案进行修改和补充，从而形成正式的评价标准。假如有的标准还存在问题，还可以进行下一次的意见征询。五是实践定格。一般来说，评价标准在使用中还会根据现实情况不断进行微调。但除非评价要素有大的变化，所形成的评价标准基本不会有大的变动。

在明确了评价标准的分类、编制原则和编制程序的基础上，就可以根据评价指标要素编制评价标准。但是，在编制过程中还需要把握一些技术问题，包括标准的措辞切忌模棱两可、标准的描述用词避免使用专业术语、标准的描述用词也不可过于贬义、标准前后不能自相矛盾、标准等级数量要适中等。只要很好地注意这些问题，就能编制出科学、有效的评价标准。

第四节 当代中国大学生品德评价指标体系的权重设置

前面对当代中国大学生品德评价指标体系内容的确认只是规定了当代中国大学生品德评价指标体系的具体内容。事实上，当代中国大学生品德评价各级指标的设计不仅仅是为了确定评价内容，还需要对各个评价指标赋予内涵并量化计分，这样才能得出评价结果。需要注意的是，评价指标的计分是由评价对象和评价目的决定的；因此，同样的评价内容对于不同的评价对象而言其内涵和计分都是不同的。例如，对党政干部"德"的评价主要是从"政治品德、职业道德、社会公德、家庭美德、个人品德"① 五方面进行，这就与当代中国大学生品德评价存在很大的差异。对此，在具体的评价过程中，必须根据评价对象、评价目的、评价方法等的不同，赋予评价指标不同的权重。

一、权重的内涵及其加权类型

从语义学上来看，《辞海》将"权重"界定为"评价体系中某一指标的相对重要程度"②。由此可知，作为当代中国大学生品德评价指标体系的权重，则是指当代中国大学生品德评价的某一指标因素在整个评价体系中的重要性或所占的比重。为了表示这一指标因素在评价体系中的重要程度，一般会通过数值来赋予这个要素某一特征值，这个特征值又称为"权值、权数、权重数、权重系数"③。换言之，"权数"就是将评价指标的权重赋予具体的数值，这个过程又称为"加权"，"是根据不同的评价主体，不同的评价目的，不同的评价对象，不同的评价时期和不同评价角度指派不同的数值"④。

一般来讲，加权的形式多种多样。首先，根据权数赋予形式，可以分为绝对加权和相对加权。绝对加权，是指通过赋分的形式，将一定数量的总分按照一定的比例分派到同一层次的评价指标上，从而直接体现为各不相同的绝对分

---

① 肖鸣政. 党政干部品德测评方法研究 [M]. 北京：人民出版社，2017：181.
② 中国社会科学院语言研究所词典编辑室. 现代汉语词典 [M]. 6 版. 北京：商务印书馆，2012：1076.
③ 王茂胜. 思想政治教育评价论 [M]. 北京：中国社会科学出版社，2006：130.
④ 任正臣. 人员素质测评理论与方法 [M]. 南京：江苏凤凰科学技术出版社 2017：90.

数。这种表达形式首先应对同一层次上的各项指标的满分值做出规定，一般为100；然后，根据各项指标的权重分配恰当的分数。具体来说，用公式可以表示为：$\Sigma W_i = 100$。（其中，W 为权重，i 是第 i 项指标，Σ 是同一级各项指标的总和）需要注意的是，每项指标的权重都不能大于满分值，其范围为 $0 < W_i \leqslant \Sigma$。相对加权，是指通过权重系数的形式，根据评价指标体系中同一层级的指标相对总体的不同分量赋予不同的百分数，进而区分其在整体中的权重。这种百分数是一种相对数量。也就是说，同一级的指标权重范围在 $0 < W_i \leqslant 1$ 之间，即应当大于 0 而小于或等于 1（只有当同一层次只有一个指标时），或者 $\Sigma W_i = 1$，即同一层级所有指标的权数之和为 1。其次，为了使评价结果可以进行比较，又将加权分为纵向加权、横向加权、综合加权三种形式。"纵向加权，是指对不同的评价指标给予不同的权数值。"[①] 这种加权能够使各个评价指标的分数计量相等，从而使得不同的评价指标之间可以进行纵向比较。"横向加权，是指给每个指标分配不同的等级分数。"[②] 通过这种加权，能够对不同的评价对象在同一评价指标上进行比较。综合加权，就是将横向加权和纵向加权同时使用。通过这种加权，能够对不同评价客体的不同评价指标进行比较。

二、权重的确定方法

通过权重的内涵可知，它是当代中国大学生品德评价指标体系内部各指标要素之间的联系形式，是对各指标价值大小的一种表达。权重的确定不仅能够帮助对大学生品德各指标进行量化，而且能够影响到整个当代中国大学生品德评价结果的科学程度。可见，权重的配置必须科学合理，才能保证当代中国大学生品德评价的科学性。因此，在确定权重时，必须遵循科学的方法，才能科学配置当代中国大学生品德评价指标体系的权重。

一是"经验确定法，又称'定性加权法'，是由经验丰富的思想政治教育学者、专家，或者思想政治教育职能部门的领导，根据他们长期的工作经验和主观认识，共同商议而确定权数的一种方法"[③]。从其界定来看：一方面，这种方法综合了多人的意见，与思想政治教育相关的教职人员之间彼此交流、沟通，

---

① 肖鸣政. 人员测评理论与方法［M］. 3 版. 北京：中国劳动社会保障出版社，2015：94.
② 肖鸣政. 人员测评理论与方法［M］. 3 版. 北京：中国劳动社会保障出版社，2015：94.
③ 王茂胜. 思想政治教育评价论［M］. 北京：中国社会科学出版社，2006：132.

使得权重的确定简单易行；另一方面，这种方法是思想政治教育教职人员在长期工作中形成的一种主观认识，使得权重的确定具有很强的主观随意性，容易受到思想政治教育教职人员自身的素质、水平、偏好等因素的影响。因此，选择这种方法来确定权重，一定要注意加权人员的选定，要选择素质和能力水平更高的思想政治教育教职人员。另外，这种方法在使用时，还需要注意坚持权重分配的合理性、权重分配的变通性、权重分配的模糊性和权重分配的归一性（即同一层级各评价指标的权数和应为 1 或 100）等原则。唯有如此，才能保证权重确定合理性和准确性。

二是"德尔菲法，又称'专家咨询法'，最早是由美国兰德公司于 1964 年运用于技术预测领域。它以匿名的形式，通过问卷向专家就指标权数问题征求意见，在多轮咨询、匿名反馈的过程中，经过专家们的分析判断、综合权衡，逐步统一价值认识，从而确定指标权数"[1]。这一方法集中了大多数专家的正确意见，避免了像权威、职称、职务、口才等因素的干扰；但是，这种方法又不可避免地忽略了少数人的意见，导致获取信息的完整性不足。总之，尽管德尔菲法存在一定的缺陷，但它是专家们在丰富的实践教学经验和科学的专业知识的基础上得出的准确性较高的权数，具有一定的使用价值。尤其是在民主气氛较浓的情况下，还可以通过面对面的反复讨论，从而形成最终意见。

德尔菲法的具体实施主要分为五步。第一步，确定专家小组。一般来说，专家人数主要根据预测议题和涉及知识面的宽窄来确定，基本上不超过 20 人。第二步，向专家小组提供议题的相关资料，包括"大学生品德评价指标权数配置专家咨询表"（见表 5-1）和说明书等材料。在说明书中，要解释指标重要程度等级和权数区间值。

表 5-1 大学生品德评价指标权数配置专家咨询表[2]

指标	很重要 （0.76~1）	重要 （0.51~0.75）	一般 （0.26~0.50）	不重要 （0.01~0.25）
1				
2				
…				

---

① 王茂胜. 思想政治教育评价论 [M]. 北京：中国社会科学出版社，2006：132.
② 王茂胜. 思想政治教育评价论 [M]. 北京：中国社会科学出版社，2006：133.

第三步，专家小组根据收到的资料，针对议题提出自己的意见；然后收回进行分类整理和统计。"先是计算所有专家对每一项指标权数的平均估计值，计算公式为：$\overline{W_i} = \sum W_{ij} / n$。（其中，$W_i$是第$i$项指标的权数平均估计值，$W_{ij}$是第$j$位专家对第$i$项指标的权数估计值，$i$为指标序号，$j$为专家序号，$n$为专家总数。）然后，计算每位专家个人估计值与所有专家平均估计值的离差，计算公式为：$P_{ij} = W_{ij} - \overline{W_i}$。"[①] 第四步，将第一轮的咨询结果和上面两个"特征值"再以表格（见表5-2）的形式反馈给专家小组，进行第二轮预测，然后收回统计。

表5-2　大学生品德评价指标权数配置专家咨询表（第二轮）[②]

指标	上次咨询离差均值	本人估计值与离差均值之差	本次调整的估计值
1			
2			
…			

第五步，根据需要，可再进行第三轮、第四轮咨询，直到专家小组都确定不再修改自己的意见为止。这个时候，一般会出现两种情况，要么专家小组意见趋于一致，要么专家小组意见不统一。当意见一致时，直接采取统一结论；当意见不一致时，则需对意见进一步处理，采取"加权平均法和中位数法"取得最终指标权重。总而言之，德尔菲法具有权威性、匿名性、反馈性、收敛性的优势，同时又具有过程复杂、咨询周期长的弊端。因此，在使用这一方法时要注意扬长避短，发挥德尔菲法的积极作用，从而帮助指标权重的确定。

三是"比较确定法，又称'层次分析法'，本质上是一种目标决策方法，最初是由美国学者T. L. 斯塔引入教育评价领域"[③]。当代中国大学生品德评价作为教育评价的组成部分，同样也适用这种方法来确定指标权重。具体来说，这种方法"是把同级评价指标进行两两比较，并将逐一比较的结果构成一个矩阵，

---

① 王茂胜. 思想政治教育评价论［M］. 北京：中国社会科学出版社，2006：133.
② 王茂胜. 思想政治教育评价论［M］. 北京：中国社会科学出版社，2006：133.
③ 王茂胜. 思想政治教育评价论［M］. 北京：中国社会科学出版社，2006：134.

然后运用矩阵原理,导出诸因素权数的数学加权法"①。比较确定法主要运用数学加权,具有一定的科学依据,是权重确定方法中比较实用的方法。比较确定法主要包括以下操作步骤。第一步,制定相对重要性等级表,具体内容见表5-3。

表5-3 斯塔相对重要性等级表②

相对重要程度	定义	说明
1	同等重要	两者对所属评价目标贡献相等
3	略微重要	据经验一个比另一个评价的结果稍为重要
5	基本重要	据经验一个比另一个评价的结果更为重要
7	确实重要	一个比另一个评价的结果更为重要,其优势已为实践证明
9	绝对重要	明显重要程度可以断言为最高
2、4、6、8	以上两相邻程度中间值	需要这种时采用

第二步,列出两两比较矩阵。假设有 A、B、C、D、E 五个指标需要确定权重,根据相对重要性等级表,将五个指标进行两两比较,得出比较矩阵见表5-4。

表5-4 指标权重确定一览表③

指标＼权重＼指标	A	B	C	D	E	W_i
A	1	1/2	1/3	1/3	1/2	
B	2	1	1/4	1/4	2	
C	3	4	1	1	7	
D	3	4	1	1	7	
E	2	1/2	1/7	1/7	1	
$\sum_{j=1}^{n} a_{ij}$	11	10	2.7	2.7	17.5	

① 王茂胜. 思想政治教育评价论 [M]. 北京:中国社会科学出版社,2006:134.
② 肖鸣政. 人员测评理论与方法 [M]. 3 版. 北京:中国劳动社会保障出版社,2015:96.
③ 肖鸣政. 人员测评理论与方法 [M]. 3 版. 北京:中国劳动社会保障出版社,2015:96.

如表 5-4 所示，指标 A 与 B 相比，假如 B 比 A 稍微重要时，则在 B 行 A 列交叉处给 B 记 2，在 A 行 B 列交叉处给 A 记 1/2……以此类推，直到全部比较为止，从而得到比较矩阵数据。第三步，根据公式计算出每项指标的相对优先权重，计算公式为：

$$W_i = \frac{1}{n} \sum_{j=1}^{n} \left(a_{ij} / \sum_{j=1}^{n} a_{ij} \right)$$

其中，W_i 是指第 i 项指标的权重，n 是指指标个数，i 是指行号，j 是指列号，a_{ij} 是指相对重要性等级。因此，根据表 5-4 数据，W_1 = 1/5（1/11+0.5/10+0.33/2.7+0.33/2.7+0.5/17.5）= 0.08。依此类推，W_2 = 0.12，W_3 = 0.36，W_4 = 0.36，W_5 = 0.08。由此，指标 A、B、C、D、E 的权重分别为 0.08、0.12、0.36、0.36、0.08。另外，5-3"当指标体系包括不同层级的指标时，可以自上而下地沿递阶层次计算各层次指标对上一层次指标的组合权重，直到计算出每一个指标的权重为止"[1]。总之，比较确定法主要是确定同一层级指标的权重。但是，如果每一层级指标项目太多，就会需要更多的配对分析，会在一定程度上影响权重的准确性。另外，这种方法在使用时还需要通过专家小组成员进行单独的评判，然后求出所有专家评价结果的平均值，进行归一化，这样才能得到可靠的指标权重。

三、当代大学生品德评价指标体系的权重分配

当代中国大学生品德评价各级指标众多。对此，依照前面对权重类型和确定方法的论述，从而确定当代中国大学生品德评价各级指标所占的权重。在形式上，权重主要采取绝对加权的形式，满分为 100 分。四个一级指标所占权重共 100 分，且其下属的各二级指标权重之和也为 100 分。具体来说，各指标所占权重见表 5-5 所示。

---

① 肖鸣政. 人员测评理论与方法 [M]. 3 版. 北京：中国劳动社会保障出版社，2015：97.

表 5-5 当代中国大学生品德评价指标体系的权重分配

一级指标	二级指标	三级指标	观测点	评价标准	得分
1. 政治品德 30分	1.1 政治信仰 25分	树立中国特色社会主义共同理想和实现共产主义的远大理想；坚定中华民族伟大复兴的中国梦和"两个一百年"奋斗目标；坚定中国特色社会主义道路、理论、制度、文化自信	是否坚持四项基本原则、拥护党的基本路线、拥护党的方针和政策，具有坚定社会主义信念	对实现中华民族伟大复兴和两个一百年奋斗目标、中国特色社会主义道德理论学说文化、中国特色社会主义共同理想和共产主义远大理想有坚定的信心 A. 非常符合 B. 符合 C. 基本符合 D. 不符合	
	1.2 政治观点 25分	中国特色社会主义理论发展轨迹；中国共产党的历史基本理论、党的基本路线、国史和基本理论；国际国内形势和政策	"毛泽东思想和中国特色社会主义理论体系概论""中国近代史纲要""形式与政策"	以3门思想政治理论课成绩作为评价标准。其中，成绩在85分以上为优秀（A），成绩在76~85分之间为良好（B），成绩在60~75分之间为合格（C），成绩在60分以下为不合格（D） A. 非常符合 B. 符合 C. 基本符合 D. 不符合	
	1.3 政治鉴别力 25分	对大是大非问题的判断力			
	1.4 政治觉悟 25分	加入中国共产党的决心和行动	是否积极参加学校和学院组织的重大活动；	能够积极地参加学校和学院组织的各项活动；不是党员的积极加入中国共产党，是党员的在党员考核中表现优秀 A. 非常符合 B. 符合 C. 基本符合 D. 不符合	

续表

一级指标	二级指标	三级指标	观测点	评价标准	得分
2. 思想品德 30分	2.1 世界观 40分	辩证唯物主义和历史唯物主义的世界观	"马克思主义基本原理"课程	以"马克思主义基本原理"课程的成绩作为评价标准。其中,成绩在85分以上为优秀(A),成绩在76~85分之间为良好(B),成绩在60~75分之间为合格(C),成绩在60分以下为不符合(D) A. 非常符合 B. 符合 C. 基本符合 D. 不符合	
	2.2 人生观 30分	奉献精神	志愿服务;义务献血;应征入伍;捐款	志愿服务、义务献血、捐款达到3次及以上为符合,非常符合,2次及以上为基本符合,没有为不符合 A. 非常符合 B. 符合 C. 基本符合 D. 不符合	
		艰苦奋斗精神	学习态度;消费水平	根据各个学校学生成绩排名和消费水平来判定等级 A. 非常符合 B. 符合 C. 基本符合 D. 不符合	
	2.3 价值观 30分	热爱祖国	有无参与违反四项基本准则或影响国家统一和社会稳定的活动	关心国家大事,有为社会主义现代化事业贡献力量的意识 A. 非常符合 B. 符合 C. 基本符合 D. 不符合	
		诚实守信	有无考试作弊、替考、学术论文剽窃、伪造证书等材料情况;有无恶意拖欠学费、贷款、骗取奖学金等情况;有无欺骗他人、擅自动用、偷看他人物品	根据观测点,上述各种情况出现3次及以上为不合格(D),出现2次为合格(B),没有则为优秀(A)。 A. 非常符合 B. 符合 C. 基本符合 D. 不符合	

续表

一级指标	二级指标	三级指标	观测点	评价标准	得分
3. 道德品质 20分	3.1 文明友爱 20分		学生的人际关系	根据学生的人际关系情况好坏来判定等级 A. 非常符合　B. 符合　C. 基本符合　D. 不符合	
	3.2 爱惜公物 20分		有无乱涂乱画、张贴、悬挂等破坏公共环境的行为	根据观测点，上述情况出现3次及以上为不合格(D)，出现2次为合格(C)，出现1次为良好(B)，没有则为优秀(A) A. 非常符合　B. 符合　C. 基本符合　D. 不符合	
	3.3 保护环境 20分		有无乱扔垃圾；宿舍卫生情况	根据观测点，上述情况出现3次及以上为不合格(D)，出现2次为合格(C)，出现1次为良好(B)，没有则为优秀(A) A. 非常符合　B. 符合　C. 基本符合　D. 不符合	
	3.4 尊师重教 20分		与教师是否发生冲突，与教师的关系	根据学生与教师关系来判定等级 A. 非常符合　B. 符合　C. 基本符合　D. 不符合	
	3.5 责任意识 20分		是否有自杀、吸毒、暴力、虐待等倾向	根据学生对待生命的态度来判定等级 A. 非常符合　B. 符合　C. 基本符合　D. 不符合	

续表

一级指标	二级指标	三级指标	观测点	评价标准	得分
4. 法纪品德 20分	4.1 法律水平 50分	"思想道德修养和法律基础"		以"思想道德修养和法律基础"课程的成绩作为评价标准。其中，成绩在85分以上为优秀（A），成绩在76~85分之间为良好（B），成绩在60~75分之间为合格（C），成绩在60分以下为不合格（D） A. 非常符合　B. 符合　C. 基本符合　D. 不符合	
	4.2 遵守纪律 50分		上课有无迟到、早退、缺席情况；有无扰乱教学秩序、扰乱考试秩序情况；在网络中，有无登录非法网站、传播非法文字、音频、视频资料情况；有无使用违规电器、易燃易爆物品，是否晚归或不归	根据观测点，上述情况出现3次及以上为不合格（D），出现2次为合格（C），出现1次为良好（B），没有则为优秀（A） A. 非常符合　B. 符合　C. 基本符合　D. 不符合	

注：评价标准的设计是期望式标准，然后根据期望标准的吻合程度确定了四个等级（A、B、C、D）。由于各个指标所占权重不同，其各个等级的分值范围必然不同。因此，这部分在最后的计算再做处理。

151

第六章

当代中国大学生品德评价过程的保障

当代中国大学生品德评价是评价主体在一定思想的指导下，依据一定的评价标准，采用科学、合理的评价手段和方法，对大学生品德诸要素的发展状况和水平进行事实分析和价值判断的过程。从本质上来看，当代中国大学生品德评价是一项活动过程，是在评价大学生品德的基础上做出的价值判断。要想完成这一活动，必须促使当代中国大学生品德评价的各个要素协同发展、共同合作，才能保障当代中国大学生品德评价顺利进行。对此，本章主要从评价理念、评价主体、评价机制、评价方法、评价环境等要素着手，通过对这些要素的完善和优化来保障当代中国大学生品德评价的顺利实施。

第一节　当代中国大学生品德评价理念的更新

一般来讲，理念是人们对于事物发展的一种理性认识或者观念，不仅能够主导甚至引导人们的行动方向，而且是人们现实实践或行动的根源。基于理念如此重要的作用，大学生品德评价必须树立新的、科学的理念，以此推动大学生品德评价科学化、合理化发展。

一、评价目的向促进大学生的全面发展转变

"每个人的自由发展是一切人的自由发展的条件。"[①] 换言之，整个人类的全面发展必须以个人的全面发展为基础。其中，大学生作为中国特色社会主义

[①] 中共中央马克思恩格斯列宁斯大林著作编译局．马克思恩格斯选集：第 1 卷 ［M］．北京：人民出版社，2012：422.

现代化建设的主力军和接班人，其全面发展的程度如何不仅决定整个人类的发展程度，而且影响一个国家或一个社会的发展水平。对此，我国历届中央领导集体高度重视对人的全面发展。尤其是进入新时代以来，更加强调高校要以"立德树人"为根本，为中国特色社会主义现代化建设培养德智体美劳各方面全面发展的大学生。其中，高校思想政治工作担负着这一重大使命。"思想政治工作从根本上说是做人的工作，必须围绕学生、关照学生、服务学生，不断提高学生思想水平、政治觉悟、道德品质、文化素养，让学生成为德才兼备、全面发展的人才。"① 从这一讲话中可以发现，在培养德智体美劳各方面全面发展的人才体系中，"德"处于统帅地位。"德者，才之帅也。"可见，品德是人的全面发展的重中之重。

而对大学生品德进行评价，不仅仅是为了诊断大学生品德的发展水平，更多的是通过对大学生品德发展水平的诊断找出大学生品德发展中存在的优势和不足，从而为大学生品德的发展提供方向指引。因此，与大学生其他方面的评价相比，对大学生品德进行评价更多的是强调对大学生品德的发展，从而促进大学生的全面发展。具体来说，这种发展蕴含着多层意思：一是大学生品德评价一定要着眼于大学生品德大发展，甚至包括其他方面的发展；二是大学生品德的发展是多元的，这是大学生不同的成长环境、教育水平等多种因素影响的表现；三是要承认大学生品德的发展差异，不要用同一个标准来衡量大学生。总而言之，大学生品德评价是一种引导性、形成性评价，大学生可以根据自己当前的品德状态与评价标准进行对比，明确自身的差异和进步的空间，从而确定自己的发展方向。换句话说，就是大学生将一定社会的品德要求转化为自身的发展目标，督促自己不断向品德目标靠拢。对此，在全面发展理念的指导下，大学生对品德评价有了新的认识，在品德评价过程中由排斥向积极配合、主动参与转变，从而有利于当代中国大学生品德评价活动的开展。

二、评价主体向大学生主体能动性发挥转变

在很长一段时间里，大学生品德评价基本上处于单向评价的状态，即大学生的品德评价只是教师或辅导员对大学生的单方面评价。这种评价仅仅将大学

---

① 习近平. 决胜全面建成小康社会 夺取新时代中国特色社会主义伟大胜利［N］. 人民日报，2016-12-09（1）.

生看作评价的客体，而忽视了大学生在评价过程中主体能动作用的发挥。事实上，大学生品德的形成和发展是内外因相互作用的结果；其中，大学生自身的内在转化起到了关键作用，表现为大学生品德形成过程中大学生呈现出主客体同一性的特征：客体性，是指在接受外部教育因素的过程中，大学生是教育的对象，是客体的存在；主体性，是指大学生内在品德的形成又需要大学生自己将外部因素转化为内在品德。大学生品德评价是帮助大学生品德发展的重要手段，在评价中必须清晰地认识到大学生的这种"主客体同一性"：大学生在接受他人评价时是评价的客体，在进行自我评价时又是评价的主体，能够根据一定的标准对自身的品德行为进行审视、调整、评价。但是，以往的品德评价由于忽视大学生的主体能动性，往往使得大学生处于被动的地位，甚至导致大学生对品德评价产生许多不好的心理情绪，包括不满、消极厌烦、应付和抵触等。在这种情况下，必然使得品德评价形式化，直接影响最后的评价结果。因此，在大学生品德评价过程中，必须重视大学生的"主客体同一性"，积极发挥大学生的主体能动性，从而使得大学生主动参与到评价过程中来。

具体来说，发挥大学生的主体能动性要从以下两方面着手。第一，尊重大学生，包括尊重大学生在品德评价中的主体地位和用平等、民主的态度对待每一位大学生。大学生品德有其特殊性，在进行评价时，一定要充分考虑到每一位大学生的差异，同时要"换位思考"，从大学生的角度出发去设计和开展品德评价。第二，尽可能地让大学生的主体能动性渗透到品德评价的每一个环节。比如，在品德评价方案的设计阶段，就要听取大学生的意见和想法，找准品德培养和大学生需求的契合点；在品德评价指标的设计上，给予大学生更多的自主权，找出更能反映大学生品德的指标内容；在品德评价的过程中，要让大学生积极参与自我评价，通过自我总结、检查、反省从而达到自我调整、提高的目的；在评价结果反馈阶段，允许大学生持有与评价结果不同的意见，给予大学生质疑和申辩的机会。

三、评价空间向回归现实生活转变

"除非评价是在真实领域和社会环境里进行的，否则我们就要怀疑它能否准确地表现人类的智力成绩。"① 换句话说，大学生品德评价除非在真实领域和社会环境里进行，否则得出的评价结论仍然令人怀疑。对此，大学生品德评价必须树立回归现实生活的基本理念，转变以前脱离现实生活的评价路径，通过品德评价将大学生的品德认识水平和品德行为连接起来，从而提高品德评价的针对性，更好地促进大学生品德进一步发展。之所以要树立这一理念，是坚持马克思主义哲学的必然要求。马克思主义哲学是马克思主义理论三大组成部分之一，其诞生是整个人类思想史上最为壮丽的"日出"，使得哲学研究的范式、主题、功能等都发生了重要改变。最为重要的是，马克思主义哲学将"现实的人"作为研究的出发点，关注的是"现实的人"的生活世界，并始终把"现实的人"的生存境遇和发展命运或前途作为自己的历史使命和终极目标。在马克思恩格斯的视野中，"现实的个人"是处在生动而又现实的生活世界，就是"现实的人"实际的生活过程。因此，大学生品德评价必须以马克思主义哲学为指导，回归大学生的生活实际，才能做出科学的评价。

那么，如何让大学生品德评价回归现实生活呢？具体来说，可以将品德评价纳入教学过程中来。高校思想政治教育是对大学生进行品德教育的主要场所。特别是高校思想政治理论课，是进行品德教育的主渠道，也是大学生生活的一部分。由于受到思想政治理论课长期的影响，大学生的品德意识、品德知识和品德能力逐渐养成和发展。因此，可以说大学生的品德评价与思想政治理论课的教学好比同一艘船的两支桨，唯有齐头并进才能不断向前发展。另外，在思想政治理论课的教学情境中不知不觉地对大学生进行品德评价，还能够打破他们的戒心，消除他们的恐惧感，帮助他们正确认识品德评价的作用，进而在无意识的状况下得出贴近实际的结论，最终使得品德评价成为教师和大学生日常教学活动的一部分，真正回归到现实生活中去。

第二节　当代中国大学生品德评价主体的确立

大学生品德评价的主体承担着对大学生实施品德评价的重要职能，是大学

---

① 韦青松. 大学生思想品德评价的困境与对策探讨 [D]. 武汉：华中师范大学，2007：24.

生品德评价活动的实施者、执行者、组织者。换句话说，大学生品德评价的主体是处于大学生品德评价关系中且相对大学生品德评价客体而存在的现实的人。在整个评价活动过程中，评价主体关系到大学生品德评价"谁来评"这一基本问题。因此，大学生品德评价主体的确立和完善就成为这项活动开展的重中之重。事实上，自大学生品德评价活动开展以来，形成了包括大学生、同学、辅导员（班主任）、教师、管理者等多样化的评价主体。但是，正如前文所说，大学生品德评价主体存在各自为政的情况，表现为不同的评价主体仅仅根据自己负责的内容做出单方面的评价，且彼此之间没有交流和沟通，导致对同一个人的评价结果出现差异。因此，为了提高大学生品德评价的有效性，有必要确立和完善各类评价主体，并促使这些评价主体在评价过程中做到信息共享。

一、注重自我评价

所谓自我评价，是指在大学生品德评价活动中，大学生自己要主动参与到评价中来，对自己的品德表现依据特定的评价标准做出事实分析和价值判断。大学生品德评价主要是对大学生品德诸要素的发展状况和水平进行评价，而大学生是最熟悉、最了解自己的人，能够对自身品德的发展情况做出准确的定位。因此，注重大学生的自我评价，是保证大学生品德评价结果正确的必然要求。但是，传统的品德评价基本上都是由教师独揽，且教师与学生之间往往没有足够的沟通和交流，导致评价结论千篇一律、片面敷衍，进而使得品德评价大多流于形式。再加上大学生自己作为评价的对象，对评价结果的忽视也在一定程度上使得品德评价流于形式。因此，当代中国大学生品德评价必须充分注重大学生主动性的发挥，让大学生参与到评价中来。因为，大学生的自我评价是大学生将社会品德要求内化为自身品德规范的转化过程；在这个转化过程中，大学生能够更加了解、认识自身的品德状况。换言之，这种自我评价不仅能够帮助大学生对自身品德做出准确的评价，还能够促使大学生在评价中提高和完善自我。

在具体的评价过程中，大学生自我评价主要有以下方式：一是大学生根据他人对自己的态度来评价自己的品德状况，二是大学生将自己之前所受到的品德教育作为标准来进行自我评价，三是大学生在与他人对比的过程中来评价自己，四是大学生根据自己以往的经验来进行自我得失评价。以上四种自我评价方式在某种程度上说明，大学生自我评价存在很大的主观性，尤其是大学生会根据评价得失做出虚假评价或伪造评价，进而使得整个品德评价结论失真。相应地，大学生的自我评价往往会呈现出与实际水平相符、过低、过高三种不同的评价结论。这是因为，自我评价是自我意识的组成部分，它必然受到一定社会条件的影响。一方面，大学生品德评价的标准适用于所有的大学生，因此，大学生在用这一标准评价他人的时候也要用这一标准来规范自身；另一方面，其他评价主体对大学生品德的评价也是对大学生品德提出要求，希望大学生品德能向着社会发展的方向发展，大学生所处的环境必然与社会发展产生联系。可见，大学生自我评价必然受到许多社会因素的影响。除此之外，大学生自我评价还会受到某些心理因素的影响。心理学认为，心理是客观现实在人脑中的主观反映，并在实践中产生作用。[①] 在品德评价各个环节中，大学生内心会产生不同的心理现象：在准备阶段，大学生内心会出现"自我认可疑惧、被审、期望评价、厌倦"[②] 等心理现象；在实施阶段，大学生内心会出现"自卫心理、迎合心理、应付心理、逆反心理、惧评心理"[③] 等现象；在总结反馈阶段，大学生内心又会出现"敏感心理、文饰心理、嫉妒心理、否定评价、议评心理"[④] 等现象。正是受到这些心理现象的影响，大学生在自我评价中往往会拒绝配合品德评价工作，或是敷衍了事，或是弄虚作假，或是畏惧评价，进而影响评价结果的客观性，使得评价结果出现过低、过高或模糊的情况。可见，大学生自我评价除了受到外部社会因素的影响外，其内部的心理因素也会对评价结果产生重大的影响。

因此，为了有效保证大学生自我评价的科学性和客观性，要做好以下两方面的工作。第一，大学生自我评价不是盲目评价，要按照大学生品德评价指标体系的具体内容对自身品德各方面做出针对性的自我评价。也就是说，在大学生品德评价指标体系的指导下，大学生自我评价要有标准和内容可依。唯有如此，大学生自我评价才能减少外部因素的消极影响。第二，大学生自我评价要调控评价心理的作用，使其由负效应向正效应转化。一是大学生要自觉调控自己的心理，包括通过调控自身的认识、情绪、行动等方面，从而正确认识、认真对待、积极配合品德评价工作。二是帮助大学生提高对品德评价的认识，主

① 马剑侠．心理学 [M]．长春：吉林大学出版社，2009：37.
② 王茂胜．思想政治教育评价论 [M]．北京：中国社会科学出版社，2006：102-103.
③ 王茂胜．思想政治教育评价论 [M]．北京：中国社会科学出版社，2006：106-107.
④ 王茂胜．思想政治教育评价论 [M]．北京：中国社会科学出版社，2006：110-112.

要是让大学生对品德评价的目的、意义、作用、计划和安排等能有一定程度的了解，打破神秘主义，让大学生积极参与到品德评价的各个环节中去。三是采用多样化的评价形态，发挥评价效应的积极作用。在品德评价中，评价态度和评价方式的结合能产生多种评价形态，并影响着评价效应的发挥。对此，要合理选择积极的评价形态开展评价工作，促使评价效应正能量的发挥。四是评价结果反馈形式多元化。大学生品德评价结果对于大学生来讲是一个极为敏感的问题。因此，品德评价结果反馈一定要注意方式方法多元化，避免大学生产生挫折和焦虑，并给予大学生一定的缓冲时间，这样品德评价才能发挥积极的作用。

二、完善学校评价

所谓学校评价，是指大学生所在高校的教育工作者对大学生品德进行的评价。在整个评价主体系统中，高校教育工作者是其中最为重要的评价主体。因为，大学生品德就是高校教育工作者将党和国家对大学生的品德要求转化给大学生的结果。可见，高校教育工作者是大学生品德形成的一大助力。因此，通过学校评价，能够快速地发现大学生品德发展的不足和缺陷，从而帮助大学生更好地提高品德素质。事实上，传统的品德评价多是强调教师对学生单方面的评价，学生只是作为评价对象被动地接受评价，这往往会使得评价结果出现"一言堂"的局面，从而缺乏说服力。后来，学者们逐渐关注到学生主动性作用的发挥以及教育空间的拓展，从而扩大了学校评价的主体范围，指出除教师以外，辅导员（班主任）、思想政治理论课教师、宿管老师等都可以成为大学生品德评价主体的组成部分。可见，在整个学校评价主体系统中，评价主体呈现出多样化的特点。当代中国大学生品德评价既要发扬传统学校评价主体的优势，又要结合当代中国大学生品德发展特征进一步完善学校评价主体。

具体来说，当代中国大学生品德评价的学校评价主要包括以下几类评价主体。首先是宿管老师评价。宿舍是大学生在校期间进行学习、生活、交往的基本场所，是公共生活的一个微型缩影。相较于学校其他场所而言，宿舍具有空间更私密、环境更宽松、氛围更自由的特点。这些特点决定了宿舍这一场所能促使大学生之间进行更为密切、频繁的交流和沟通，大学生也能够将自己最真实的一面展现出来。可见，宿舍虽小，却集合了公共生活的所有元素，是对社会文明的一种折射；因此，在这里同样需要遵循一定的公共生活规范。对此，各个高校在后勤处都设立了学生宿舍管理服务中心,一方面对学生宿舍各方面进行管理和维护,另一方面又为学生宿舍文明构建提供基本遵循。在整个宿舍管理系统中,宿管老师是与大学生接触最多的群体,相较于其他人而言对大学生会更了解。因此,注重宿管老师对大学生的评价也是大学生品德评价主体完善的重要方面。其次,学生互评。所谓学生互评,是指除大学生自己以外其他同学对自己品德进行评价。为什么在学校评价中要强调学生互评呢?这是因为在学校期间,大学生与同学之间相处是最多的,能够在大学生活、学习中逐渐形成密切关系,从而使得同学之间的交往更为自由、真实。在这种情况下,大学生就能将自己最真实的一面展现出来,从而有利于其他同学了解自己。而大学生的品德是极具抽象性、隐蔽性的素质;因而,与自己接触最多、能够了解自己的同学就能够在日常的交往中对自己品德做出符合实际的评价。另外,这种互评还能促使学生之间进行相互学习,以其他同学的优点不断鞭策自己,从而使自己品德进一步发展。简而言之,学生互评能够对大学生品德做出客观的评价,能够帮助大学生更好地接受品德评价,从而正确看待品德评价,甚至还能够在一定程度上弥补教师评价的不足。但需要注意的是,学生互评有可能会出现学生之间"挑刺""指责",从而使得评价结果失真,甚至对学生心理造成影响。因此,在学生互评时还要对学生进行培训和调控。再次,教师评价,包括辅导员(班主任)评价和思想政治理论课教师评价。教师是传统品德评价运用最多的评价主体。习近平总书记指出:"人才培养,关键在教师。教师队伍素质直接决定着大学办学能力和水平。"① 可见,教师是大学生能力和素质培养的关键。因此,注重教师评价,不仅是因为教师是大学生能力和素质培养的关键,更是因为教师在日常思想政治工作教学过程中对大学生的熟悉程度和了解程度,能够更好地对大学生进行品德评价。具体来说,这里的教师主要包括辅导员(班主任)和思想政治理论课教师。其中,"辅导员是开展大学生思想政治教育的骨干力量,是高等学校学生日常思想政治教育和管理工作的组织者、实施者、指导者。辅导员应当努力成为学生成长成才的人生导师和健康生活的知心朋友"②。"思想政治理论课教师是高等学校教师队伍的一支重要力量,是党的理

① 习近平. 在北京大学师生座谈会上的讲话 [N]. 人民日报, 2018-05-03 (2).
② 教育部. 普通高等学校辅导员队伍建设规定(第43号令)[EB/OL]. 中华人民共和国教育部, 2017-09-21.

论、路线、方针、政策的宣讲者，是大学生健康成长的指导者和引路人。"① 因此，将他们作为思想政治教育的执行者和实施者，能够保证评价活动顺利开展。通过品德评价，还能够提高大学生的自信心和上进心，从而促进大学生进一步发展。但需要注意的是，教师在评价的时候一定要摒弃个人意志，不能用自己的主观随意性来评价学生，必须坚持公正、平等的态度按照一定的标准评价每一个学生。最后，院学生工作者评价。除了教师以外，高校各个学院都安排了专职的老师来负责学生的学习和党务事宜。事实上，大学生在校期间，除了日常的学习以外，还会涉及其他许多事宜的处理。而与之接触最多的就是负责这一部分工作的老师。且这一部分的事宜同样是社会生活和交往的一部分，必然存在相应的公共准则需要学生去遵循。由此，由院学生工作者对大学生进行品德评价必然也在情理之中。

总之，在学校评价中，宿管老师评价、学生互评、班主任（辅导员）评价、思想政治理论课教师评价、院学生工作者评价都是关键的评价主体。他们主要根据自己特定的岗位职责对大学生品德做出针对性的评价。需要注意的是，这些评价主体在做出评价时其内心的心理因素会在一定程度上影响评价结果的客观性和公正性。与大学生一样，这些评价主体在各个环节也会产生不同的评价心理：在准备阶段，评价主体会出现"角色心理、心理定式、时尚效应、先入为主、遵从心理、期望效应"② 等心理现象；在实施阶段，评价主体会出现"自尊心理、时序效应、晕轮效应、参照效应、理想效应、趋中趋势"③ 等心理现象；在总结反馈阶段，评价主体会出现"类群效应、从众心理、威望效应、刻板效应、本位心理"④ 等心理现象。这些心理现象不仅会影响评价主体对品德评价工作的开展，而且可能导致评价主体对大学生品德做出有失公允或带有偏见的评价，最终使整个品德评价活动失去评价的真正意义。为了保证学校评价的客观性和公正性，必须调控学校评价主体的评价心理。具体来说，主要从提升学校评价主体的自身素质、加强学校品德评价的组织管理、学校评价主体要进行换位思考三方面着手。

---

① 教育部思想政治工作司. 加强和改进大学生思想政治教育重要文献选编：1978—2014 [M]. 北京：知识产权出版社，2015：374.

② 王茂胜. 思想政治教育评价论 [M]. 北京：中国社会科学出版社，2006：100-102.

③ 王茂胜. 思想政治教育评价论 [M]. 北京：中国社会科学出版社，2006：104-105.

④ 王茂胜. 思想政治教育评价论 [M]. 北京：中国社会科学出版社，2006：108-110.

三、拓展社会评价

所谓"社会评价，主要指用人单位、校友、学生家长、其他社会公众及媒体等对高等学校人才培养质量、科学研究水平、社会服务能力等方面的价值判断，是对高等学校教育评价的一种类型"①。因此，作为教育评价的一部分，大学生品德评价也可以将社会作为评价主体之一。但需要注意的是，有学者将社会评价与个人评价相对，强调这种社会评价是某一类人群的总称。而本书在这里强调的社会评价与教育评价中的社会评价一致，特指除学校以外的其他社会群体，包括用人单位、学生家长、公众舆论等对大学生品德进行的评价。从本质上来讲，社会评价是一种外部的总结性的评价，它与形成性的学校评价相对，又相互联系，共同为大学生品德培养提供指导。因为，社会评价是通过大学生走进社会后的反馈来评价大学生品德水平的。大学生走进社会后，必然需要不断适应多元化的社会价值观；当学校所传授的绝对的唯一价值观与社会中多样化的价值观发生碰撞、冲突之时，大学生为了社会化就会调适自己。是一如既往地坚守，还是为了生存而改变？可见，除学校以外，社会也在不同程度地影响大学生品德素质的发展。通过社会评价，可以实现"外压内改"，促使学校在进行思想政治教育的时候也要将社会的需要考虑进来，从而培养出品德更高的社会主义现代化建设者。

因此，当代中国大学生品德评价要在传统评价主体的基础上拓展社会评价，从用人单位、学生家长、公众舆论三方面着手。首先，用人单位评价。这里的用人单位，主要是指大学生在大学期间参加的社会实践单位以及实习单位。一般来讲，各个高校为了使在校大学生更好地了解社会、培养大学生的社会责任感和社会参与能力，会组织学生参与各种社会实践或是安排学生到一定的单位进行实习。通过社会实践和实习，一方面大学生能提高自身的素质和能力，另一方面实践单位和实习单位能对大学生的思想品德、自身能力、公共素养、工作表现、身心状况等方面的表现给予评价。相较于其他评价主体做出的评价，用人单位做出的评价会更加客观、公正。由此，大学生品德评价还需将社会实践单位和实习单位的评价考虑进来，把这种评价的现实性、参考性和督促性作用最大限度地发挥出来，帮助大学生品德素质的提高和改善。在具体的运用中，

---

① 李进才. 高等教育教学评估词语释义 [M]. 武汉：武汉大学出版社，2016：79.

可以向社会实践单位和实习单位提供具体的品德评价指标体系，让他们有一定的参照。除此之外，学校要建立"用人单位信息反馈数据库"，将社会实践单位和实习单位对大学生做出的品德评价结论存入数据库备档，以方便后续的综合评价。其次，学生家长评价。古语有言：知子莫若父。自孩子出生以后，父母不仅是他们最亲密的人，也是他们一生中重要的引路人。习近平总书记在2016年12月12日会见第一届全国文明家庭代表时指出："家长应该担负起教育后代的责任。家长特别是父母对子女的影响很大，往往可以影响一个人的一生。"①可见，父母对孩子的影响重大，尤其是其言谈举止都无时无刻不在影响着孩子的行为和品行。另外，家长也是最关心孩子的人，孩子的一点点变化都会被父母发现。因此，大学生品德评价中一定要注重学生家长评价，因为他们不仅是品德教育的直接参与者，更是大学生思想政治教育效果的感受者。在具体的评价中，学校要与家长及时进行沟通，帮助家长树立评价意识，将评价标准和评价内容与家长分享，以利于家长展开评价。但需要注意的是，家长评价往往会呈现出宽松性、宽容性、引导性的特征，评价范围和评价方法与学校评价相比更为狭窄、简单；且有的家长会为了自己孩子的发展，制造或作假评价结果，进而影响评价结果的真实性。因此，学生家长评价一定要依据大学生品德评价的标准和内容，进行针对性的评价。最后，公众舆论评价。"公众舆论，又称社会舆论或公共舆论，泛指社会公众对特定事件、人物、社会问题及现行政策、制度的评价和意见的统称。"② 本书中强调的公众舆论评价是指社会公众对大学生的评价和意见。具体来说，公众舆论是社会公众最真实情感的流露和表达，多是一种情绪化的表达，这种情感表达往往会形成一股强大的社会舆论压力，从而产生正面和负面的效应。且社会公众本身的多元化，必然导致公众舆论呈现出多元化的特征。公众舆论一方面是一种客观存在，另一方面也可以在特定群体的引导下出现变化。总之，基于公众舆论的这些特点，大学生品德评价也可将公众舆论评价作为社会评价的一种来发挥作用。2018年8月21日被网友曝出的"高铁霸座男"事件，还有由此触发而曝出的"广州大学生推倒长途客运司机"事件、"名校女博士因误机大闹机场"事件等，无不彰显了公众舆论的力量。对此，光明日报还专门刊发了一位媒体评论员的文章，指出在这些事件背

---

① 习近平. 在会见第一届全国文明家庭代表时的讲话［N］. 人民日报，2016-12-16（2）.
② 彭和平. 制度学概论［M］. 北京：国家行政学院出版社，2015：305.

后折射出"受过高等教育怎么反而这样"的诘问。事实上，在社会文明的建设上，受过高等教育的大学生更要起"头雁作用"，但这些事件的发生则在一定程度上说明我们当前的高等教育仍然存在不少问题。难道受过高等教育的人不是应该更加遵守社会公共规则吗？因此，"见端知本"正是公众舆论评价的重要作用。大学生品德评价要充分利用公众舆论的这种作用。

综上可知，当代中国大学生品德评价拥有多样化的评价主体，既包括大学生自评，还包括宿管老师、学生互评、辅导员（班主任）、思想政治理论课教师、院学生工作者在内的学校评价以及用人单位、家长、公众舆论在内的社会评价。在具体的评价过程中：一方面，他们会根据自己特定的职责做出针对性的评价；另一方面，他们的评价又彼此联系在一起，共同构成完整、系统的大学生品德评价。因此，当代中国大学生品德评价的各个评价主体之间一定要相互协调进行配合，信息共享，这样才能保证评价结果的完整性和客观性。也就是说，由于大学生的生活场所集中在学校，因此，在三类评价主体中必须以学校评价为核心，大学生自评为基础，社会评价为补充，来弥补三大类评价主体各自的缺点，进而使得整个评价主体做出的评价更为客观、公正和有效。

第三节　当代中国大学生品德评价机制的完善

机制是现代科学研究的一个重要范畴，被广泛地运用到各个领域和学科。从词源上来看，机制原指机器的构造和工作原理。随后，机制被引用到自然科学和社会科学中来，其内涵也随之发生变化，通常是指"社会系统相对比较稳定的相互联系与作用原理、作用方式、作用过程"[①]。生物学、医学、心理学等学科往往通过类比借用此词。例如，心理学在研究一种心理现象——比如，记忆时，一般是要分析它的机制，即了解对记忆发挥作用的神经系统特别是大脑皮质的相应活动或作用，以及在这个过程中发生的所有变化。从本质上来讲，它是对认识对象从现象的描述向本质解读的发展。在此基础上，各个学科将机制范畴融入自身学科研究视野中来，形成了各具特色的机制内涵。但总的来说，不同学科下的机制内涵也有着共同点。对此，有学者对不同学科的机制内涵做

---

① 陈淑丽．思想政治教育机制论［M］．北京：中央文献出版社，2015：30-31．

了对比分析，将机制界定为"系统内部各构成要素之间在遵循一定机理的基础上相互联系、相互作用所形成的比较稳定的关系和内在运行方式"①。因此，基于机制的独特作用，有必要建构大学生品德评价机制，从而保障大学生品德评价目标的实现和作用的发挥。所谓大学生品德评价机制，是指在对大学生品德各要素进行事实分析和价值判断的过程中，涉及的评价各要素之间相互作用、相互耦合、相互联系的制约关系或功能体系。大学生品德评价机制的主要作用，就是为了保障大学生品德评价目标的实现，并促进大学生品德评价活动有序进行。

一、组织领导机制

当代中国大学生品德评价本身具有独立的活动过程，包括当代中国大学生品德评价的准备、实施、总结反馈三个相互联系又彼此独立的活动阶段。这一过程具有动态性、交互性、具体性的特点。所谓动态性，是指当代中国大学生品德评价主要是评价主体对评价对象的品德状况的评价，也就是说这一活动的中心都是围绕具体的人进行的，且评价主体和评价对象的思想和行为还会随着社会的发展不断做出调整，进而使得其品德水平发生相应的变化，这就决定了当代中国大学生品德评价活动不是一蹴而就的，还需要长期的、多阶段的评价。所谓交叉性，是指当代中国大学生品德评价活动的三个阶段彼此之间既相互联系又相互制约，共同回答着"为什么评价、评价什么、怎么评价"这一核心问题。所谓具体性，是指大学生品德要求会随着时代的发展而不断发展变化，进而使得大学生品德评价的内容不断发展和更新。因此，当代中国大学生品德评价一定要契合当下社会和时代发展的要求，这样才能做出科学的评价。可见，正是当代中国大学生品德评价本身具有的动态性、交互性、具体性特点决定当代中国大学生品德评价必须建构起科学的组织领导机制，使得当代中国大学生品德评价在多方合作、各司其职、相互作用下共同完成，从而为当代中国大学生品德评价活动的顺利开展提供夯实的组织保障。

（一）落实当代中国大学生品德评价主体的具体责任

当代中国大学生品德评价的组织领导是由多个评价主体共同组成的评价小

---

① 陈淑丽. 思想政治教育机制论 [M]. 北京：中央文献出版社，2015：34.

组，且不同评价主体在具体评价中负责不同的内容。因此，首先要确定各个评价主体的具体责任。通过文本分析发现，部分高校在大学生综合素质评价中对机构和职责做了明确说明。考虑到大学生品德评价是大学生综合素质结构中的一部分，在确定当代中国大学生品德评价主体及责任时参考综合素质评价的机构设置进行。具体来说，学生综合素质考评是在学生工作部（处）的指导下，由各个学院组织实施，辅导员具体执行。当代中国大学生品德评价的组织领导体制可分为四部分。一是负责学生工作的校党委副书记兼副校长对当代中国大学生品德评价实行宏观管理和领导，把控品德评价的方向，并对整个评价工作负责。二是学生工作部办公室制定学生品德评价方案，下发相关通知、实施办法，并对各个学院的评价工作进行监督和指导。三是成立本院的学生品德评价机构，这个机构一般由 3~5 人组成，主要包括院长、各院负责党政工作的分党委书记和分团委书记、负责学生工作的教师、辅导员等。然后，按照学校制订的评价方案制定本院的实施细则，并将文件向学生公布。四是由辅导员牵头组织执行。辅导员召开班会，布置学生品德评价工作。对此，要成立各个班级学生品德评价工作小组，小组主要由辅导员、班主任、学生教学办公室老师、团支部书记、班长、部分学生代表等人组成。他们根据学生品德评价细则，对学生品德进行评价。另外，每个大学生还要进行自评，将自己的品德自评表交予辅导员审核。总之，当代中国大学生品德评价主要包括大学生自评—学生评价小组评价—辅导员汇总审核—学院（部）评价领导小组审核——反馈等步骤。

（二）提高当代中国大学生品德评价主体的综合素质

大学生品德本身的复杂性和抽象性，对评价主体提出了较高的素质要求。换句话说，当代中国大学生品德评价主体的综合素质水平会直接决定品德评价的过程和结果。因此，提高评价主体的综合素质是发挥组织领导机制作用的关键。一是提高评价主体的政治素质。大学生品德评价的主体要具备鲜明的政治态度和坚定的政治立场，这样评价主体才不会受到政治环境中消极因素的影响，从而在评价中敢于坚持真理、修正错误。当然，这种政治素质不是与生俱来的，还需要在政治教育过程中不断形成和发展。二是提升评价主体的人格修养和人格魅力。当代中国大学生品德评价是由多个评价主体共同实施的。但是，评价主体的人格修养和人格魅力在评价中能减缓评价主体和评价客体之间的矛盾，进而使得评价工作能顺利进行。对此，一方面评价主体要始终保持谦虚谨慎、平易近人的态度，打破主客体的对立关系，为评价营造一种轻松的环境；另一方面评价主体要变工作意识为服务意识，充分尊重大学生和理解大学生，正确评价大学生各方面的品德素质，这样才能使大学生信服。三是加强评价主体评价技能的培训。事实上，评价活动是一个复杂的过程，它涉及评价指标的确定、评价标准的编制、指标权重的分配等问题。这就对评价实施办法的制定人员提出了专业要求。另外，评价主体在进行评价时不仅仅是按照评价细则进行就行，还需要评价主体具有丰富的业务经验和敏锐的洞察能力。可见，对评价主体进行专业化的培训是保证评价工作顺利实施的关键。

（三）协调当代中国大学生品德评价活动中存在的矛盾

在当代中国大学生品德评价活动中，评价主体与评价客体之间的关系如何将在很大程度上影响这一活动的顺利开展。因此，协调当代中国大学生品德评价活动中存在的矛盾主要是协调评价主体和评价客体之间的矛盾。事实上，在传统的大学生品德评价活动中，评价主体与大学生之间是一种"评与被评"的关系。大学生作为评价客体而被排斥于评价活动之外，即大学生只是被动地接受评价主体对自身品德水平的评价，并没有参与到评价活动中去。因此，评价主体与大学生之间彼此孤立存在，没有沟通和交流，更没有彼此间的互动。就算是有交流，也是评价主体在评价大学生品德水平的过程中才存在。在这种情况下，大学生实际的品德状况如何是很难被评价主体了解和掌握的。这就决定了传统的大学生品德评价只是从表面上去评价大学生，不能挖掘到大学生品德的真正水平和存在问题，进而使得大学生品德评价无法真正实现其评价目的。另外，大学生游离于评价之外，也会促使大学生把品德评价仅仅当作一项任务去完成，进而敷衍了事。因此，忽视大学生本身的作用，将评价者凌驾于大学生之上成为主导，必将使得评价主体和大学生之间矛盾加剧。这种矛盾不仅来自大学生对自身在评价活动中所处地位的不满，更来自大学生对最终评价结果的不认可。

为了有效协调评价主体与大学生之间的关系，可以从以下两方面着手。一是明确大学生的评价主体地位。在当代中国大学生品德评价活动中，大学生既是被评价者，也是评价主体。前面对大学生的主体地位做了明确说明，这里就不再赘述。二是评价主体与大学生要进行平等对话。在当代中国大学生品德评价中，存在评价者和被评价者两类评价主体，且这两类评价主体之间不是相互对立、相互排斥，而是相互兼容、相互配合的统一体。这种统一体是将评价者的主体性延伸到大学生身上，让大学生的主体性充分发挥出来，使评价者与大学生之间建构起平等的对话关系。这种对话关系是指在当代中国大学生品德评价过程中，评价者与大学生在相互尊重、相互信任的基础上，通过谈话、倾听等多种形式进行双向交流和沟通。其实质是评价者和大学生之间进行平等的"会晤"，使得大学生将自己真实的品德水平展现出来。这种平等对话能够消除主体与客体的对立，使得彼此都能认可对方的主体地位，并在这种认同中重新领悟评价的真正意图。且在这种平等对话下，大学生对于自身的主体地位也有了新的认识，进而由过去的"消极的被动"向现在的"积极参与"转变，并不断进行反思，对自身品德进行自我调控、自我完善、自我修正，最终有利于自身品德的形成和发展。

二、协调衔接机制

当代中国大学生品德评价是一项由多要素共同发挥作用，并按照一定程序实施的活动过程。由此可知，当代中国大学生品德评价实质上是一个整体性的系统。具体来说，当代中国大学生品德评价就是通过评价主体、评价客体、评价原则、评价指标、评价标准、评价方法等要素之间的协作来判定大学生品德的发展水平而组成的一个有机整体。在这个系统中，一方面各要素都发挥着自己独有的作用；另一方面，只有这些要素相互联系、共同作用才能完成最终目标。对此，当代中国大学生品德评价系统中各要素的相互协调和相互衔接就成为大学生品德评价有效性的基本保障。基于此，有必要建立评价要素、评价环节方面的协调衔接机制，帮助实现当代中国大学生品德评价活动的实效性。

（一）评价要素之间的协调衔接

当代中国大学生品德评价主要包括评价主体、评价客体、评价目标、评价原则、评价指标、评价方法等基本要素。一方面，这些基本要素在当代中国大学生品德评价中都发挥着各自的作用；另一方面，当代中国大学生品德评价是一个复杂的系统结构，为了使大学生品德评价内部各要素都发挥最大效用，不能仅仅将各要素进行简单相加，还要使各要素在效用最大的基础上实现相互融合、相互补充，最终使大学生品德评价内部系统实现协调一致，促使其整体效用实现最大限度的发挥。

对于当代中国大学生品德评价来讲，评价内部各要素都发挥着自己的作用并得以实现，就表明大学生品德评价各要素之间的协调衔接达到最优的状态。为了使各要素作用最大化发挥，可以针对评价要素在当代中国大学生品德评价内部系统中所处的独特位置进行针对性的处理。一是提高评价主体的综合素质。在当代中国大学生品德评价活动中，一方面，评价主体是这一活动的组织者、实施者、执行者，评价主体自身素质的高低会直接影响当代中国大学生品德评价活动的有效性；另一方面，随着时代和社会的发展，对大学生品德素质的要求会不断做出调整以适应新时代发展的要求。评价主体需要随时根据党和国家的要求不断做出调整，制定合理的评价目标，选择更为恰当的评价指标，这样才能保证评价活动的顺利开展。基于评价主体如此重要的作用，就需要不断增强评价主体的政治素质、人格素质、理论素质、能力素质等多方面的综合能力，这样才能保障当代中国大学生品德评价活动的有序、顺利进行。二是增强评价客体的评价意识。在当代中国大学生品德评价活动中，评价客体，亦即大学生，是指在当代中国大学生品德评价活动中接受评价主体对自身品德进行评价的对象。可见，大学生是这一活动的依托者，是评价主体进行品德评价获取信息的来源处。这一活动离开大学生，也就无所谓品德评价了。值得注意的是，在整个评价活动中，大学生不仅是被评价的对象，也是评价活动的参与者。大学生进行自我评价，能够将自己最真实的状态呈现出来，也能够与其他评价主体进行交流，从而在对比中发现问题进而提高自己。对此，大学生评价意识的高低不仅影响着当代中国大学生品德评价活动的开展，甚至影响着整个评价活动的有效性。为了增强大学生的评价意识，必须转变大学生在评价活动中的角色，让大学生由被动接受评价向主动参与评价转变，促使大学生由内到外都积极配合评价活动的开展。三是明确评价介体各自的作用，更好地为当代中国大学生品德评价活动服务。根据思想政治教育过程要素分类原则，当代中国大学生品德评价内部系统中，除评价主体、评价客体以外的要素都归结为评价介体。评价目标、评价标准、评价指标、评价方法等都属于评价介体的范畴，是连接评价主体和评价客体的纽带。在当代中国大学生品德评价介体系统中，评价目标是指当代中国大学生品德评价不是为了定位大学生品德水平，而是从评价中发现问题从而进行改进和提高。这是开展当代中国大学生品德评价活动的依据和动力。评价标准是判断大学生品德水平的准则，是衡量大学生水平高低的尺度。评价指标是大学生品德评价的具体内容，解决了"评什么"这一核心问题，是对大学生品德的整体性概括。离开评价指标，整个评价活动就不能顺利开展。评价方法是评价主体对大学生品德进行评价时所采用的方法和手段，解决的是"怎么评"这一关键问题，是完成当代中国大学生品德评价目标、保障整个评价活动有效性的关键因素。综上可知，以上各个要素在当代中国大学生品德评价内部系统中都有自己独特的作用，认清这些要素的独特作用是当代中国大学生品德评价活动顺利开展的重要保证。

（二）评价环节之间的协调衔接

从本质上来讲，当代中国大学生品德评价虽然是高校思想政治教育过程的一个重要环节，但它本身也具有自己独特的活动过程。换言之，当代中国大学生品德评价过程就是由相互关联、相互衔接的若干阶段构成，这些阶段有先有后，必然按照顺序依次进行。因此，当代中国大学生品德评价的基本过程也可以看作评价主体对大学生进行品德评价必须遵循的基本工作程序。具体来说，主要包括准备、实施、总结反馈三个阶段（图6-1）。

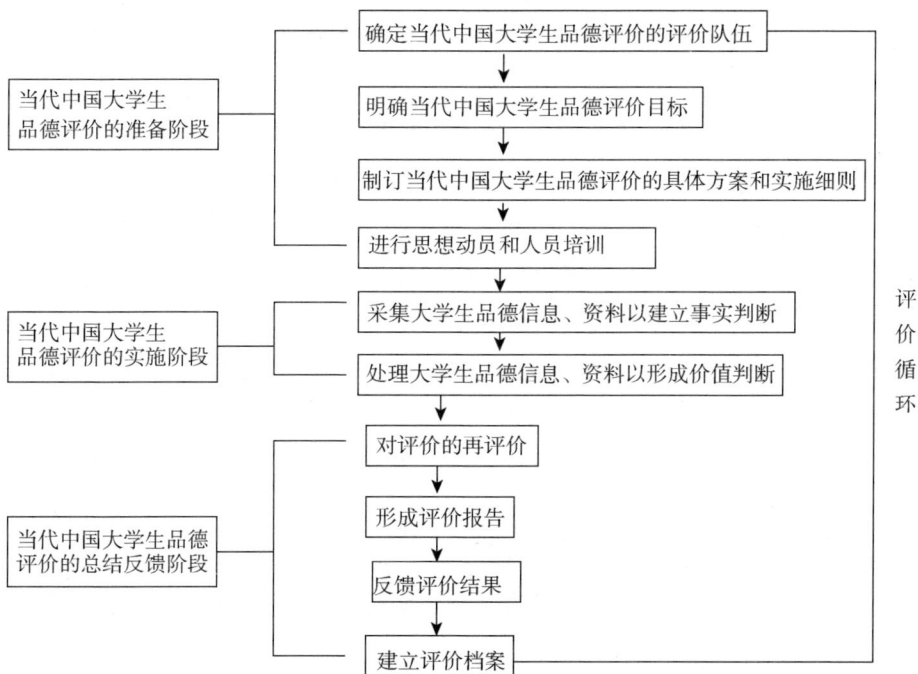

图6-1 当代中国大学生品德评价的基本环节

当代中国大学生品德评价的准备阶段。充足的准备工作是评价工作的起点，更是评价工作得以顺利开展和取得实效的重要保障。准备得越充足，越能抓住问题的核心，从而避免盲目。一般来说，在当代中国大学生品德评价的准备阶段需要做以下工作。一是确定当代中国大学生品德评价的评价队伍。这是开展评价的第一步。前面已做说明，这里就不再赘述。二是明确当代中国大学生品德评价目标。评价目标是当代中国大学生品德评价所期望达到的结果，解决的是"为什么评价"的问题，对整个品德评价活动的开展具有重要的指导作用。当代中国大学生品德评价的目标是通过对大学生品德水平的判断，找出大学生品德培养的不足，为今后的思想政治教育提出进一步改进的方向。有了这一目标，下一步评价工作就有了明确的方向。三是制订当代中国大学生品德评价的具体方案和实施细则。制订翔实、合理的实施方案是评价准备阶段中最重要的工作，决定着整个评价活动的实效。具体来说，制订的评价方案应包括阐明品德评价的对象，明确品德评价的要求和意义，设计具体的评价标准和指标，选择合适的评价方法，厘清品德评价的场所、时间、工作进度安排、经费等细节问题，明确品德评价主体的分工、职责、权利、义务及遵循的规章制度等。换句话说，方案越翔实越有利于当代中国大学生品德评价活动的开展和实效的获得。四是进行思想动员和人员培训。这是评价准备阶段不可忽视的重要环节。其中，思想动员主要是对当代中国大学生品德评价的主体和客体进行思想动员。一方面使评价主体端正思想，积极投身到评价工作中来；另一方面使评价客体正确认识品德评价活动，从而在评价过程中积极配合并主动参与到评价中去，共同完成评价任务。另外，在思想动员中，还要对评价主体和客体讲清楚品德评价的目的和意义，且在评价实施过程中一定要坚持实事求是的原则，自觉遵守评价纪律。人员培训主要是指对当代中国大学生品德评价的主体进行具体的评价理论和方法的培训，包括了解评价方案、按照要求收集大学生品德信息、掌握大学生品德评价的具体方法和技术等。事实上，目前大学生品德评价的理论研究还处于起步阶段，因而相关的专业评价人员凤毛麟角。为了更好地开展品德评价活动，事前的人员培训就必不可少。

当代中国大学生品德评价的实施阶段。实施阶段是整个品德评价过程中的中心环节，是当代中国大学生品德评价的主体工程。具体来说，这一阶段主要是评价主体在评价方案的指导下，运用科学、合理的评价方法采集大学生品德相关信息，在确认这些信息的准确性和可靠性之后建立事实判断，然后对这些信息进行处理，最终形成价值判断。从实质上讲，当代中国大学生品德评价的实施阶段就是对大学生品德信息采集、整理、分析的过程。一是采集大学生品德信息、资料以建立事实判断。对大学生品德的评价必须建立在充分掌握大学生品德状况的基础之上。对此,采集大学生品德信息就成为评价的第一步,也是最为关键的一步。所谓采集大学生的品德信息,是指评价主体依据品德评价的目标或任务,按照品德评价的指标要素,运用现代科学、合适的评价方法或技术,深入大学生的学习和生活中,有目的、有计划地获取大学生品德的真实情况。因此,采集到的信息全面与否、真实与否、客观与否、准确与否都会影响最后的价值判断。可见,大学生品德信息的采集是形成最终价值判断的基础性工作。为了有效采集信息,可以在采集过程中使用观察法、访谈法、问卷法、测量法、文献档案法、大数据等多种方法。其中,观察法是评价主体在大学生学习和生活中进行深入观察的一种方法,这种方法由于深入大学生的日常学习和生活当中,能够获得有价值的第一手资料,且收集到的信息也比较全面、完整、准确。访谈法是评价主体有目的、有计划地与大学生进行交谈进而采集大学生品德信息的一种方法。这种方法是通过双方深层次的交流和互动来获取信息,因而获取的信息能够更为广泛、深层、丰富。但是,访谈法在运用过程中,需要评价者既掌握访谈主动权,又能引导被访谈者的积极配合,这样才能在较短时间的访谈中获得自己想要的信息。问卷法是最常用的一种信息采集方法,是指评价者通过书面的形式设计问题,从被调查者那获取信息的方法。这种方法最为关键的是设计问卷,因为问卷的质量决定调研成功与否。测量法是测量学中使用的方法,是指"根据测量学的有关原理,运用一定的法则,给评价对象信息赋予数字和符号,从而获取评价信息的一种方法"[1]。文献档案法是通过对大学生的相关文献和档案材料进行查阅所获取信息的方法。大数据方法在下一节做详细阐述。总之,以上各种方法都具有各自的优缺点,在具体的采集过程中,评价者可以根据采集对象和内容的特殊性选择合适、有效的方法,这样就能采集到全面、准确、完整的品德信息,为后面的处理工作打好基础。二是处理大学生品德信息、资料以形成价值判断。大学生品德信息经过第一轮的采集后显然是零散的,这就需要评价者对这些信息进行分类整理,加工成评价指标所要求的信息集合,从而形成最终的价值判断。也就是说,在大学生品德信息处理阶段,实质上暗含着三个步骤:其一,大学生品德信息的整理。这里的

---

① 王茂胜. 思想政治教育评价论 [M]. 北京:中国社会科学出版社,2006:163.

整理是指评价主体按照品德评价指标体系对采集到的信息和资料进行汇总、分类。一般来说，采集到的信息有文字和数字两种形式。但不管是哪一种，首先要对这些信息进行"审查、检验"，包括检验大学生品德信息是否具有真实性、可靠性、合格性。然后评价主体按照大学生品德评价指标要素进行分类整理。列宁曾说过："由于分类的方法不同，同一个材料竟得出完全相反的结论。因此，要科学的分类，必须正确地选择分类标准和方法。"① 可见，评价主体按照评价指标的结果系统和隶属关系进行分类整理，能够使评价信息呈现出集中性和针对性，为后面形成的价值判断做好铺垫。其二，大学生品德信息的统计分析。大学生品德信息的处理，除了进行基础的分类整理以外，还需要进行统计分析，即运用统计学原理对大学生品德分类信息进行定量研究和判断，从而找出大学生品德各指标变化的内部规律。一般来说，包括集中趋势分析和离中趋势分析。集中趋势分析是指一组数据所趋向的中心数值，包括平均数、中位数、众数，反映的是该组数据的中心位置。离中趋势分析是指一组数据相较于该组数据的平均数的差异程度，反映的是该组数据的差异和变化。其三，对照评价标准进行价值判断。在对大学生品德信息整理、统计以后，就需要评价主体依照评价标准做出定量或定性评价，得出最后的评价结论。在这一步，可以通过"直接简单求和、等级分数加权求和、模糊等级计数、模糊综合评判"② 等方法综合大学生品德信息，最终以等级或分数或评语的形式呈现评价结论。

当代中国大学生品德评价的总结反馈阶段。为了最大限度地发挥当代中国大学生品德评价活动的作用，还需对评价结论进行总结反馈，这样才能实现当代中国大学生品德评价的真正目的。当代中国大学生品德评价不仅仅是为了对大学生品德水平做出评判，更重要的是通过这种评价发现高校思想政治教育存在的问题，从而为后面的教育政策和方法提出改进方向。实践证明，评价结果唯有真实反映大学生品德培养和发展的真实水平，才能算是真正实现评价的目的。对此，在总结反馈阶段还需要做以下工作。其一，对评价的再评价。当代中国大学生品德评价活动具有规范的操作程序、高素质的评价主体、翔实的评价计划等优势，其得出的评价结论的真实性和可靠性是能够保证的。但是，当

---

① 中共中央马克思恩格斯列宁斯大林著作编译局. 列宁全集：第 22 卷［M］. 北京：人民出版社，1958：57.

② 王茂胜. 思想政治教育评价论［M］. 北京：中国社会科学出版社，2006：160-170.

代中国大学生的品德素质具有复杂的结构内容和表现形式，必然会影响到评价结果。因此，对评价结果进行再评价就显得尤为重要。具体来说，这种再评价包括对大学生品德指标体系的评价、对评价过程的评价和对评价结果的评价。这样就能更好地保证评价结果的客观性和可靠性。其二，形成评价报告。这里的评价报告是指将当代中国大学生品德评价活动的整个过程和评价结果以书面的形式呈现出来。其形式包括大学生的自我评价报告和其他评价主体的评价报告，还包括综合评价报告和单项或专题评价报告。具体来说，书面报告里面一定要涵盖评价时间、评价主体、评价实施步骤、评价方法、评价结果和最终的评价结论等内容，力求做到全面、详细地呈现每一个环节。其三，反馈评价结果。为了完成评价的真正目的，反馈评价结果这一步是必不可少的。具体来说，当代中国大学生品德评价主要向思想政治教育相关部门、教师、大学生和用人单位等对象进行反馈。通过这种反馈，能够促使思想政治教育部门和教师反思教学的不足从而进行整改，能够帮助大学生进行自省进而调整自己，能够为用人单位选贤任能提供依据，等等。需要注意的是，这种反馈之后评价主体要充分关注大学生的心理状态，做好疏导和激励工作，避免评价之后不利情况的出现。其四，建立评价档案。当代中国大学生品德评价活动结束之后，评价管理人员要把评价方案、计划、总结、报告、数据等各种材料、文件进行编号，立卷建档，建立当代中国大学生品德评价专项档案。建档不仅方便资料的保存和后面的查阅，也能为当代中国大学生品德评价科学化、制度化创造条件。

综上可知，当代中国大学生品德评价活动包括准备、实施、总结反馈三个基本环节，且这三个环节不是彼此独立的，而是按照一定的先后顺序彼此照应又相互衔接的。其中，准备阶段影响和决定着后面两个阶段的进行，实施阶段是评价活动的核心环节，总结反馈阶段又为下一次的评价活动提供经验指导。可见，三个环节既彼此独立又相互联系，共同构成了一个完整的活动过程。对此，在遵循评价流程的同时，还要保证当代中国大学生品德评价过程各环节的顺利过渡，这样才能使当代中国大学生品德评价取得实效。

三、结果反馈机制

当代中国大学生品德评价的目的不是衡量大学生品德的发展水平，而是通过这种评价来发现大学生品德素质存在的问题，进而提高他们的品德水平。因此，仅仅获得评价结果是远远不够的，还需要将评价结果反馈给教师和大学生，让教师在发现问题的过程中不断调整品德教育的内容和形式，让大学生在发现问题的过程中不断反省并自我完善；唯有如此，当代中国大学生品德评价活动才算完整，才能发挥它的反馈和开发功能。因此，建构起当代中国大学生品德评价的结果反馈机制就成为重中之重。在当代中国大学生品德评价活动中，结果反馈机制就是将评价结果再次返回到当代中国大学生品德评价活动中去，以利于下一次评价活动的开展。由此可知，结果反馈机制是当代中国大学生品德评价活动实践价值的保障，是其本身能动性发挥的基石。为了使结果反馈机制真正发挥作用，要注意完善以下几个环节。

（一）形成大学生品德评价的最终报告

大学生品德评价的结果是进行反馈的基础。没有最终的评价结果，反馈就毫无意义可言。由此，形成当代中国大学生品德评价的最终报告是结果反馈的第一步。具体来说，当代中国大学生品德评价报告，是指对当代中国大学生品德评价中的各个评价要素的得分做定量和定性分析，并给出最终评价和建议的书面性文件。从本质上来看，它是对当代中国大学生品德评价方案设计、过程实施、数据处理等各个环节的最终表达，是当代中国大学生品德评价整个活动中非常重要的环节。根据前文组织领导的设置可知，各个院系的品德评价活动主要是由辅导员牵头进行。因此，辅导员将负责汇总和撰写最终的评价报告。在汇总和撰写的过程中，辅导员需要把握以下三个问题。

首先，厘清评价报告的主要内容。一般来说，评价报告主要由评价基本信息、被评价者基本信息、评价结果三部分组成。所谓评价的基本信息，是指对整个评价活动的名称、时间、项目等的描述。对于当代中国大学生品德评价活动而言，评价名称就是"当代中国大学生品德评价"。评价时间是指每次当代中国大学生品德评价活动开展的具体时间以及所耗时间。尤其是具体时间的记录，不仅能方便归类，更能从两次的时间间隔中发现其品德的变化程度。评价项目是指在评价报告中简单地介绍当代中国大学生品德评价活动的目的、范围和对象等信息，让人能对整个评价活动有一个大致的了解。所谓被评价者的基本信息，是指对被评价者的姓名或代号、年龄、性别等个人信息的描述。对于当代中国大学生品德评价活动而言，被评价者主要是指具体的大学生。由此，各高校在进行品德评价时，姓名和代号是必需的。但需要注意的是，当代中国大学生品德评价活动从实施到最后的反馈必然会有许多人的参与，为了有效保护大学生的个人隐私，可以利用代号来替代大学生的姓名，而代号与姓名的对应方式只能由极少数人掌握，这样才能最大限度地保障大学生的个人隐私。而大学生的其他个人信息可根据评价内容酌情取舍。评价结果，是整个评价报告中最为重要的部分，主要包括各个评价要素的得分、文字说明、解释以及总的评价意见、复核意见、责任人信息等内容。这些信息既能全面反映大学生品德的发展水平，又能从中发现大学生品德的发展问题和未来发展方向，真正实现当代中国大学生品德评价的目的。

其次，选择合适的报告类型。评价报告类型多样，可根据不同的标准划分为不同的类型。根据评价报告展现内容的全面程度，可分为分项报告和综合报告；根据评价报告的表述形式，可分为口头报告、分数报告、等级报告和评语报告；根据评价报告的呈现形成，可分为文字式报告、表格式报告、图示式报告。以上根据三种标准划分的不同类型都有各自的优缺点。其中，分项报告虽更为详细，但"只见树木不见森林"，不利于被评价者之间的比较；综合报告虽更为直观，但"只见森林不见树木"，评价结论太过简洁不够详细。口头报告主要是通过口头语言来表达评价结果；分数报告则是以分数来表达评价结果，一方面具有简洁、可比性强的优点，另一方面又使报告内容缺乏一定的准确性和全面性；等级报告是通过等级划分来表达评价结果，与分数报告具有一致性；评语报告则是通过书面语言形式来表达评价结果，这种报告形式也是评价系统中常用的报告形式，相较于分数报告和等级报告只能说明被评价者品德水平的差异而言，评语报告更为详细地描述了被评价者品德水平状况和存在的不足，但评语报告对报告撰写人员有很高的专业和经验要求。文字式报告具有鲜明的针对性，又具有极强的写实性，能够明确地表述大学生品德发展水平，但它不能详细地反映大学生品德素质的细微差异，操作起来也费时费力；表格式报告是目前评价体系中广泛应用的呈现形式，但它往往需要阅读者具备一定的专业知识，在使用时常常是与文字式报告配合使用；图示式报告形象生动、一目了然，是评级体系中普遍使用的呈现形式。总之，在具体的评价系统中，可根据不同的需要使用不同的呈现形式，同时也可以将不同形式结合起来，互相补充、互相印证，呈现出更加清晰、形象、生动的评价结果。

最后，注意评价报告的撰写要求。在明确评价报告的基本内容以后，依据一定的撰写原则就能编制最终的评价报告。在具体的撰写过程中，要满足下列要求。一是报告格式要具有结构性。报告格式的结构性，主要是指当代中国大学生品德评价报告一定要涵盖评价基本信息、被评价者基本信息、评价结果三部分内容，保障这些内容的完整性；且呈现的格式既通俗易懂又科学规范，使得反馈对象容易阅读和理解。二是报告内容要具有详尽性。这种详尽性主要是指当代中国大学生品德评价各要素的得分、文字说明、解释等都要极具详尽，方便"报告阅读者"能从中找到评价结果的事实依据。换句话说，就是分析部分与结果部分能够对应。三是报告结果要具有客观性。这是当代中国大学生品德评价的生命力所在，也是评价报告的基本要求。事实上，当代中国大学生品德评价带有极大的主观性，这种主观性不仅来自品德本身的抽象性和隐蔽性，更来自评价主体的认知偏见。正是这种主观性影响了评价结果的客观性。为此，可以从评价程序、评价方法、评价数据处理等方面努力，力求评价结果的客观性。

（二）检验大学生品德评价报告的信效度

大学生品德评价报告是对大学生品德形成和发展水平的呈现。这种呈现准确与否，不仅是当代中国大学生品德评价活动质量的一种体现，而且对大学生品德进一步形成和发展具有重要的指导作用。因此，大学生品德评价报告最终形成之后，还需对评价报告的信效度进行检验，这样才能发挥评价工作的真正作用。换句话说，当代中国大学生品德评价报告的信效度是结果反馈的保证，是对整个当代中国大学生品德评价工作的再评价。

首先，检验大学生品德评价报告的信度。所谓大学生品德评价报告的信度，是指大学生品德评价结果的一致性、稳定性和可靠性，是评价结果逼近真实状况程度的反映。换言之，信度是检验当代中国大学生品德评价结果质量的第一个指标，反映了评价结果可信的真实程度。在具体的评价过程中，往往会存在不同原因导致的误差而影响评价结果的可靠性。误差与信度之间的这种关系表明，信度是对随机误差的一种度量表示，这种度量表示可通过公式表达为：$X = t + e$。其中，X 是大学生品德评价最终的得分，t 是真实分数，e 是随机误差分数。在这个公式中，X 与 t 之间的一致程度是对随机误差大小的一种反映；换句话说，它们之间构成的相关系数（又叫信度系数）Rxt（值在 0.01~1.00 之间）就是用来衡量信度的。当 Rxt 为 0，表明 X 仅为误差；当 Rxt 为 1.00，说明 X 不受随机误差的影响。因此，信度系数可以用公式来说明：

$$R_{xt} = \frac{\delta_t^2}{\delta_x^2} \textcircled{1}$$

　　这个公式表示信度系数是评价真实分数标准差与实得分数标准差的比率。为了鉴定大学生品德评价的信度，常常会根据误差的来源采用不同的判定方法。一是重测一致性信度。② 这种判定主要是指用同样的评价工具、评价方法对大学生的品德进行再一次的评价所得到的评价结果与上一次评价结果的变化程度，其实质是一种跨时间的两次相同评价的变化程度。需要注意的是，所跨时间不能过长，也不能过短，必须根据评价的性质和目的来决定，使得两次评价所得的评价结果具有参考价值。当对大学生品德进行再评价获得的评价结果与上一次评价结果相近时，则说明评价结果比较准确，具有一致性；反之，两次评价结果则说明不具有一致性。为了反映两次评价结果的一致性，一般用两次评价结果的积差相关系数来显示。这种积差相关系数又被称为"皮尔逊相关系数"，其实质是一种比率，计算公式为：

$$r = \frac{\sum_{i=1}^{N} \bar{x}_i \bar{y}_i}{N \cdot S_x S_y} \textcircled{3}$$

公式中，N 为评价人人数，S_x 和 S_y 分别为 x、y 样本分布的标准差，$\sum xy$ 为每对离差乘积的和，$\bar{x}_i = (x_i - \bar{x})$，i=1，2，…，N；$\bar{y}_i = (y_j - \bar{y})$，i=1，2，…，N。

　　总之，重测一致性信度揭示了两次评价结果前后出现的一致性，因而称这种判定方位为稳定系数分析法。二是评价人信度。这种判定主要是指当代中国大学生品德评价报告是由多个评价主体共同完成的。且不同评价主体会根据自己的身份地位和专业掌握程度等不同对大学生品德做出自己独立的评价。正是这种主观性导致不同的评价主体对大学生品德做出不一致的评价结论，进而影响最终的评价结果。因此，评价人信度就是指不同评价主体对大学生品德评价结果的一致性。一般来说，这种信度的计算可以通过两个独立的评价主体对大学生品德进行评价，将两个评价结果运用积差相关方法进行比较得出其一致性程度。但如果超过两个评价主体，就需要用"肯德尔和谐系数"来计算评价人信度，其公式为：

---

①　郑其绪. 人才评价理论与方法［M］. 北京：党建读物出版社，2016：276.

②　郑其绪. 人才评价理论与方法［M］. 北京：党建读物出版社，2016：277.

③　郑其绪. 人才评价理论与方法［M］. 北京：党建读物出版社，2016：277.

$$W = \frac{\sum_{i=1}^{N} R_i^2 - \frac{(\sum_{i=1}^{N} R_i)^2}{N}}{\frac{1}{12} \cdot K^2 (N^3 - N)} \quad \textcircled{1}$$

公式中，K 为评价人人数，N 为被评价对象的人数，R_i 为每一个评价对象被评定的等级和。在这个公式中，当 W 值越大，则说明评价人信度越高；反之，亦然。

其次，检验大学生品德评价报告的效度。所谓大学生品德评价报告的效度，是指大学生品德评价结果对大学生品德水平反映的真实程度，即反映的是评价结果的有效程度。一方面，它与信度一样，都是检验大学生品德评价报告质量的重要指标；另一方面，效度比信度更为重要，只有当评价体系具有较高的效度，信度才具有鉴定意义。对此，在检验大学生品德评价报告的时候，首先要对整个大学生品德评价体系的效度进行判定。一般来讲，效度的内涵决定了可以通过真实分数的概念和方差（变异数）分析方法加以说明。根据前面信度的表达公式（$X = t + e$）可知，一个大学生品德评价的得分为 X，其实质是真实分数 t 和随机误差分数 e 之和。由此，这一大学生品德评价分值的总方差就等于真实方差与误差方差之和，用公式表示为：$\delta_x^2 = \delta_t^2 + \delta_e^2$。其中，真实方差又由有关（有效）方差（被评价对象的变化引起的变化）和无关但稳定的方差（与评价对象无关，主要由评价体系本身的原因而引起的变化）两部分组成，用公式表示为：$\delta_x^2 = \delta_V^2 + \delta_l^2 + \delta_e^2$。其中，$\delta_V^2$ 表示有效方差，δ_l^2 表示无关但稳定的方差。由这个公式可知，一个大学生品德评价得分的方差是由有效方差、无关方差、误差方差三部分组成；换句话说，引起最终评价得分变化主要是由被评价对象本身的变化、评价体系的准确度引起的系统误差、评价体系的使用引起的随机误差三部分原因造成。由此，效度系数就可以用公式表示为：

$$R_{xv} = \frac{\delta_v^2}{\delta_x^2} \quad \textcircled{2}$$

即当代中国大学生品德评价报告的效度就是评价中获得的有效分数与实得分数的相关关系，由此决定了效度反映的实质是评价结果的准确性程度。在实际运用中，往往通过证据推理来鉴定大学生品德评价报告的效度，具体方法有

---

① 郑其绪. 人才评价理论与方法［M］. 北京：党建读物出版社，2016：280.
② 郑其绪. 人才评价理论与方法［M］. 北京：党建读物出版社，2016：282.

二：一是内容效度。这种方法主要是判定当代中国大学生品德评价的指标体系是否符合大学生品德的真实内容。当指标体系与大学生品德越一致，则说明评价结果的内容效度越高，评价结果越有效。通常情况下，内容效度的判定主要是通过专家比较判断法来评判，根据专家的评判结果用下列公式计算出结果：

$$C = \frac{n_e - \dfrac{N}{2}}{\dfrac{N}{2}} ①$$

其中，n_e 是持肯定评判的人数，N 是评判的总人数。二是关联效度。这种方法主要是通过比较评价结果与效标的相关程度来判定评价结果的效度。因此，这种判定方法的关键在于效标。"所谓效标，是指衡量评价结果有效性的参照标准。"② 为了选择有效的效标，可以从上级部门或领导的评价、总结评价结果、综合性标准三方面着手来建构效标，然后依据评价结果与效标之间的相关系数来确定当代中国大学生品德评价的关联效度。

（三）反馈大学生品德评价的最终结果

从实质上来说，当代中国大学生品德评价是一种发展性评价，即评价的目的不单单是为了判断大学生品德形成和发展的水平，而是通过这种评价，找出大学生品德形成和发展过程中存在的不足，从而为大学生思想政治教育提供现实指导。基于当代中国大学生品德评价的真正目的，就需要将最终的评价结果在形成报告的基础上反馈给不同的评价主体。具体来说，这种反馈对象主要包括以下三类。

首先，反馈给大学生自己。大学生既是当代中国大学生品德评价活动的评价对象，又是当代中国大学生品德评价活动的评价主体之一。因此，将评价结果反馈给大学生是当代中国大学生品德评价活动的关键。通过这种反馈，大学生能从评价报告中发现自己品德素质的优势和不足，从而实现自我反思和提高。但是，将评价报告反馈给大学生时，要注意模糊评价主体，实行代号处理。通过问卷调研发现，对于"您觉得高校开展学生品德评价活动会使师生关系紧张吗"，有27.6%的教师认为开展大学生品德评价会使师生关系出现问题。另外，

---

① 肖鸣政．人员测评理论与方法［M］．北京：中国劳动社会保障出版社，2015：318.
② 肖鸣政．人员测评理论与方法［M］．北京：中国劳动社会保障出版社，2015：322.

在当代中国大学生品德评价过程中，会涉及多个评价主体对同一大学生的品德水平进行评价。因此，为了减少评价过程中出现的各种矛盾，有必要对评价主体进行模糊处理，使得大学生只能看见评价主体对自己品德的评价结果。需要注意的是，当学生得到自己的评价反馈之后，对有异议的问题可以质疑，各院系的评价小组要对此做出明确的解释。

其次，反馈给教师。这里的教师主要是指与大学生品德培养和教育相关的教师，主要包括辅导员（班主任）和思想政治理论课教师。其中，辅导员（班主任）承担对大学生的思想、学习、生活等各方面的指导职责，思想政治理论课教师肩负着对大学生进行思想理论教育、思想品德教育和人文素质教育的重大使命。因此，将大学生品德评价的结果反馈给辅导员（班主任）和思想政治理论课教师，能够让他们通过评价报告发现大学生在品德素质方面存在的优势和不足，促使辅导员（班主任）在日常的管理中进行方向性的引导和督促，帮助思想政治理论课教师调整教育内容、优化教育方向，更好地引导大学生形成较高的品德素质。需要注意的是，辅导员（班主任）和思想政治理论课教师要对获取的大学生品德评价报告进行保密，不能将某一大学生的品德评价泄露给另外的大学生，以免造成大学生之间形成攀比甚至出现自我否定，进而影响大学生的后续发展。

最后，将评价结果在一定范围内向学生公布。评价结果的公布也是一种反馈。一方面，它能表明评价实施的整个环节和过程是在公正、公开的环境下进行的，具有一定的公平性。另一方面，这种公布能够起到"鼓励先进、鞭笞后进"的作用，具有一定的正效应。需要注意的是，这种公布要重视以下两个问题。一是要把握好"一定范围"的界限。这里的一定范围包括两方面的问题：第一，公布的范围主要集中在各个院系内部进行，既利于管理又能更好地保密；第二，公布的内容是最后的评价汇总，在里面涉及的评价主体要么进行模糊处理，要么进行代号处理。二是要把握好公布的时机，即将评价结果进行公布之前要让学生有一个心理准备，一般在向学生本人反馈评价结果并提出异议过后进行。

第四节　当代中国大学生品德评价方法的选择

大学生品德评价方法，是指评价主体在一定的标准指导下，对大学生品德进行事实分析和价值判断过程中所采用的方式和手段。从本质上来讲，这一方法关系到"如何对大学生品德进行评价"这一关键问题，对于完成大学生品德评价的目标发挥着重要作用。

一、当代中国大学生品德评价的基本方法

自 20 世纪 80 年代中期评价热潮兴起以来，品德评价在研究和实施中形成了多样化的评价方法。有学者对各级各类学校现行方案或试行方案进行总结，归纳出品德评价形成了包括"总体印象评价法、评语鉴定评价法、写实评价法、等第评价法、评等评分法、操行加减评分评价法、积分评价法、加权综合评价法、模糊数学综合评价法、评等评分评语综合评价法、知识行为评价法、认知评价法、调查评价法、情境评价法、工作实践考查评价法、教育性品德评价法"① 等在内的多样化评价方法。这些方法在当时都发挥了重要作用。但是，大学生品德评价具有自身的独特性，且对大学生品德进行评价不仅仅是为了评定大学生的品德水平，更多的是提升和促进大学生品德诸要素的进一步发展。因此，大学生品德评价方法的选择一定要充分考虑到这一评价目标的转变，并结合大学生品德的特殊性，选择更合适、更科学的评价方法进行评价，从而保障大学生品德评价工作的有效性。

（一）档案记录袋

所谓档案记录袋，是指"收集、记录评价对象自己的作品、活动表现及能够表现其思想、品德的其他相关的证据与材料，并集中分类保存，在一定时期以后分析这些材料来评价其品德状况的方法"②。也就是说，档案记录袋基本上是将一个人在特定时期表现出来的品德"故事"都记录在案，可以说是评价一个人品德最终发展水平的一种理想方法。事实上，这一方法在学生评价中早已使用，甚至有些人在使用过程中将档案记录袋细分为理想型、过程型、目标型、展示型、评估型等多种类型进行使用。具体来说，在大学生品德评价中运用档案记录袋有其独特的优缺点。从优势来看，大学生运用档案记录袋将自己品德相关的"故事"记录在册，不仅能够提高大学生自身的主动参与性，还能够凸显大学生的个体差异性，有利于评价主体做出更为形象和客观的评价。另外，

---

① 肖鸣政．品德测评的理论与方法［M］．福州：福建教育出版社，1995：273-299.
② 高岩．德育学原理［M］．银川：宁夏人民出版社，2007：598.

大学生通过档案记录袋，不仅能够将自己品德的发展过程展现出来，还能够借助档案记录袋来评价自身品德的发展水平，发挥档案记录袋的工具性作用。但是，档案记录袋的使用也会在一定程度上增加教师和学生的工作量，也会因为人工建档而导致主观性太强，从而使评价形式化。

因此，在大学生品德评价中使用这一方法时要注意以下问题。一是确立档案记录袋的基本内容。一般来说，在大学生品德评价中使用的档案记录袋主要记录大学生品德的发展足迹，一切与大学生品德表现相关的材料都应记录在册。具体来说，主要包括"学生参加素质拓展活动的材料、学生遵守校纪校规情况、学生的优秀事迹材料及获奖情况、学生互动论坛、学生学期成长代表作品展示和讨论式的教师评价报告"① 等材料。二是大学生品德评价主体要依据档案记录袋的基本内容将其记录在档。大学生品德评价涉及多个评价主体，且每个评价主体对评价对象的品德表现的印象是不同的，正如一千个读者眼中就有一千个哈姆雷特。因此，各个评价主体一定要将自己对大学生品德的各方面表现记录在档，以方便最终评价。三是档案记录袋的内容必须完整记录下该项任务的起始阶段到完成阶段的所有材料。对此，大学生品德评价就要记录下大学生从进入大学到毕业整整四年的品德表现材料。四是档案记录袋还要引导评价对象主动参与，让大学生客观、公正地记录自己的品德表现，从而进一步做出评价。五是要对档案记录袋进行妥善的保管和使用。档案记录袋记录的材料是大学生在长达四年的大学生活中展现出来的品德情况，这就需要大学生和专管学生工作的教师对其进行归类、整理、保存，这样才能为大学生品德评价提供充足的现实依据。

（二）OSL 品德测评方法

OSL 品德测评方法是现任北京大学政府管理学院行政管理系主任肖鸣政教授提出的一种方法。"所谓 OSL 品德测评法，是一种以品德培养与开发为目的的行为测评法，通常被称为开发品德测评法，实际上是一种表现为品德测评方式的开发方法，是人才测评教育作用发挥的一种实体建构模式。"② 其中，O 即英

---

① 姜旭英. 大学生思想品德评价：解构与重建——档案袋评价在大学生思想品德评价中的应用 [J]. 文教资料，2010（17）：169.

② 肖鸣政. 人才品德测评的理论与方法 [M]. 北京：中国劳动社会保障出版社，2008：378.

文单词 on（做到）的缩写，S 为英文单词 short（稍差）的缩写，L 即英文单词 long（较差或需努力）的缩写。在品德测评过程中，O、S、L 分别用来表示品德养成结果（做到、稍差、较差）不同层次的符号标记，然后在最后的综合或必要时才转换成具体的分数。事实上，在以往的品德评价中，许多学校往往使用"评分评等的方法"来评价学生品德，即用一定的分数和等级来定性学生的品德水平。这种方法往往会给学生带来一定的恐惧和压力。正如苏联教育家阿莫那什维利所言："人们对分数常常怀有某种莫名的恐惧感、神秘感和敬畏感，追求高分数成为人们行为的直接动因，社会对于分数的重视与不正确的理解给测评者带来了巨大的压力，分数同时又成为被测评者要挟主管奖励的手段。"因此，为了避免分数给学生带来的压力，肖鸣政教授就提出了这种评价方法，用 O、S、L 分别标记"做到""稍差""需努力"三个层次，一方面使记录更为简单，另一方面避免了对学生造成的刺激。在最后的综合中，累计 O、S、L 的个数为 m_1、m_2、m_3，然后带入下列公式中计总分：

$$P = \frac{3}{2}m_1 + m_2 + \frac{1}{2}m_3 \quad 或 \quad P = \frac{1}{2}(3m_1 + 2m_2 + m_3) ①$$

公式中，m_1 是 O 的个数，m_2 是 S 的个数，m_3 是 L 的个数，P 是总分。最终结果进行四舍五入取整数，所得分数仅为比较所用，在具体评语中采用优秀、良好、中等、尚可、需努力等词语进行区分。其中，当 $P>85$ 的时候为优秀，当 $85 \geqslant P>75$ 的时候为良好，当 $75 \geqslant P>65$ 的时候为中等，当 $65 \geqslant P>55$ 的时候为尚可，当 $P \leqslant 55$ 的时候为需努力。除此之外，对学生的个性特征和突出事例还需采用文字进行描述。需要注意的是，这种评价方法在评价过程中特别强调被评价者的自我评价。事实上，在以往的评价中更多的是认为他评才能保障评价的客观性，自评只是他评的一个方面，是为他评服务的。但是，乌克兰心理学家萨波日尼科娃认为：自我评价是人们品德发展的一项指标。另外，品德评价更多强调的是对品德的培养和开发。因此，实施自我评价是品德评价作用发挥的题中之义。

总的来说，OSL 品德测评方法具有极大的优势。一方面，这一测评方法的提出者经过实验证明了 OSL 品德测评方法的实用性。为了检验这一评价方法的

---

① 肖鸣政.人才品德测评的理论与方法［M］.北京：中国劳动社会保障出版社，2008：379.

效果，肖鸣政教授分别在吉林省第二实验学校、东北师大附小、吉林工大子弟中学、江西赣州市四中和七中等学校进行了为期一年的实验。结果显示，OSL品德测评方法能够极大地调动学生改善品德行为修养的自觉性，从而有利于品德的优化和养成。另外，根据家长的反馈意见也发现，OSL品德测评方法能够激励学生向前发展，帮助学生认识和检验自身的品德行为，进而督促和约束学生改进品德行为。在某种程度上来讲，这种测评方法还能起到一定的智育作用。可见，OSL品德测评方法对小学、初中、高中学生的品德评价发挥了重要作用。因此，大学生品德评价也可以将这一方法纳入进来，从而更好地优化大学生品德发展水平。另一方面，OSL品德测评方法本身具有的独特性彰显了这一方法的实用性。首先，OSL品德测评方法从实质上来讲是一种特殊的隐性的品德开发方法。品德是德育的重要内容。随着德育的实施，已经形成了多样化的德育方法。其中，王逢贤先生认为德育方法体系包括对话沟通法、事实见闻法、事理讲解法、榜样示范法、行为训练法、情境陶冶法、修养指导法、咨询辅导法、角色移位法、潜能激励法和评价扬抑法；有的学者又认为德育方法包括说服教育法、情感陶冶法、实际锻炼法、榜样示范法、修养指导法和思想品德评价法。总之，不管是哪一种方法分类，品德测评方法只是评价扬抑法和思想品德评价法中的一个很小的组成部分。事实上，OSL品德测评法可以成为一种独立的、主要的、具有显著效果的德育方法，是一种与现有德育方法截然不同的方法，他们各自具有自己独特的流程，具体如图6-2和图6-3所示。

从图6-2可以发现，以德育方法论为指导，OSL品德测评方法包括"目标指向、内化、自我模拟、反馈、调节、反馈、巩固、品德形成"八个步骤，这八个步骤就可以明确看出OSL品德测评法致力于隐形品德的开发。因此，在各个环节上，OSL品德测评方法与其他德育方法具有明显的差异：在行为目标的导向上，前者更加重视自我需要的引发，后者主要侧重对社会需要的服从；在德育目标的内化过程中，前者以行为操作检查、自我具体认识为手段，后者则以目标要求讲解、学生抽象理解为手段；在行为模拟上，前者以自我想象为基础，后者以他律模仿为基础；在信息反馈上，前者以学生集体或自我形成性测评为主、注重测评的及时性和经常性，后者则以教师或权威终结性测评为主、缺乏测评的及时性和经常性；在行为的调节上，前者强调自我操作和修正，后者则强调德育者的训练和矫正；在品德形成过程中，前者强调行到知的转化与统一，后者则强调知到行的转化与统一。总而言之，OSL品德测评法是一种以品德测评为主导，并辅以其他德育方法的新模式。正是由于 OSL 品德测评方法独特的测评模式，与其他德育方法相比，其在德育的效果和效率上，更能凸显优势。

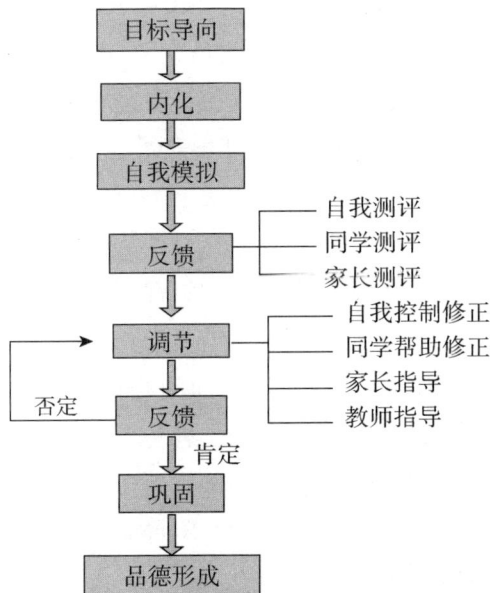

图 6-2　OSL 品德测评法的流程图　　　　图 6-3　德育流程图

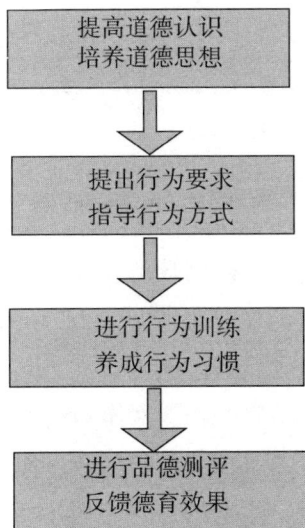

　　另外，OSL 品德测评方法是一种特殊的形成性评价方法。形成性教育评价是美国教育评价专家斯克里芬于 1967 年首先提出，随后于 1971 年被布卢姆等人进一步发展的新型教育评价思想。斯克里芬认为："形成性教育评价一般是指那种评价者为改进与发展自己教育工作而进行的评价，这种评价活动一般是在教育过程中，由教育者根据自己内部需要而进行的。"[1] 这种教育评价思想主要运用于教学的各个阶段，其目的是了解学生的学习进程，从而向师生提供反馈，并进行改进。这种评价思想发挥着重要作用。但是，目前一些品德评价方法在使用形成性教育评价时，仍然存在许多问题。相反，OSL 品德测评方法就很好地运用了形成性教育评价思想，它冲破了一般形成性教育评价思想的束缚，由从属变为主导，是一种主导性的德育评价方法，其他德育方法只是配合。具体

---

[1]　参见 WALBERG H J, HAERTEL G D. The International Encyclopedia of Educational Evaluation [M]. Oxford：Pergamon Press, 1990：26.

来说，在测评目标体系建构上，OSL品德测评方法不只强调从社会要求和德育目标出发，还强调从测评对象的完善和未来发展的需要进行考虑，其目标的制定不但只有权威人士的参与，测评对象也能通过实践参与到目标的制定中；在测评的过程当中，教师和家长的作用发生了变化，从原有的保证测评结果的准确性和客观性向帮助学生进行自我调节转变；在测评过后，OSL品德测评方法还主张进行民主评议，使最终测评结果获得一致性认可。总之，OSL品德测评方法无论是在目的和性质上，还是在形式和操作上，都彰显了这一方法的特殊优势。

尽管OSL品德测评方法具有极大优势，但仍然存在一些问题需要加以完善。首先，OSL品德测评的指标有待优化以适应不同的测评对象。从目前来看，OSL品德测评方法主要运用于小学、初中、高中学生品德素质的评定。在具体的操作过程中发现，不同的测评对象在使用相同的测评指标体系时，往往会导致测评流于形式，进而影响教育效果；另外，有些指标内容过于抽象，不适宜操作，甚至有的指标内容只适用于特殊的测评对象。对此，肖鸣政教授建议在具体的测评过程中要压缩指标，还要区分不同对象的指标内容，尤其是小学生的测评指标要保证基本、具体、易懂。事实上，大学生品德也具有自身独有的特征；因此，在进行OSL品德测评时，同样要考虑大学生品德指标的数量和针对性，这样才能保证测评结果的准确性和客观性。其次，OSL品德测评方法还需要一定的思想进行指导。在具体的实验过程中，许多学校对品德测评缺乏正确的认识，对品德测评持有无所谓的态度，在自评、组评中，有的学生不依据具体的评价指标直接给出评价结论，有的甚至为了提高自己的评价结果，基本都评上"O"，有的组长甚至让其他学生自己代评，有的甚至把父母排除在外、全部由自己包办等。所有这些问题都说明，学生对品德测评还缺乏正确的认识。因此，在进行品德评价时，首先要把品德评价的目的和实施价值等问题进行充分说明，扭转学生对品德评价的应付心理，从而使品德评价有意义。

（三）FRC品德测评方法

"所谓FRC品德测评法，是事实报告计算机辅助分析的考核性品德测评方法。FRC是事实报告计算机测评法的缩写或简称。这种品德测评方法的基本思想是，借助计算机分析技术从被测评者品德结构要素中确定一些基本要素，再从基本要素中选择一些表征行为或事实，然后要求被测评者自己就是否具备这些表征行为或事实予以报告。报告的方式既可以是个别的谈话，也可以是集体问卷。每个被测评者所报告的表征行为事实，经过光电信息处理后，即储存于个人品行信息库中，然后计算机根据专家仿真测评系统对被测评者报告的表征行为进行分析，做出定性与定量评定。"① 事实上，FRC 品德测评方法也是北京大学政府管理学院行政管理系主任肖鸣政教授提出的另一种品德测评方法。

之所以设计这种测评方法，一方面是为了把教师从传统的操行评语评价法中解脱出来，不再是写千篇一律的套话和空话；另一方面是为了提高品德测评的客观性并建构一种适合大规模测评的统测统评方法。而 FRC 品德测评法就能很好地满足这一要求。具体说来，这一方法的步骤程序如图 6-4 所示。

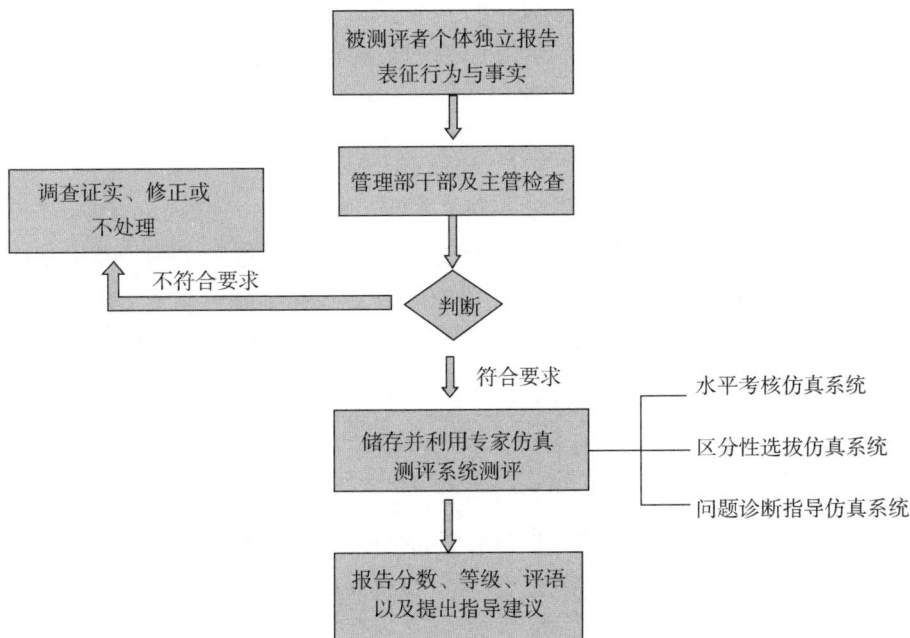

图 6-4　FRC 品德测评法的步骤程序

从图 6-4 可以看出，这一方法首先是要求被测评者对品德的表征行为或事实进行报告，报告的形式可以采取个体测评，也可以采取集体测评，然后将报

---

① 肖鸣政. 人才品德测评的理论与方法［M］. 北京：中国劳动社会保障出版社，2008：403.

告的结果输入计算机进行储存。接着要求管理干部及主管对每个测评者问卷上的选择做出判断，并做好标记。再通过计算机进行比较判断，当答卷卡与检查卡的结果在事先给定的误差范围内时就进行测评，相反则退出，并要求进行调查证实与修正，然后测评。最后，得出测评结论，包括报告分数、等级、评语，并提出诊断和指导意见。总之，这一测评方法致力于解决因缺乏同一标准、同一测评主体、同一测评系统、不客观公正的问题，进而使品德测评标准由虚向实转变。

当然，这一测评方法中存在一个问题，就是被测评者对自身品德的表征行为或事实进行报告时存在弄虚作假的情况。为了有效解决这一问题，除了管理干部及主管检查以外，还可以通过以下途径进行规范：一是进行测评前，将测评的目的和用途对被测评者进行说明，从而解除他们的顾虑；二是设置的品德要素没有明显的价值取向和对错标准；三是设置了一些监察问题量表，能够帮助判断被测评者回答的虚假性；四是品德的表征行为或事实是能够查验或验证的；五是与诊断指导式测评相结合。

（四）模糊综合评价法

模糊综合评价法是在模糊数学基础上发展起来的一种特殊评价方法。"模糊数学是研究和处理模糊现象的一种新的数学方法。"[1] 1965 年美国加州大学查德（Zadeh）教授发表的"Fuzzy Sets"一文是模糊数学理论诞生的重要标志。查德教授认为，模糊数学以"模糊集合"论为基础，是处理不肯定性和不精确性问题的一种新方法，是对人脑思维处理模糊信息的一种描述工具。因此，"模糊综合评价法，是指以模糊数学为基础，应用模糊关系合成的原理，将一些边界不清，不易定量的因素定量化、进行综合评价的一种方法。模糊综合评价法是通过构造等级模糊子集把反映被评事物的模糊指标进行量化（即确定隶属度），再利用模糊变换原理对各指标进行综合"[2]。其基本程序如图 6-5。

---

① 沈世云．数学建模理论与方法［M］．北京：清华大学出版社，2016：172.
② 胡永宏，贺思辉．综合评价方法［M］．北京：科学出版社，2000：167.

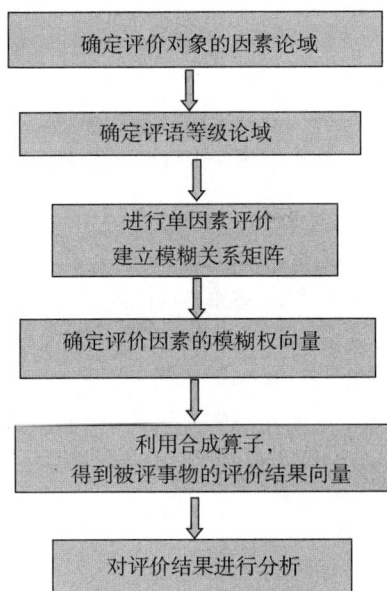

图 6-5 模糊综合评价法的基本程序

首先，确定评价对象的因素论域：$U = \{u_1, u_2, \cdots, u_p\}$。其中，$P$ 表示有 P 个评价指标。其次，确定评语等级论域：$V = \{v_1, v_2, \cdots, v_m\}$。其中，$v_1$，$v_2$，$\cdots$，$v_m$ 分别表示各个等级。通常情况下，评语等级数取 $3 < m < 7$ 中的整数。因为，如果 m 过大，就很难判断等级归属；如果 m 太小，又不能满足模糊综合评价的质量要求。一般来说，m 取奇数的情况偏多，因为这样可以有一个中间等级，便于确定被评事物的等级归属。具体的等级内容则依据评价对象来定。最后，进行单因素评价，建立模糊关系矩阵 R。在构造了等级模糊子集后，就需要逐个对被评事物的每个因素 u_i（$i = 1, 2, \ldots, P$）进行量化，进而确定从单因素来看被评事物对各等级模糊子集的隶属度（$R \mid u_i$），从而得到模糊关系矩阵如下：

$$R = \begin{Bmatrix} R \mid u_1 \\ R \mid u_2 \\ \cdots \\ R \mid u_p \end{Bmatrix} = \begin{Bmatrix} r_{11} & r_{12} & \cdots & r_{1m} \\ r_{21} & r_{22} & \cdots & r_{2m} \\ \cdots & & & \\ r_{p1} & r_{p2} & \cdots & r_{pm} \end{Bmatrix}$$

在矩阵 R 中，第 i 行第 j 列元素 r_{ij} 表示被评事物从因素 u_i 来看对 v_j 等级模糊子集的隶属度。对此，在模糊综合评价中，被评事物某个因素 u_i 方面的表现通过模糊向量 $(R \mid u_i) = (r_{i1}, r_{i2}, \ldots, r_{im})$ 来描述。而其他评价方法则多半是由一个指标的实际值来刻画。相较而言，模糊综合评价法要求获得更多的信息。然后，确定评价因素的模糊权向量 $A = (a_1, a_2, \ldots, a_p)$。通常情况下，被评事物的 P 个评价因素在整个体系中并不具有同等位置，它们对整个被评事物的影响也是不同的。因此，在综合各因素的表现之前还需要确定各因素的模糊权向量。随后，利用合成算子将 A 与各被评事物的 R 合成得到各被评事物的模糊综合评价结果向量 B。在矩阵 R 中，不同行反映了被评事物从不同的单因素来看对各等级模糊子集的隶属程度。用模糊权向量 A 将不同的行进行综合就能够获得被评事物从总体上来看对各等级模糊子集的隶属程度——模糊综合评价结果向量 B。具体模型如下：

$$A \cdot B = (a_1, a_2, \cdots, a_p) \begin{Bmatrix} r_{11} & r_{12} & \cdots & r_{1m} \\ r_{21} & r_{22} & \cdots & r_{2m} \\ \cdots & & & \\ r_{p1} & r_{p2} & \cdots & r_{pm} \end{Bmatrix}$$

$$= (b_1, b_2, \cdots, b_m)$$

$$\triangleq B$$

其中，b_j 是由 A 与 R 的第 j 列运算得到的，表示被评事物从整体上看对 v_j 等级模糊子集的隶属程度。最后，分析模糊综合评价结果向量 B。在模糊综合评价中，被评事物的模糊综合评价结果与其他评价方法不同，表现出具有更多丰富信息的特殊性，因此也在一定程度上增加了评价结果分析的难度。对此，在进行具体分析时，可采用最大隶属度原则、加权平均原则、模糊向量单值化的方法进行分析。

概言之，模糊综合评价方法是在利用模糊数学的隶属度理论基础上，将被评价事物的定性评价转换为定量评价的一种特殊方法。这一方法能够较好地分析被评事物指标之间的关系，使得评价结果的呈现更为清晰、系统，能够很好地解决一些模糊、难以量化的问题，主要是对一些非确定性问题进行的评价。另外，模糊综合评价法也具有一定的局限性，表现为主观性较强，这是由权向量的确定和隶属函数的确定都是人为操作的结果。对此，为了有效改进这一问题，可以"组合赋权"和"隶属函数确定"两方面着手。

（五）状态描述法

状态描述法最早是用来分析数字电路逻辑关系的一种方法，主要是通过图解的方法来说明数字电路在外部作用下工作状态的转换趋势。从本质上来讲，这种方法主要是对事物结论性的一种解释。因此，状态描述法可以引用到当代中国大学生品德评价中来，主要负责阐释当代中国大学生品德评价的结果。相对前面四种方法而言，状态描述法主要是对当代中国大学生品德评价结果的一种阐释方法。具体来说，状态描述法是指在人道主义思想的指导下，通过文字、图片、表格等描述性手段，对当代中国大学生的品德水平进行全面充分的揭示，从而实现提高大学生的品德水平和改进高校思想政治教育效果的评价目的。需要注意的是，状态描述法的运用主要是为了彰显当代中国大学生品德评价的结果，其描述的内容不仅要真实而且能促进评价主客体很好地理解。因此，在结果中运用状态描述法，其本质就是编制当代中国大学生品德评价报告。具体要求和注意事项前文已重点阐述。

综上可知，档案记录袋、OSL 品德测评法、FRC 品德测评法、模糊综合评价法、状态描述法都是当代中国大学生品德评价采用的基本方法。其中，档案记录袋方法主要负责收集大学生品德表现的相关资料，OSL 品德测评法、FRC 品德测评法、模糊综合评价法主要对大学生品德相关因素进行测评然后得出评价结论，状态描述法则是将大学生品德评价结论通过定性的方式做出详细的描述呈现出来。可见，以上五种方法在当代中国大学生品德评价中承担着不同的任务。为了保障当代中国大学生品德评价活动的连贯性，五种方法之间必须协作配合，发挥各自的独特作用，共同评价当代中国大学生的品德水平。唯有如此，当代中国大学生品德评价的结果才具有科学性、可靠性和真实性。

二、大数据方法在当代中国大学生品德评价中的运用

随着信息化社会的到来，物联网、云计算、移动互联网等平台催生了大量的数据。这些数据的暴增不仅给全世界各行各业带来新的机遇和挑战，而且促使人类迈入"大数据时代"。何为"大数据"？目前还没有达成统一的界定。在形成之初，仅指大量数据的集合。百度百科将大数据定义为"无法在一定时间范围内用常规软件工具进行捕捉、管理和处理的数据集合，是需要新处理模式才能具有更强的决策力、洞察发现力和流程优化能力的海量、高增长率和多样化的信息资产"[1]。麦肯锡全球研究所认为，"大数据"是指"大小超出了传统

---

[1]　https：//baike. baidu. com/item/%E5%A4%A7%E6%95%B0%E6%8D%AE/1356941？fr=aladdin

数据库软件工具的抓取、存储、管理和分析能力的数据群"①。我国大数据研究中的著名学者涂子沛认为："大数据是指那些大小已经超出了传统意义上的尺度，一般的软件工具难以捕捉、管理和分析的大容量数据。"② 也就是说，上述对大数据的界定都强调了大数据的数据量和价值。因此，"大数据"可以理解为："海量数据和信息，人们通过计算机软件对海量数据和信息进行挖掘、分析、处理、应用，从而使信息变为资源、资源转化为知识，知识产生价值。"③ 具体来说，大数据包括信息安全、信息存储、信息分析三大范畴。其特征可以归纳为以下四方面：一是 volume——数据体量巨大，二是 variety——数据种类繁多，三是 value——价值密度低，四是 velocity——处理速度快。基于以上特征，数据呈现出新的方式被运用及获得的极大价值，使得大数据时代数据呈现爆炸式增长，数据价值不断彰显，一切事物皆可用"大数据"量化，进而使得人类生存方式向数字化发展、思维方式向关联思维发展，许多决策也是根据大数据得出，甚至大数据研究逐渐向一门科学发展。面对大数据如此重大的价值和作用，当代中国大学生品德评价也要与时代接轨，紧跟时代步伐，转变思维方式，将大数据方法运用到品德评价实践中，更好地提高当代中国大学生品德评价的科学性。

（一）大数据在大学生品德评价中运用的优势

"这是一场革命，我们现在做的只是冰山一角，但是由于庞大的数据新来源而带来的定量化方法，将横扫学界、商界和政界，所有领域都将被触及。"④ 同样，大数据也给教育界带来重大影响。当代中国大学生品德评价是在对大学生品德状况信息获取的基础上对大学生品德做出判断和分析，从而为大学生品德的培养提供方向和指导。在这个过程中，获取丰富的信息是评价的前提，对这些信息进行分析和处理是评价的基本手段。而大数据就是通过网络技术对海量信息进行分析、挖掘和运用，从而为人类造福。因此，大数据方法和当代中国大学生品德评价具有异曲同工之处。将大数据方法运用到当代中国大学生品德

---

① 麦肯锡全球研究所．大数据：创新、竞争和提高生产率的下一个新领域［EB/OL］．麦肯锡咨询公司，2011-05-06.
② 涂子沛．大数据：正在到来的数据革命［M］．桂林：广西师范大学出版社，2013：57.
③ 王婧．大数据时代大学生道德教育研究［M］．北京：现代教育出版社，2016：21.
④ 郭晓科．数据新闻学的发展现状与功能［J］．编辑之友，2013（8）：87.

评价中来，不仅是时代发展的需要，更是大学生品德评价的内在要求。具体来说，大数据在当代中国大学生品德评价中的运用优势体现在以下三方面。

1. 增加评价信息的全面性和准确性

大数据的数据体量大和种类繁多这一特征决定了当代中国大学生品德评价信息的全面性。自信息技术快速发展以来，通过互联网搜索平台、电子交易平台、社交网络平台等多个途径产生了海量的数据内容。国际数据统计机构 IDC 预测到 2010 年全球信息总量将达到 40ZB。[①] 可见，信息社会下必然产生体量大的数据内容。且这些数据的种类繁多，除数字以外，文字、图片、音频、视频、符号等都是数据的表现形式。再加上，大数据时代的到来，还催生了教育大数据的形成。所谓教育大数据，是大数据的组成部分之一，是在教育活动中围绕教师、学生而逐渐产生的数据集合。对此，有学者将教育大数据定义为"利用一切用于教育需要、教育发展需要而采集到的巨大价值的海量数据集合，通过大数据技术发掘其潜在价值，从而推动教育的发展改革创新，促进学生的全面发展"[②]。在教育大数据下，大学生的品德行为都被记录下来，组成内容丰富且全面的数据库。当代中国大学生品德评价是在对大学生品德状况信息收集的基础上做出的事实分析和价值判断。因此，获取大学生品德信息是进行评价的第一步。在具体的评价过程中，当代中国大学生品德评价的主体可以通过教育大数据寻找与大学生品德相关的数据信息，再根据这些品德信息做出最终的评价。因此，在教育大数据下，能够收集到的大学生品德信息是非常全面的，从而保障评价结果的正确性和客观性。

另外，需要注意的是，尽管教育大数据能够帮助收集到更多的信息，但当代中国大学生品德评价必须以能够反映大学生品德的信息数据作为依据才能做出正确、科学的评价。而大数据在商业领域的利用充分证明，大数据能够通过数据分析和处理，剔除无用的数据，从而大大降低传统评价过程中人力物力的消耗，帮助实现品德评价内容的全面分析和挖掘，进而保证评价结果的准确性和科学性，使得整个品德评价更加高效。

---

① 张兰廷. 大数据的社会价值与战略选择 [D]. 北京：中共中央党校，2014：15.

② 余戡. 大数据时代背景下大学生综合素质评价体系研究：以安庆师范大学为例 [D]. 安庆：安庆师范大学，2017：12.

2. 降低评价主体的主观性和随意性

大数据技术的使用能够帮助降低当代中国大学生品德评价主体的主观性和随意性。大数据的出现颠覆了传统数据的处理方式。相较于传统数据而言，大数据具有数据量大、形态更为复杂、变动更为迅速等特点。因此，针对这些问题，大数据形成了自身独特的处理技术，如图6-6所示。

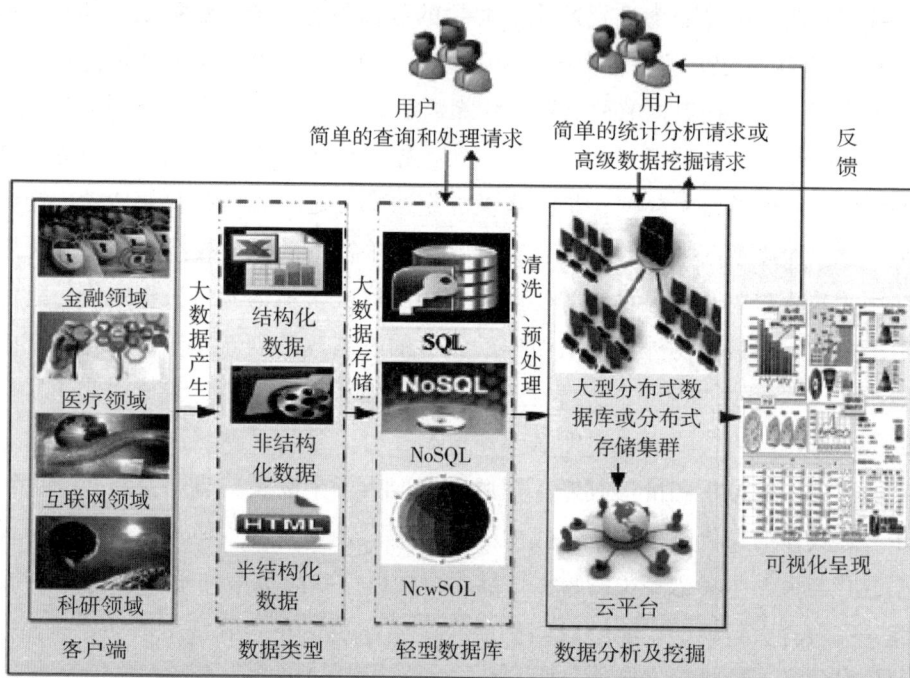

图6-6　大数据处理技术体系①

从图6-6可以发现，大数据技术主要包括大数据的采集技术、存储技术、分析及挖掘技术、可视化呈现技术四部分。不管是哪一部分，大数据技术使用的都是非人为的专业的计算机技术作为支撑；因此，大数据技术是不受人的主观意志所影响的一种客观性极强的技术手段。事实上，在过去的品德评价中，评价的权力往往是掌握在教师的手里，评价的主体单一，学生的品德评价结果往往是教师单方面的直观的评价印象。而大数据不同，一方面大数据能够为当代中国大学生品德评价提供更多的品德数据信息，另一方面能够对这些海量信

---

① 彭宇，庞景月，刘大同，等. 大数据：内涵、技术体系与展望 [J]. 电子测量与仪器学报，2015（4）：472.

息进行专业化处理，既节省了教师在评价中消耗的时间和精力，又减少教师在评价过程中的主观性和随意性。可见，在当代中国大学生品德评价中使用大数据，能够避免评价主体仅凭自身的主观臆断随意进行评价，从而促使大学生品德评价结果更加客观、公正。

3. 提高评价结果的真实性和前瞻性

大数据的预测功能能够帮助提高当代中国大学生品德评价结果的真实性和前瞻性。预测是大数据的核心功能。这种预测是建立在海量数据的基础上，通过数学算法，最终实现对事物未来发展可能性的预测。大数据这种预测功能已经在商业领域得到充分证明。美国奈正公司（Netflix）之所以获得《纸牌屋》的首播权，并不是通过传统的样片进行选择，而是通过该公司当时已经拥有的2900万订阅用户的收看习惯和偏好所构成的数据群而做出的决定。正是如此，该公司增加了谈判砝码，从而拿下了《纸牌屋》的首播权，甚至该公司还因此增加了更多的订阅用户。[①] 可见，在教育领域运用大数据必然是大势所趋。而华东师范大学已经通过对校园卡消费记录数据的挖掘测算出需要获得学生资助的对象。

因此，当代中国大学生品德评价也可以充分利用大数据这一功能更好地提高评价结果的真实性和前瞻性。当下高校大学生由于品德缺乏已经导致诸多令人惋惜的事故。事实上，在这些事故发生之前都是有迹可循的。如果教师能够充分掌握大学生的信息，就能够及时避免这些事情的发生。大数据技术就是链接教师和学生的一大途径，就好比心理学家可以根据人的一些微动作、微表情、言语等来判断一个人的行为或情感状态。因此，大数据在教育领域中的运用可以充分借鉴商业领域中的运转模式运用到具体的教育过程当中。特别是大学生的品德评价，大数据的这种使用能够帮助评价主体充分掌握大学生品德发展的状况，从而及时地做出反应，有利于大学生品德向更好的方向发展。

（二）大数据在大学生品德评价中运用的范围

当代中国大学生品德评价是评价主体依据大学生表现出来的品德水平所做出的事实分析和价值判断。因此，获取大学生的品德数据是进行评价的基础。随着信息技术的不断发展，大数据时代悄然而至。在计算机技术和政府的支持

---

① 樊婧. Netflix 如何走进"纸牌屋"［J］. 时间线，2013（3）.

下，大数据技术逐渐成熟、普及。尤其是大数据技术的收集、分析、整理功能，能够帮助对中国当代大学生品德进行准确评价。因此，在当代中国大学生品德评价中运用大数据必然是其发展趋势。具体来说，大数据在当代中国大学生品德评价中的运用主要体现在以下三方面。

1. 采集大学生的品德信息

大数据，首先是由海量信息组成的数据集。何为数据？"数据是指以定性或定量的方式来描述事物的符号记录。简单来说，数据就是认为创造的一种对事物的表示方式，是通过观察或实验得来的对现实世界中的地方、事件、对象或概念的描述和反映。"① 具体来说，数据是一种原始的、零散的符号，本身没有任何意义，只有经过处理、解释才具有真正的内涵。传统而言，人们对数据的理解仅仅是数字而已。未来对数据的定义应该更为宽泛，像文字、图片、音频、视频等都应该是数据的表现形式。

随着大数据时代的到来，人类社会被海量信息所淹没。为了得到有效信息，人们首先需要对数据进行采集。所谓大数据采集，是指"在确定用户目标的基础上，针对该范围内所有结构化、半结构化和非结构化的数据的采集"②。所有来自不同数据源的数据进入大数据系统都要经历这一步。具体来说，数据采集的步骤包括数据解析、数据验证、数据清洗和去重、数据转换、数据存储，如图6-7所示。

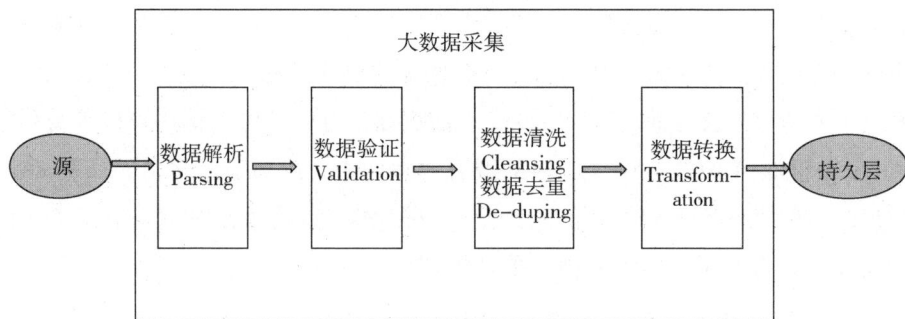

图6-7　大数据采集步骤③

① 杨旭，汤海京，丁刚毅. 数据科学导论 ［M］. 北京：北京理工大学出版社，2017：11.
② 娄岩，徐东雨. 大数据技术概论：从虚幻走向真实的数据世界 ［M］. 北京：清华大学出版社，2017：20.
③ 杨正洪. 大数据技术入门 ［M］. 北京：清华大学出版社，2016：144.

在当代中国大学生品德评价过程中，运用大数据采集大学生品德信息要从以下两方面着手。第一，确定收集目标。当代中国大学生品德评价主要是对大学生的品德状态进行价值判断。由此，大学生的品德状况就是大数据收集的核心目标。事实上，大学生品德是一个多因素的综合系统，涵盖了政治、思想、道德、法纪等多方面的结构内容，且各方面还蕴含着不同层次的子集。本书在前一章对大学生品德的各级指标做了明确的说明。因此，在运用大数据采集大学生品德信息时，就需要大数据采集与大学生品德评价指标体系中各级指标相关的信息。由此，在评价过程中运用大数据技术必须确定评价对象，这是采集到有效信息的根本保障。第二，针对数据类型选择合适的采集方法。根据大数据技术，数据采集阶段主要采集"结构化数据、半结构化数据和非结构化数据"。而大学生品德极具抽象性，因此，其表达上多半是以半结构化和非结构化数据呈现。而半结构化和非结构化数据一般表现为 HTML、XML、SGML 文档或者图形、文本、声音、视频等形式。由此，在进行数据采集时可以运用系统日志采集方法、网络数据采集等方法进行。不管是何种方法，归根结底就是从海量信息中采集与大学生品德各级指标相关的数据信息。

2. 存储大学生的品德信息

"数据存储是数据流在加工过程中产生的临时文件或加工过程中需要查找的信息，这种信息以某种格式记录在计算机内部或外部存储介质上。"[①] 这个过程是大数据中的重要组成部分，是将采集到的数据信息保存并方便后续运用的链接点。随着物联网、云计算、社交网络、移动网络等信息技术的快速发展和运用，由此产生的数据量快速增长、种类繁多。相较于传统数据而言，大数据下的数据呈现出高度分散、结构松散、体积逐渐变大的特点。这些特点，也向大数据存储提出了挑战，包括存储容量、存储延迟、存储安全、存储成本、存储灵活性等问题都是大数据存储需要考虑到的问题。因此，在通常情况下，数据体量小的时候都是用轻型数据库进行数据存储，这类数据库包括关系型数据库SQL、非关系型数据库 NoSQL、新型数据库 NewSQL；一旦数据体量超过轻型数据库的存储容量时，就需要借助大型分布式数据库或存储集群平台进行数据存

---

① 樊重俊，刘臣，霍良安．大数据分析与应用［M］．上海：立信会计出版社，2016：95.

储，包括 InfoBrignt、Hadoop（Pig 和 Hive）、YunTable、HANA、Exadata① 等。再加上宽带网络技术、WEB2.0 技术、应用存储、集群技术、存储虚拟化等技术的发展，云存储已经成为大数据存储的重要方式。这种云存储不是简单的存储，而是提供一种服务，能够把数据放在云上让用户在不同时间、地点、设备上进行访问。至今为止，许多互联网公司推出的"网盘"就是云储存的现实应用，包括 163 网盘、腾讯微云、360 云盘、百度云等都是云存储的一种，甚至有的公司还推出不同的云存储平台来存储数据。

综上可知，大数据存储技术已经发展得越来越成熟。因此，当代中国大学生品德评价中运用大数据存储技术要结合大学生品德信息的独特性，选择合适的存储模式进行存储。结合前面对数据库的分析，再加上大学生品德信息更倾向于"半结构化和非结构化数据"，当大学生品德数据体量不大时，可以选择非关系型数据库 NoSQL 进行数据存储。而为了方便大学生品德评价主体之间共享信息，大学生品德信息还可以借助云存储模式选择一种"网盘"进行存储和分享。

3. 挖掘大学生的品德信息

在大数据时代，大数据挖掘技术是分析和处理大数据的核心技术。具体来说，"数据挖掘（Data Mining），也叫数据开采、数据采掘等，就是从大量的、不完全的、有噪声的、模糊的、随机的实际应用数据中，提取隐含在其中的、人们事先不知道的，但又是潜在有用的信息和知识的过程"②。它并不是简单地从存储数据库中进行查询，而是要把这些数据转换为知识为其他决策所用。在这个过程中，数据挖掘所处位置如图 6-8 所示。

---

① 彭宇，庞景月，刘大同，等. 大数据：内涵、技术体系与展望［J］. 电子测量与仪器学报，2015（4）：474.
② 周英，卓金武，卞月青. 大数据挖掘：系统方法与实例分析［M］. 北京：机械工业出版社，2016：6-7.

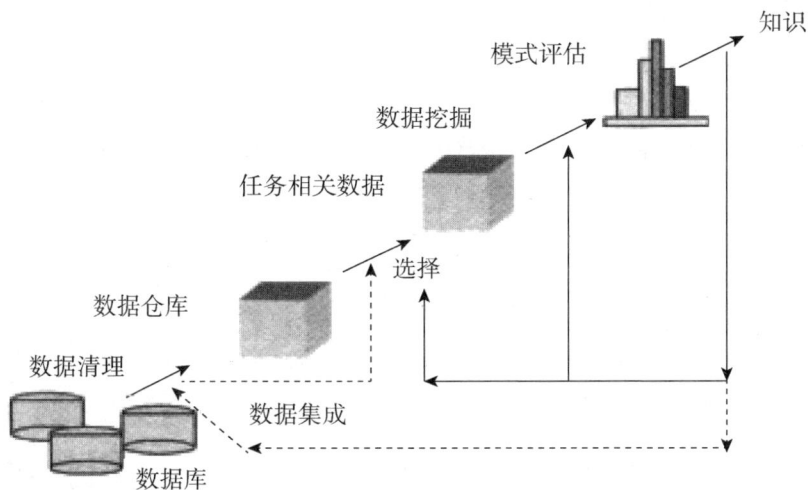

图 6-8 数据转化为知识的过程图①

事实上，大数据具有数据规模大、更新速度快、数据种类繁多等特征。对此，在进行大数据挖掘时要充分考虑到大数据的独特性，有针对性地进行挖掘。一是进行有效的大数据预处理。这是大数据规模大、速度快、流式查询的必然要求。二是进行非向量数据挖掘。这是由现如今大数据结构多样化特征（包括结构化、半结构化、非结构化数据）所决定的。在具体的挖掘中，要涉及数据的频繁项挖掘、分类、聚类等，由此形成了"XRules、Xproj、POTMiner"② 等挖掘算法。但是需要注意的是，在大数据中存在的半结构化和非结构化数据的不确定性给数据挖掘带来许多问题，还需大数据人才改进和完善。三是进行分布式大数据挖掘。这是由大数据多样化的存储平台所决定的。四是进行可拓展的大数据挖掘。这是由大数据更新速度快和规模不断增长所导致的。这就要求，大数据挖掘算法一定要适应大数据的发展从而能够仍然在有效的时间内快速响应挖掘要求。

总之，大数据挖掘为人们分析和处理数据提供了重要的方法论指导。相较于传统数据而言，大数据所具有的数据体量大、种类繁多、价值密度低、处理

---

① 周英，卓金武，卞月青. 大数据挖掘：系统方法与实例分析 [M]. 北京：机械工业出版社，2016：7.

② 彭宇，庞景月，刘大同，等. 大数据：内涵、技术体系与展望 [J]. 电子测量与仪器学报，2015（4）：475.

速度快的特征就决定了不能用传统的方式来捕捉、处理、分析数据。而数据挖掘则不同，在大数据时代下它能够从海量信息和种类繁多的数据集合中捕捉到人们所需要的信息，然后进行分析和处理，从而提炼出人们所需要的核心内容。基于数据挖掘如此重要的功能，当代中国大学生品德评价可以有效利用数据挖掘技术，这样就能从收集到的海量信息中挖掘出与大学生品德密切相关的有用信息，进而做出客观、公正的评价。

（三）大数据在大学生品德评价中运用的局限性

事实上，大数据在我国具有独特的发展优势。在党和国家的领导下，大数据成为推动我国发展的国家战略之一：从提出"实施国家大数据战略"，到明确大数据发展的方向和任务，再到实现大数据与互联网、人工智能、实体经济等的深度融合，都充分说明了大数据在我国具有很好的发展基础和条件。但是，我国大数据整体上还处于发展的起步阶段，在数据开放共享、核心技术突破、大数据人才、大数据安全等方面还存在诸多问题。再加上当代中国大学生品德评价中运用大数据也呈现出一些自身的特殊性，因此，充分关注这些问题能够更好地帮助大数据在大学生品德评价中发挥作用。

1. 大数据人才的缺失

大数据是在信息技术的催生下不断产生的数据集合。因此，要高效利用大数据就需要有一批真正懂得大数据的人才队伍，包括懂得数学、统计学、计算机技术等的专业人员，也包括能够搭建专业的大数据系统和平台、采集和分析数据的专业人才。事实上，尽管大数据已成为国家发展战略之一，但大数据人才仍然存在相当大的缺口。为了有效解决这一问题，党和国家开始设立大数据相关学科来培养大数据人才，且 2016 年以来全国共有 35 所[①]高校申请成立"数据科学与大数据技术"专业来进行专业化培养。

具体来说，大数据人才培养可以从以下四方面着手：首先，以"数据科学"作为大数据人才培养的理论支撑。南开大学统计研究院副院长王兆军认为："为了提供更好、更持久的大数据处理与分析技术和方法，必须要有一个强大的数据科学学科做坚实后盾。如果没有数据科学学科的核心理论做支撑，大数据难免会泡沫化，也必然会损害国家的大数据发展战略。"[②]可见，正是大数据时代

---

① 晋浩天. 大数据人才培养之路该如何走［N］. 光明日报，2017–05–14（12）.
② 晋浩天. 大数据人才培养之路该如何走［N］. 光明日报，2017–05–14（12）.

的到来，催生了"数据科学"的产生和发展。事实上，"数据科学"一词最早是由丹麦人、计算机科学领域的先驱彼·诺尔于1960年提出的，他的目的是想用"数据科学"来代称计算机科学；1997年，国际知名统计学家吴建福还把统计学重命名为"数据科学"；随着大数据时代的到来，"数据科学"这门学科也获得了极大关注。具体来说，"数据科学就是一门通过系统性研究来获取与数据相关的知识体系的科学"①，包括对数据的类型、结构、状态、属性、变化形式和规律等进行研究，以及为自然科学和社会科学提供一种数据研究方法。基于此，"数据科学"旨在运用与数据相关的技术和理论帮助人们更好地使用大数据，从而为我们的生活、工作、学习等方面提供便利。对此，对大数据人才的培养就必须将"数据科学"作为理论支撑，为大数据人才打下夯实的理论基础。其次，为大数据人才培养建立健全的教师体系。目前，精通大数据技术和有应用大数据经验的专业教师仍然还存在很大的缺口。因此，要想培养大数据人才，还得培养更多的真正懂大数据的专业教师队伍，这样才能为"数据科学与大数据技术"学科、专业的建设提供保障，从而更好地为大数据人才培养服务。再次，大数据人才的培养方向要向"两专多能"转变。"目前，申请设立'数据科学与大数据技术'专业的高校多是授予的理学与工学的学位。"② 由此可见，培养的大数据人才呈现出理工学科交叉的特点，这就要求大数据人才在培养的过程中就需要进行"两专多能"的培养，即既有大数据方面的专业知识，又要有大数据的思维方式。唯有如此，大数据人才的培养才能真正取得实效。最后，多方协同共同培养大数据人才。比如，党和国家可以完善人才措施，实施人才引进计划，引进懂大数据的高层次人才和领军人才；政府可以组建大数据服务中心、激活大数据市场、建立专业培训机构，促进与大数据相关专业包括统计学、数学、计算机科学等领域的人才向大数据领域转型；高校设立大数据相关专业进行专业的人才培养，如前面提到的"数据科学与大数据技术"专业，还可以进行跨校共同培养专业人才；社会各行业、学会与大学共同培育大数据专业人才；等等。

2. 大数据下学生隐私的保护

随着大数据时代的到来，人们生活、工作、学习等各方面的个人信息都被

---

① 杨旭，汤海京，丁刚毅．数据科学导论［M］．北京：北京理工大学出版社，2017：3.

② 晋浩天．大数据人才培养之路该如何走［N］．光明日报，2017-05-14（12）.

计算机记录下来，并通过大数据技术被政府、企业、个人等开发利用。一方面，这些个人信息方便了人们的生活，另一方面也在很大程度上侵犯了人们的隐私。近年来，社会上曝出的"个人行踪记录遭售卖、朋友圈信息被盗用、电商数据外泄、隐私信息刷屏"① 等事件充分证明，大数据下个人信息安全问题已成为大数据使用面临的极大隐患。对此，在当代中国大学生品德评价活动中使用大数据技术同样需要注意个人隐私安全。因为，大学生品德信息是反映一个人德行的核心，相较于其他信息而言更为关键。事实上，美国知名的一家数据分析公司 InBloom 曾经对纽约公立学校所有学生进行大数据监测，其目的是通过收集学生的学业表现、注册信息、饮食状况等方面的信息，进行数据分析，从而为学生的学习提供专业性指导。这种个性化的专业指导促使该公司在当时成为教育数据运用的带头人。但是，由于学生父母担心自己孩子个人隐私的泄露，最后该公司在隐私保护倡导人和家长舆论压力下破产了。② 由此可见，大数据使用时必须更好地保护个人隐私问题。

具体来说，当代中国大学生品德评价中使用大数据可以从以下三方面着手保护大学生的个人隐私。首先，以全国人民代表大会常务委员会 2016 年 11 月 7 日发布的《中华人民共和国网络安全法》为基本准则规范大学生品德信息掌握者的行为。面对日益严峻的个人信息泄露和安全威胁，网络安全法应运而生。在这部法律中，第四章共有 11 条对个人信息保护、泄露、篡改、滥用、管理等做了明确规定。对此，大学生品德信息的掌握者一定要遵循这些规范，保护大学生的品德信息安全。事实上，网络安全法只是一个原则性的框架，政府相关部门还在起草一些相关的制度文件，包括"关键信息基础设施保护办法、个人信息和重要数据出境安全评估办法"③ 等配套制度和法规。这也是大学生品德信息掌握者必须遵守的基本规范。其次，明确高校大学生品德评价相关人的责任准入机制。在当代中国大学生品德评价活动中，需要多个评价主体依据一定标准对大学生品德各级指标进行全方位、整体性评价。对此，这里就涉及多个评价主体，包括大学生自己、辅导员或班主任、思想政治理论课教师等。在对

---

① 孟威. 信息安全问题渐成隐患 筑起大数据时代隐私保护安全墙 [N]. 人民日报，2017-10-10（7）.

② KHARIF O. 要收集学生的大数据，没门 [J]. 惊雷，译. 商业周刊（中文版），2014（13）.

③ 李政葳. 大数据时代，如何保障个人信息安全 [N]. 光明日报，2017-11-30（12）.

大学生品德进行评价时，他们会从与大学生的接触中收集、挖掘、提炼与大学生品德相关的数据，进而做出最终的评价。在这个过程中，这些评价主体就掌握了大学生诸多的品德信息。为了有效保护大学生品德信息的隐私，就需要这些评价主体在品德数据收集、储存、分析、使用各环节中都建立责任制，承担大学生品德数据被安全使用的责任，这样才能有效保护大学生的隐私，也才能让大学生放心"被评价"。最后，大学生自己要增强信息安全意识。大学生是自身信息的信息权人，维护自身的信息安全是我们基本的责任。随着信息社会的到来，人们无意识的行为和语言都会不觉间泄露大量的信息，特别是与互联网接触更多的大学生，他们在社交软件上交流的信息都会不知不觉地泄露自己更多的信息。因此，在大数据时代背景下，当代大学生必须树立信息安全意识，自己维护自身的信息权益。

第五节　当代中国大学生品德评价环境的优化

古语有言："入鲍鱼之肆，久而不闻其臭；入芝兰之室，久而不闻其香。"这充分说明了一个人所处的环境发挥着重要作用。另外，马克思主义也指出："人创造环境，同样，环境也创造人。"① 一方面，人能够通过自身能动性的发挥改变所处的环境；另一方面，环境也在一定程度上影响、制约人的发展。大学生经历了"黑色六月"到"金色九月"这一人生中重要的转变，迈入了一个全新的环境。这一环境不仅给大学生的成长成才带来机遇，也在不同层面影响和制约大学生的发展。因此，改变、创造、优化环境是实现发展的题中之义。事实上，大学生品德评价也受到各种环境的影响。这种环境主要是指影响大学生品德评价活动开展的一切外部因素的总和。在大学生品德评价活动中，它不仅是评价系统的重要组成部分，也是保障评价活动顺利开展的客观基础。因为外部环境的好坏会在一定程度上影响大学生品德评价活动开展得顺利与否，表现为外部环境的变化发展必然会导致大学生品德评价活动过程随之做出调整。一方面，大学生品德评价外部环境中出现的问题能够在一定程度上督促我们反

---

① 中共中央马克思恩格斯列宁斯大林著作编译局．马克思恩格斯选集：第 1 卷［M］．北京：人民出版社，2012：172-173.

省下一次品德评价；另一方面，大学生品德评价的结果能够在一定程度上影响和改进品德评价的外部环境，从而更有利于大学生品德评价活动的顺利开展。具体来说，与大学生品德评价密切相关的环境主要包括政治环境、网络环境、学校环境、同辈群体环境。因此，本书所指的优化大学生品德评价面临的环境，主要是对政治环境、网络环境、学校环境、同辈群体环境进行优化。

一、优化大学生品德评价的政治环境

"政治环境是由一定的社会政治制度及其现实发展状况所构成的环境集合。政治制度是建立在一定的社会经济基础之上的上层建筑的核心，是体现人们之间思想关系的物质手段，是阶级利益的集中表现。其核心是社会各阶级在国家中地位的体现，决定着由谁当家作主。"① 在我国，工人阶级和广大人民群众是国家的主人，党和政府的一切工作都是为他们服务的。需要注意的是，这种制度确立以后，还需要相当长的时间来完善。在这个过程当中，由政治制度决定的政治意识、政治理论、政治纲领、政治决策等与在现实实施的过程中可能出现一定的差距，进而影响着人的政治行为，甚至影响人的品德的形成。可见，政治环境对思想政治教育具有重要影响。因此，当代中国大学生品德评价要充分关注政治环境的发展和调整，让政治环境更好地为其服务。

（一）政治环境对大学生品德评价的影响

自新中国成立以来，党和国家充分关注人的全面发展问题。尤其是改革开放以来，一方面，党和国家强调要通过教育战线来培养全面发展的人才为社会主义建设服务。在这一思想的指导下，教育战线通过设置教育学、德育学、思想政治教育学对人才进行专门培养。其中，教育评价学作为教育学的分支学科，是研究教育目标与教育现象之间的关系，并给予一定价值判断的科学；德育学是研究德育现象、德育问题、德育规律的一门科学；思想政治教育学是专门培养人的思想品德素质的科学。另一方面，党和国家引导下强调要从人才本身来研究人才的成才和发展问题，对此，人才学作为研究人才培养要素、过程、规律的科学逐渐形成发展起来。不管是从外在的教育还是人才自身的发展来说，这四门学科虽然都有各自独特的研究对象，但都涉及人的品德的培养。对此，

① 陈万柏，张耀灿.思想政治教育学原理 [M].2版.北京：高等教育出版社，2007：1C0.

党和国家专门印发文件，对这四门学科的发展做出明确指示，从而为当代中国大学生品德评价提供了政治保障。

对于教育学而言，党和国家先后于 1985 年 5 月 27 日印发《中共中央关于教育体制改革的决定》、1993 年 2 月 13 日印发《中国教育改革和发展纲要》、2010 年 7 月 29 日印发《国家中长期教育改革和发展规划纲要（2010—2020年）》、2012 年 3 月 16 日印发《关于全面提高高等教育质量的若干意见》、2012 年 3 月 21 日印发《高等教育专题规划》、2017 年 9 月 24 日印发《关于深化教育体制机制改革的意见》、2020 年 10 月 13 日印发《深化新时代教育评价改革总体方案》等文件，强调教育要为人才培养服务。为了检验人才培养效果，要建立科学的教育质量评价制度；其中，特别要注意的是对学生品德的评价。对于德育学而言，党和国家先后于 1994 年 8 月 31 日印发《中共中央关于进一步加强和改进学校德育工作的若干意见》、1999 年 6 月 13 日印发《关于深化教育改革全面推进素质教育的决定》、2005 年 4 月 21 日印发《教育部关于整体规划大中小学德育体系的意见》等文件，对德育的内涵和不同年龄阶段学生的德育目标和内容做了明确阐释，从而为品德评价的内容提供了根本遵循。对思想政治教育学来说，教育部从学科名称的确定，到将其与马克思主义理论合并在一起作为政治学一级学科下的二级学科，再到思想政治教育独立出来作为马克思主义理论一级学科下的二级学科发展至今，党和国家对此印发了不少文件，包括 1980 年 4 月 29 日印发《关于加强高等学校学生思想政治工作的意见》、1986 年 5 月 29 日批转《国家教委关于加强高等学校思想政治工作的决定》、1987 年 5 月 29 日颁布《关于改进和加强高等学校思想政治工作的决定》、1999 年 9 月 29 日印发《中共中央关于加强和改进思想政治工作的若干意见》、2004 年 8 月 26 日印发《关于进一步加强和改进大学生思想政治教育的意见》、2017 年 2 月 27 日印发《关于加强和改进新形势下高校思想政治工作的意见》、2017 年 12 月 5 日印发《高校思想政治工作质量提升工程实施纲要》、2019 年 8 月 15 日印发《关于深化新时代学校思想政治理论课改革创新的若干意见》等文件。这些文件对高校阶段的德育目标和内容做了明确阐释，从而为大学生品德评价提供指导。对于人才学来说，党和国家先后于 2002 年 5 月 7 日印发《2002—2005 年全国人才队伍建设规划纲要》、2003 年 12 月 26 日印发《关于进一步加强人才工作的决定》、2010 年 6 月 6 日印发《国家中长期人才发展规划纲要（2010—2020 年）》、2011 年 1 月 14 日印发《全国教育人才发展中长期规划

（2010—2020 年）》、2016 年 3 月 20 日印发《关于深化人才发展体制机制改革的意见》、2018 年 2 月 26 日印发《关于分类推进人才评价机制改革的指导意见》、2018 年 7 月 3 日印发《关于深化项目评审、人才评价、机构评估改革的意见》、2022 年 10 月 7 日印发《关于加强新时代高技能人才队伍建设的意见》等文件，不仅强调要培养人才的品德素质，还要求突出品德评价来检验培养效果。具体来说，这个过程历经了从提出品德培养到强调品德评价再到明确品德评价内容的转变，为当代中国大学生品德评价提供了一定的指导。

综上可知，党和国家为人才培养提供了政治指导，为人才培养的方向做了明确的指引。尤其是对于大学生品德评价而言，这种影响也是深远而深刻的。一是对大学生品德评价的认识更为深刻。这种深刻体现在党和国家对大学生品德评价的范围划分更为细致。自改革开放到现在为止，品德评价的从属发生了重大变化。首先品德评价是作为教育学下教育评价中的学生评价的组成部分而存在，随后品德评价随着德育学的发展又归到德育评价中去，然后品德评价随着思想政治教育成为高校德育的核心又细化为高校思想政治教育评价的重要内容。由此可见，大学生品德评价在党和国家的推动下，逐渐找到了自己的定位。二是对大学生品德评价的内容做了明确指导。党和国家下发的文件强调："德育主要是对学生进行政治、思想、道德、法制、心理健康教育。"① 且对具体任务也做了明确规定，强调要加强"理想信念、爱国精神、道德规范、法制纪律"等方面的教育。因此，大学生的品德评价要围绕以上各方面的内容进行，这样才能发现大学生品德培养的不足和缺陷。

（二）优化大学生品德评价面临的政治环境

综上可知，政治环境对当代中国大学生品德评价具有重大的影响力，且这种影响又是最直接、最突出的。因为，政治环境是一个国家核心意识形态的直接反映，且随着面临的国际、国内形势的变化和发展，党和国家的政策和决定会不断做出调整和完善，由此就会导致在党和国家领导下的各方面的战略和部署做出相应的调整。而当代中国大学生品德评价也是如此。因此，为了促进当代中国大学生品德评价顺利地开展，必须优化大学生品德评价面临的政治环境。一是党和国家要完善社会主义民主和法治建设。对我国而言，社会主义民主是

---

① 张忠华. 改革开放 30 年来德育目标的研究与反思［J］. 教育学术月刊, 2011（1）: 24.

指我国的政体，指党和国家要进一步"完善我国的人民代表大会制度、共产党领导的多党合作制度和政治协商制度"①，最重要的是要让公民更多地参与到政治决策中来，使人民能够享有广泛的权利和自由；社会主义法治是指党和国家要依法治国，使社会主义民主法制化、制度化，营造出良好的法治环境。对于大学生品德评价来说，一方面，完善的社会主义民主环境能够帮助大学生更好地树立主人翁意识，能够认识到大学生品德评价不只是被动地接受评价，更多的是要大学生自己充分发挥自身的主观能动性，主动参与到评价活动中去建言献策；另一方面，良好的社会主义法治环境能够帮助大学生在日常生活中不断养成良好的法治意识和观念，从而形成良好的法治品德。对此，党和国家一定要完善社会主义民主和法治建设，为当代中国大学生品德评价提供更好的政治环境。二是党和国家要不断完善大学生品德评价制度，为当代中国大学生品德评价提供根本指导。尽管改革开放到现在以来，党和国家下发了不少文件对大学生品德教育和品德评价做出了明确规定，但是，大学生品德评价应该评什么、如何对大学生品德进行评价等问题还没有涉及。对此，党和国家应该像设置"全国大学生思想政治教育工作测评体系"一样，设置出专门的"大学生品德评价体系"，对品德评价对象、标准、指标、方法等要素做出明确规定，这样才能为当代中国大学生品德评价提供专业化的政策指导。

二、优化大学生品德评价的网络环境

互联网是20世纪人类最伟大的发明之一。1987年9月20日，我国在互联网上发出第一封电子邮件，标志着我国拉开了使用互联网的序幕。随后，我国使用互联网的网民数量持续快速增长，截至2017年6月底已经达到了7.51亿②，人数稳居世界第一。具体来说，"互联网是人们以计算机技术、信息技术和通信技术为基础，以实现便捷通信和资源共享为目的的虚拟世界，是人们新的生存和发展方式，是人体器官和功能的延伸，也是人的本质力量的对象化和发展"③。实质上，它是一种新型的数字化空间所形成的虚拟性社会。在这个虚

① 史言．改革开放以来党的历次全国代表大会关于一些重大问题的论述（续二）[J]．求知，2012（8）：12.
② 王道勇．构建秩序与活力并存的网络空间 [N]．光明日报，2018-02-12（11）.
③ 《思想政治教育学原理》编写组．思想政治教育学原理 [M]．北京：高等教育出版社，2016：285.

拟社会中：一方面，互联网作为一种新的信息技术呈现出信息的数字化与信息环境的虚拟性、开放性与平等性、丰富性与多元性、主体性与互动性的特征；另一方面，这个虚拟社会正在深刻地改变人类的生活和发展方式，为人的活动和发展开辟了新的领域。随后，互联网作为一种新的生产力不断获得发展；在庞大网民的共同努力下，"互联网+"逐渐成为党和国家的重要发展战略，"互联网+"时代也正式到来。在这样的大背景之下，传统的各行各业在与互联网结合下找到了新的生长点，教育领域也不例外。其中，思想政治教育在与互联网的融合中拓展了新的领域和平台。可见，由互联网催生的虚拟社会在与现实的交融中造就了新的网络环境，对思想政治教育产生着重大影响。但是，互联网的快速发展同样也给人的生存和发展带来许多新的问题，包括信息膨胀、多元价值观的冲击、虚拟人际关系、互联网安全等问题都在某种程度上影响人的现实生活和发展。对此，当代中国大学生品德评价必须充分认识互联网给人类带来的机遇和挑战，优化大学生品德评价面临的网络环境，从而营造出风朗气清的网络环境。

（一）网络环境对大学生品德评价的影响

"网络环境是指将分布在不同地点的多个多媒体计算机互联，依据某种协议互相通信，实现软、硬件及其网络信息共享的系统。"[①] 由此，当代中国大学生品德评价的网络环境，是指影响大学生及大学生品德评价的所有网上因素的总和；具体来说，包括网络技术、网络语言、网络文化、网络舆情、新媒体等因素。且在互联网催生下产生的网络技术、网络语言、网络文化、网络舆情、新媒体等因素，都在一定程度上对当代中国大学生品德评价产生影响。

一是网络技术的发展为当代中国大学生品德评价提供现代化方法指导。"所谓网络技术，是把分布在不同地理区域的计算机与专门的外部设备用通信线路互联成一个规模大、功能强的网络系统，从而使众多的计算机可以方便地互相传递信息，共享硬件、软件、数据信息等资源。"[②] 随着网络技术的不断优化和改进，互联网日益发展和普及，为全世界拓展了新的发展领域和途径。尤其是现在，物联网、云计算、大数据等技术的发展更为互联网的发展和普及提供了

---

① 《思想政治教育学原理》编写组. 思想政治教育学原理［M］. 北京：高等教育出版社，2016：332.

② 杨海娟. 电子商务概论［M］. 成都：西南交通大学出版社，2015：103.

夯实的技术支撑。其中，对于当代中国大学生品德评价来说，大数据技术的快速发展和完善不仅能够有效帮助大学生品德评价主体收集评价信息，还能够为具体的品德评价提供方法指导。具体内容前文已经论述，这里就不再赘述。

二是网络语言的使用在一定程度上彰显了大学生的网络道德水平。网络语言，是指人们在网络虚拟空间中形成和发展的独具特色的文化符号系统。一般包括网络专业语言（比如，C 语言、JAVA 语言等）和网民在网络平台上交流的常用语言。[1] 相较于现实语言来讲，网络语言在形式上具有简约性、多样性、时效性，在内容上具有丰富性的特征。随着互联网的深入普及，网络语言成为当下网民进行交流的新的语言形式，能够为大学生提供新的交流方式。但是，网络语言作为社会热点或焦点在网络空间的折射形态，不仅能够反映大学生对社会热点问题的价值判断，还会导致大学生与思想政治教育工作者形成沟通困境，不利于大学生品德评价工作的顺利开展。

三是网络文化拓展了当代中国大学生品德评价的内容。"网络文化，又称赛博文化，是一种与现实社会文化具有不同特点的新型文化，是人们在社会活动中依赖以信息、网络技术及网络资源为支点的网络活动而创造的物质财富和精神财富的总和。"[2] 从其形态来看，主要有以下三种文化：网络物质文化，是指互联网的硬件设施，包括计算机、网络设施和各种辅助设施；网络精神文化，是指网络信息和虚拟交际环境；网络制度文化，是指有关网络的法律法规及规章制度。相较于现实社会文化，网络文化具有文化体系的开放性、文化环境的平等性、文化规则的松散性、文化内容的包容性等特点。一方面，随着互联网的快速发展，党和国家为保证网络空间安全，对网络建设和治理做出了重大指示，形成了内涵丰富的法律法规，由此催生了"网络道德"。对此，当代中国大学生品德评价还需要对大学生的网络道德进行评价，这是互联网发展的必然结果。另一方面，网络文化的开放性和丰富性也在一定程度上影响大学生的思想和行为，不仅使得大学生难以从海量的网络信息中辨别真伪，其中的不良文化也会在一定程度上影响大学生的网络道德行为。

四是网络舆情能够影响大学生对品德评价活动的态度。"网络舆情，是指公

---

[1] 谢晓娟，王东红. 多学科视角下的思想政治教育研究 [M]. 北京：中国书籍出版社，2015：230.

[2] 徐建军. 大学生网络思想政治教育理论与方法 [M]. 北京：人民出版社，2010：335.

众对在互联网上广泛传播并引发社会关注的热点事件和问题所做出的情绪或言论反应。"① 这种情绪和言论反应具有一定的个人倾向，并产生一定的影响。一般来讲，网络舆情具有主体的虚拟性和复杂性、内容的丰富性和多元性、形成的突发性和不可控性等特点。随着互联网的快速发展，网络舆情的作用更加凸显，成为网络时代观察社会动向的晴雨表，甚至网络舆情环境对当代中国大学生品德评价也具有重要影响。一方面，正面的网络舆情能够帮助大学生转变对品德评价活动的态度，从而促使大学生能够积极参与并配合品德评价活动。在大学生品德评价工作中，大学生不仅仅是评价对象，更是评价主体。因此，大学生应发挥自身的主观能动性，积极参与到大学生品德评价工作中的各个环节。这种参与既可以是实际参与，也可以通过网络舆情建言献策。另一方面，网络舆情为当代中国大学生品德评价开辟了新的空间。网络舆情是不同于现实社会的一种虚拟社会中的言论表达，相较于传统的言论表达，网络舆情开辟了新的空间。对此，大学生品德评价要充分运用网络舆情的作用，将大学生品德评价的结果传播出去，进而扩大覆盖面，增强其影响力和渗透力，从而促进大学生品德更好更快的发展。但需要注意的是，网络舆情在一定程度上增加了大学生品德评价网络化的难度，为大学生品德评价活动提出了新的要求。

五是新媒体为当代中国大学生品德评价拓展了新的评价载体。"新媒体的说法是相对于传统媒体而言，建立于数字技术基础之上的，利用计算机、网络、卫星、无线通信网等技术为人们服务和提供信息的传播形态。"② "新媒体具有数字化、交互化、个性化、即时化、个性化的特点"③，主要包括博客、即时通信工具、流媒体三种形式。在互联网技术的快速发展下，新媒体内容和形式越来越多样化，为当代中国大学生品德评价开辟了新的评价空间。在新媒体空间中，大学生品德评价主体可以通过大学生的博客了解大学生的思想行为变化；还可以通过即时通信工具进行一对一的隐蔽的品德评价，建立起平等的自由的评价环境，从而更有利于大学生品德评价活动的开展。

（二）优化大学生品德评价面临的网络环境

综上可知，在信息化时代背景下，网络环境对当代中国大学生品德评价具

---

① 郑永廷. 思想政治教育学原理 ［M］. 北京：高等教育出版社，2016：304.

② 谢晓娟，王东红. 多学科视角下的思想政治教育研究 ［M］. 北京：中国书籍出版社，2015：213.

③ 喻国明. 解读新媒体的几个关键词 ［J］. 广告大观（媒介版），2006（5）：12-15.

有重大的影响力。为了促使当代中国大学生品德评价活动更好地开展，必须优化大学生品德评价面临的网络环境。具体来说，可以从以下五方面着手。

一是掌握大数据技术，为当代中国大学生品德评价助力。随着信息技术的快速发展，互联网下催生的多个平台产生了海量的数据，由此促使大数据时代的来临。在大数据时代，海量的数据信息汇集到一起，不仅成为新时代社会发展的重要资产，更是企业发展的核心竞争力。这种竞争力表现为企业通过对海量数据的采集、存储、分析和处理，从海量数据中找到有用的信息，为企业的每一个决策提供数据依据从而创造价值。而这里对数据的采集、存储、分析和处理就是大数据技术的核心内容。当代中国大学生品德评价是评价主体依据大学生品德信息，按照一定的评价标准做出的评价结论。因此，在当代中国大学生品德评价中，就需要借助大数据技术采集、存储、分析和处理大学生的品德信息。这就为评价主体提出了要求，即掌握大数据技术，更好地开展当代中国大学生品德评价活动。

二是调整大学生品德评价的评价方式，使之回归现实生活。网络语言是在互联网普及下逐渐产生的。从本质上来说，它是对当前社会生活中的热点或焦点问题的一种形式表达，带有极强的时效性和针对性。大学生在使用这些网络语言的时候，某种程度上也表明了大学生对相应的社会热点或焦点问题的态度，从这种态度里面也可以发现大学生相应的世界观、人生观和价值观，是大学生品德的一种呈现。对此，为了有效评价大学生的品德水平，有必要借助网络语言对大学生进行评价。尤其是考虑到网络语言是一种生活化的表达，就需要当代中国大学生品德评价转变评价方式，回归现实，贴近生活，这样才能在不知不觉中更加高效地完成评价工作。具体来说，第一，要把大学生品德诸要素从文本表达转变为现实语言或行为，回归"生活世界"，紧扣大学生的日常生活，从在充满生活气息的世界中寻找突破。第二，大学生品德评价主体要提高自身的网络语言运用能力，不仅要掌握网络语言的深刻内涵，更要学会运用和转化网络语言，这样才能为大学生品德评价生活化提供助力。

三是制定完善的网络法律法规，为大学生网络道德评价提供根本遵循。随着互联网的快速发展和普及，现实社会空间发生了分化，催生了虚拟的网络社会空间。在网络社会中，人与人的交往并未缺席，而是以虚拟的人际关系呈现，并对现实中人与人的交往产生重大影响。在虚拟社会中，人同样与现实社会中一样，为了满足自身的生存和发展与他人之间建立起各种社会关系。由此折射出的虚拟人际关系显示出"全球化、跨文化、超时空、去中心、虚拟"① 的内在特点。在网络社会中，虚拟人际交往的符号化导致交往主体肉体缺场，而是通过用户名、声音、头像等符号化的形式进行交往。这种虚拟交往，一方面能够提升交往主体的自主性，他们可以通过虚拟空间实现信息共享、学习互助、思想文化交流等，进而实现自身的全面发展；另一方面也引发交往主体丧失自我认同，歪曲虚拟社会与现实社会的差异，认为不需要像在现实社会中遵守基本的行为准则一样，在虚拟社会中可以任意妄为，甚至有的人还深深地陷入虚拟社会中，从而引发网络成瘾、网络信任危机、网络孤独、网络犯罪等重大问题，导致交往主体游离于现实生活和秩序以外。对此，党和政府高度重视网络安全问题。自互联网发展和普及以来，党和国家先后下发了不少文件，包括《互联网信息服务管理办法》《网络文化经营许可证》以及 2016 年 11 月 7 日通过的《中华人民共和国网络安全法》等，为网络的普及和运用提供了根本遵循。但是，网络安全问题仍然是当前面临的一个重大问题。对此，党和国家还要针对这些问题进一步完善网络相关的法律法规，为大众的网络行为和网络安全提供根本指导。

四是提高网络舆情引导力，为当代中国大学生品德评价助力。自进入新时代以来，党和国家高度关注互联网建设和发展，强调要"建设网络良好生态，发挥网络引导舆论、反映民意的作用"②。在党和国家以及社会的努力下，一方面，网络空间治理格局日趋完善，主流媒体主力军作用得到发挥，党政机关在网络生态建设方面发挥着重要主体作用。整体上，网络舆情呈现向上向好的发展态势。另一方面，个别极端表达激化网上舆论、网络水军逐利扰乱传播秩序、网络平台大打"擦边球"、舆论正能量亟须壮大等问题又给舆论舆情带来极大挑战，使得网络舆情呈现出舆论主体多样化、传播平台多样化、舆论交锋复杂化等特点，表现出局部正能量缺失、违法错误言论不时出现的问题。网络舆情这些问题，在一定程度上给大学生品德评价带来风险和隐患。对此，当代中国大学生品德评价一定要优化网络舆情环境，以充分发挥其积极作用。首先，党和政府要建构网络舆情监控体系，注重引导的方向性。对此，党和政府要充分掌

---

① 谢晓娟，王东红. 多学科视角下的思想政治教育研究 [M]. 北京：中国书籍出版社，2015：208.

② 习近平. 在网络安全和信息化工作座谈会上的讲话 [N]. 光明日报，2016-04-26 (2).

握网络舆情的传播规律和运行机制，提高自身对舆情的收集、研判、预警、干预等能力，还要在引导中追求策略、艺术和效果。比如，党和政府可以通过主流官方新闻网站宣传对大学生品德评价的支持态度，以此为"风向标"来引导社会大众的态度，然后通过其他商业用户网站的网络舆情来判断社会大众对大学生品德评价的接受态度。通过党和政府的引导和强化，大学生品德评价会更容易被社会和大学生接受。其次，建立理性、宽容、通畅的对话和沟通机制，方便大学生通过网络舆情与评价组织者和执行者进行对话并发表意见。通过这种方式，不仅能拓展大学生利益诉求的表达渠道，而且也能引导大学生通过正当方式表达自身的意见。最后，加强高校网络舆情建设，为大学生品德评价提供坚强的堡垒。高校是大学生品德评价的主阵地，高校网络舆情的好与坏将在很大程度上影响大学生品德评价活动的顺利开展。因此，一定要完善高校网络舆情的组织、制度、队伍建设，用合理、积极的高校网络舆情来引导大学生品德评价活动的顺利开展。

五是搭建新媒体评价平台，为当代中国大学生品德评价拓展新的评价场所。新媒体是伴随着互联网的发展逐渐发展起来的。从本质上来讲，它是一种传播信息的工具，这种信息传播不受地点和时间的约束，公众可以随时随地接收、传播、创造各种信息。可见，新媒体能够使受众打破彼此之间年龄、身份、性别等方面的局限，能够使受众随时随地进行自由、平等的互动交流。因此，对于大学生品德评价来说，大学生可以借助新媒体将自己对品德评价的意见传递给评价主体，其他人也可以借助新媒体阐述自己对品德评价活动的意见，从而为当代中国大学生品德评价活动提供针对性的指导意见，助力评价活动的顺利开展。另外，与传统媒体相比，新媒体的亲和性和开放性能够为大学生品德评价开辟新的隐蔽性空间，帮助大学生更好地进行自评和他评。可见，当代中国大学生品德评价除了面对面的评价，还可以借助新媒体平台进行虚拟性的线上评价。因此，搭建新媒体评价平台就成为当代中国大学生品德评价工作的紧要任务。需要注意的是，新媒体评价平台的使用，还需要评价主体注重自身新媒体技术操作能力的培养，这样才能使新媒体评价平台发挥作用。

三、优化大学生品德评价的学校环境

"学校是有目的、有计划、有组织地向受教育者传授文化知识、劳动技能、价值观念、政治观点、社会规范，以培养符合一定社会要求的公民的机构，是

一种特殊的社会组织。"① 具体来说，它是一个复杂的社会系统。其中，学校教职工、教育内容、校园文化、校风、教风、学风等因素共同构成了内容复杂的学校环境。事实上，学校环境对人的影响是至关重要的。人从一出生到步入学校再到进入社会，这中间有接近 20 年甚至超过 20 年的时间都是在学校度过的。而这一阶段，又正是一个人的世界观、人生观、价值观等形成的关键期。学校不仅传授学生文化知识，还为学生提供广阔平台，让学生在实践中提高自身修养。可见，学校环境对人的影响深远。本书在这里强调的大学生品德评价的学校环境，特指主要培养大学生的高等教育环境。事实上，党和国家高度重视高等教育的人才培养作用。因此，高校的环境如何，不仅决定人才培养的质量，也在很大程度上影响着大学生品德评价活动的顺利进行。

（一）学校环境对大学生品德评价的影响

一是高校的物质环境影响大学生品德评价活动的开展。所谓高校的物质环境，是指在高校校园内影响大学生的学习和生活的一切物质条件的总和。具体来说，包括学校建筑、校舍布局、校园艺术景点、图书资料、教学仪器和设备等各种有形的东西以及对学生进行管理而设置的一些人员和技术配套等。这里所指的会影响大学生品德评价的物质环境，是指高校为管理校园和大学生而设置的一些配套设施和技术。通过这些设施和技术，学校能够掌握学生的学习和生活情况。当代中国大学生品德评价活动的实施阶段，需要收集大学生的品德信息。而高校为管理校园和学生所建立的设施和技术就能够帮助大学生品德评价主体收集大学生品德信息，从而为后面的评价打下基础。

二是高校的文化环境影响大学生品德评价活动的开展。所谓高校文化环境，是指与物质环境相对而存在的高校软件建设部分，主要包括教风、学风、校风、制度、文化氛围、文化活动等。其中，校风和制度对大学生品德评价的影响最为明显。校风是高校文化环境的表现，是高校教职工与学生在教与学中共同形成的、具有本校特色的精神力量和行为作风。校风一经形成，就会对高校的教学和师生员工的言论和行为起到约束作用。因此，如果高校能够形成以评促教的优良校风，就能使大学生正确认识品德评价活动，从而积极参与并配合品德评价活动。制度是高校为管理本校教职工和学生制定的办事规程和行为准则，

① 陈万柏，张耀灿. 思想政治教育学原理［M］. 2 版. 北京：高等教育出版社，2007：106.

是教育的重要手段之一，能够约束和规范教职工和学生的言行。对此，如果高校建立起评价制度，就能够对大学生品德评价活动提供组织保障，从而更有利于品德评价活动的开展。

三是高校教师队伍水平高低影响大学生品德评价活动的开展。"教师是人类灵魂的工程师，是人类文明的传承者，承载着传播知识、传播思想、传播真理，塑造灵魂、塑造生命、塑造新人的时代重任。"① 对此，为了有效完成这一使命，教师自身素质的高低发挥着重大作用。孔子说过：子帅以正，孰敢不正。可见，教师自身的示范作用能够为大学生树立很好的榜样，从而更有利于大学生的培养。对于大学生品德评价来说，教师是品德评价的主要执行者。因此，教师自身的素质如何、业务专业与否、与学生之间的关系好坏都会影响大学生品德评价活动的顺利进行。

四是学科建设水平影响大学生品德评价活动的开展。高校承担着培养人才这一重大使命。对此，在这一目标的指导下，高校设置了多种学科。其中，思想政治教育学是专门培养大学生品德的学科，而"思想政治理论课"是高校对大学生进行品德教育的主渠道。回顾历史，自教育部于1983年夏决定增设思想政治教育专业以来，思想政治教育学科在基础理论、专业体系、人才培养、学科应用等方面都取得了长远发展。党和国家为了给思想政治教育学科提供坚强的机构依托，要求各大高校都要成立"马克思主义学院"，还专门让教育部下发《高等学校马克思主义学院建设标准》（2017年本）、《普通高等学校马克思主义学院建设标准》（2023年版）等文件，为马克思主义学院建设提供指导标准。可见，党和国家高度重视马克思主义理论学科的建设。而当代中国大学生品德评价是思想政治教育过程的环节之一。因此，思想政治教育学科建设水平如何将会在一定程度上影响大学生品德评价环节的开展。

（二）优化大学生品德评价面临的学校环境

综上可知，高校作为当代中国大学生品德评价活动开展的主要场所，其环境对当代中国大学生品德评价活动具有重要的影响力。因此，为了保障当代中国大学生品德评价活动的顺利开展，必须优化大学生品德评价的学校环境。具体来说，可以从以下三方面着手。

---

① 坚持中国特色社会主义教育发展道路 培养德智体美劳全面发展的社会主义现代化建设者和接班人 [N]. 人民日报，2018-09-11（1）.

　　一是加强高校校园文化建设，为大学生品德评价提供坚强保障。"校园文化是指存在于校园内的、由师生员工在长期教学、科研和管理的实践中共同创造的又能不断作用于师生员工的知识、能力、素养等方面反映的物质财富的观念形态和精神财富的总和。它包括学校的物质文化、制度文化和精神文化。"① 对此，要加强校园文化建设，可以从物质文化、制度文化、精神文化分别着手。首先，推进高校校园数字化建设，在日常教学和管理中收集大学生品德信息。随着互联网的快速发展和普及，"互联网+"行动计划不断推进。在这一背景下，"互联网+"与教育的深度融合就成为必然趋势。对此，教育部专门印发文件，强调高校要"大力推进高等学校数字校园建设，改进教育管理模式，全面实现高等学校教学、科研、管理、服务和文化建设的网络化、信息化、数字化，提升管理效率和水平"②。可见，数字化校园建设不仅改变了传统高校的管理和教学模式，而且能借助数字化记录下大学生在教学、科研、管理、服务、文化等各方面表现出来的品德行为，从而为大学生品德评价打下基础。其次，高校要逐步建立起评价制度，为大学生品德评价提供制度保障。校园制度是校园文化的一部分，是维持学校正常秩序必不可少的保障机制。古语有言：没有规矩，不成方圆。高校只有建立起完整的规章制度才能规范高校教职工和学生的行为，从而保证高校各方面工作的有序进行。大学生品德评价工作同样如此。目前，高校在党和国家的指导下，已经建立起"大学生思想政治教育工作测评"制度。对此，高校要在这一制度指导下，逐步建立起有关大学生品德评价的制度体系，从而为今后的评价工作提供制度保障。再次，丰富校园课外文化活动，为大学生品德提供更多表现场所。校园文化活动主要是指大学生在学校里除课堂以外的其他场所参与的形式多样的群体性文化活动。这些活动是对学校课堂的有益补充，能够培养大学生的综合素质和能力。因此，高校一定要充分关注校园文化活动的积极作用，在丰富其活动形式的同时，还要提高这些活动的品位，这样才能更加吸引大学生参与进来。

　　二是加强教师队伍建设，为大学生品德评价提供专业的评价主体。"百年大

---

① 仓道来. 思想政治教育学［M］. 北京：北京大学出版社，2004：121.

② 教育部思想政治工作司. 加强和改进大学生思想政治教育重要文献选编：1978—2014［M］. 北京：知识产权出版社，2015：543.

计，教育为本；教育大计，教师为本。"① 教师担负着重大的历史使命和时代重任，是决定高等教育质量的关键因素之一。对于大学生品德评价来说，教师作为大学生品德评价系统中的关键评价主体发挥着重要的作用，且具有不同专业背景的教师都能对大学生进行品德教育，也能相应地承担对大学生品德进行评价的工作。因此，建设高素质的教师队伍必然成为题中之义。首先，加强教师师德建设，打造更加优秀的教师队伍。师德是教师的职业道德，是一种高尚的品德。2011 年教育部印发的《高等学校教师职业道德规范》将教师的师德概括为"爱国守法、敬业爱生、教书育人、严谨治学、为人师表"。因此，教师必须加强自身的师德建设，才能散发出作为教育工作者的光芒，从而为教育做出强大的贡献。教师要按照教育部的要求培养自身"爱国守法、敬业爱生、教书育人、严谨治学、为人师表"等方面的品德，这样才能真正成为一名光荣的教育工作者。其次，要对教师进行专业性的培训，提高教师的评价素养。目前来看，大学生品德评价还没有专业性的评价主体。在之前的品德评价中，只是将教师队伍中与大学生交流沟通最多的辅导员（班主任）、思想政治理论课教师、学生管理工作者等作为评价主体进行评价。但是，这些评价主体并没有经过专业性的培训，对大学生品德评价也只是按照表面的行为进行直观的评价。因此，这种评价得出的结果往往只是片面的直观的表象。因此，对教师评价主体进行专业性的培训就成为当代中国大学生品德评价面临的关键问题。具体来说，培训要将大学生品德评价的目标、方案、指标、方法等内容给教师讲清楚，即将大学生品德评价的各个环节都要讲清，这样教师队伍才能更好地组织和执行大学生品德评价工作。

三是加强思想政治教育学科建设，为大学生品德评价提供坚强的学科依托。自思想政治教育学科建立以来，一方面，其基础理论不断完善，研究范式不断拓展，学科布局更趋合理，学科应用日益深化，专业人才培养效果更加显著；另一方面，学科发展还存在基础理论仍不够成熟完善（包括元问题和前沿热点仍需加强）、专业在本硕博阶段发展还不平衡、专业的依托和支撑平台还需深入探索等问题。为了有效开展大学生品德评价，思想政治教育学科必须不断完善和发展才能为其打下坚强的学科堡垒。对此，党和国家对思想政治教育学科的

---

① 中共中央 国务院关于全面深化新时代教师队伍建设改革的意见 [N]. 人民日报，2018-02-01（1）.

依托和支撑平台做了明确建设规定。首先，党和国家对高校思想政治理论课的教学工作做了详细规定。教育部于 2018 年 4 月 12 日专门印发《新时代高校思想政治理论课教学工作基本要求》，对思想政治理论课的教学工作在"严格落实学分、合理安排教务、规范建设教研室（组）、统一实行集体备课、创新集体备课形式、严肃课堂教学纪律、科学运用教学方法、改进完善考核方式、强化科研支撑教学、健全听课指导制度、综合评价教学质量、落实高校主体责任、强化地方统筹管理、加强全国宏观指导"方面提出了详细的要求，从而为新时代思想政治理论课更好地发挥育人作用提供了明确的指导。其次，党和国家对高校马克思主义学院建设标准做了明确规定。对此，教育部于 2023 年 8 月 31 日印发《普通高等学校马克思主义学院建设标准（2023 年版）》的通知，要求各级马克思主义学院要从"组织领导与管理、思政课教学、教师队伍建设、马克思主义理论学科建设、社会服务与社会影响、党的建设与思想政治工作"六方面加强建设，从而使马克思主义学院更好地发挥"战斗堡垒"的作用。

综上可知，党和国家高度重视思想政治教育学科的发展，为思想政治教育学科发展的依托和支撑平台提供了更好的发展条件。对此，思想政治教育要在它们的支持下，不断完善和发展自己，从而为当代中国大学生品德评价提供学科支撑。

四、优化大学生品德评价的同辈群体环境

马克思主义指出，人是社会存在物，社会性是人的本质属性。可见，人只有在社会中才能获得自身存在的价值和意义。其中，群体生活就是人的社会化的主要表现之一。具体来说，群体是指"人们在具体的生活和交往中所结成的共同体"①。在此基础上，"同辈群体是指由家庭背景、年龄、爱好、特点等方面比较接近而形成的关系比较密切的群体"②。因此，相对而言，当代中国大学生品德评价的同辈群体就是指与大学生年龄相仿、爱好相近、价值观一致的特殊群体。简言之，就是大学生在大学期间交往最为密切的大学同学。事实上，随着人的年龄逐渐增大，同辈群体的影响力也逐渐扩大。这种影响力表现为，

---

① 黄蓉生.青年学研究［M］.成都：四川人民出版社，2009：166.
② 陈万柏，张耀灿.思想政治教育学原理［M］.2 版.北京：高等教育出版社，2007：109.

同辈群体成员之间的同质性和交往上的自由性和随意性使得同辈群体之间能够相互吸引、模仿。对此，美国心理学家罗伯特·魏斯认为，同辈群体正是能够满足个体包括"依恋、社会整合、价值保证、可靠的同盟感、获得指导、助人的机会"① 六方面的心理需求，才具有如此重要的影响力。另外，同辈群体自身也具有独特的优势，使得同辈群体具有重大的影响力。这种优势包括：同辈群体是以情感作为纽带自发形成的；同辈群体中的各个群体成员在年龄、知识、才能等方面比较相近，能够自由发表意见，具有平等的地位，且他们之间交往方式丰富多样、言谈举止自由、互动全面多样；同辈群体的结构极为简单，有着大家约定俗成的准则；同辈群体具有极强的可塑性，容易受外部环境的影响。另外，同辈群体的这些优势也会促使他们形成相应的社会效应，包括"归属效应、顺从效应、共生效应、助力与抑制效应"②。正是这些效应促使同辈群体把群体成员分散的个人行为转变为群体行为，进而影响群体成员。

（一）同辈群体对大学生品德评价的影响

同辈群体能够引导群体成员的行为和价值观。"近朱者赤，近墨者黑"就是这种影响的生动描述。对于当代中国大学生品德评价来说，同辈群体环境同样能够借助群体内部动力对大学生施加影响。具体来说，这些影响表现为：一是在同辈群体环境下所形成的群体规范能够引导群体成员的行为和意识，使大学生对品德评价活动形成正确认识，进而能够配合并积极参与品德评价活动的开展；二是在同辈群体环境下所形成的群体压力会影响群体成员的心理和行为，促使大学生对品德评价活动产生容纳或排斥的双面心理；三是在同辈群体环境下所形成的群体成员间的人际关系会影响大学生对品德评价做出失真或虚假的评价，进而影响最终的评价结论。

（二）优化大学生品德评价面临的同辈群体环境

综上可知，同辈群体对大学生品德评价有着重要的影响。对此，在当代中国大学生品德评价中，一定要优化和提高大学生面临的同辈群体环境，这样才能有助于当代中国大学生品德评价活动的顺利进行。具体来说，可以从以下两方面着手。

---

① 钟玉英. 社会学概论［M］. 广州：华南理工大学出版社，2011：57.
② 黄秋滨. 同辈群体与农村留守儿童教育研究：以广西马山县石丰村为例［D］. 南宁：广西民族大学，2012：7.

　　一是纠正大学生对品德评价活动认识上的偏差。根据前面所述，同辈群体是由一些年龄相仿、社会地位相当、兴趣爱好行为方式等大体相同并经常互动的人组成的非正式群体。这种群体所形成的环境具有自由性、渗透性、独特性的特点。对此，为了使同辈群体环境更好地作用于当代中国大学生品德评价，首先要纠正大学生群体对品德评价活动认识上的偏差。在相当长的一段时间里，高校品德评价主要是以"品级性评价"为主导。这种模式强调将学生的品德划分为不同的品级，或用"优、良、中、差"和"A、B、C、D"来呈现学生的道德发展水平，或用一张数量化的成绩单来呈现。总而言之，这种评价模式与现代德育理念相背离，集中于对学生品德划分等级。因而，这种模式不仅在一定程度上束缚了学生的道德发展，甚至很难反映学生品德的真实情况，进而挫伤学生的自尊心。另外，这种评价模式仅仅将学生定位为评价对象，使学生完全游离于评价体系以外。传统的品德评价模式的这些不利影响也在相当长时间里影响着学生对品德评价活动的认识和参与程度。因此，当代中国大学生品德评价一定要转变评价理念，由"品级性评价"向"发展性评价"转变。所谓发展性评价，是指通过对大学生品德的现状进行分析，从而找出大学生品德的不足，为品德进一步发展提供方向指引。对此，当代中国大学生品德评价从一开始就要将这种评价目标与大学生讲清楚、说明白。唯有如此，大学生群体才能对品德评价活动有充分认识，才能在具体的评价过程中主动配合并积极参与。

　　二是大学生自评和互评要以评价标准和评价指标为依据，避免主观随意性。在当代中国大学生品德评价活动中，大学生不仅仅是评价对象，而是作为评价主体之一参与到自己和他人的品德评价中去。因此，大学生群体也会在一定程度上影响最后的评价结果。这种影响体现为：一方面，大学生人际关系的好坏会影响大学生之间的互评结果；另一方面，大学生之间的差距会导致大学生自评和互评时弄虚作假，进而影响评价结果。可见，大学生群体在当代中国大学生品德评价过程中发挥着重要作用。对此，为了降低大学生群体的主观随意性，提高品德评价结果的有效性，就要像培训教师评价主体一样，对大学生进行专业性培训，讲清大学生品德评价的目标、标准、指标、方法等内容，让大学生在具体的评价过程中"有标准可依、有指标可循"。

结　语

　　新时代是中国特色社会主义迈入的一个新阶段。这一阶段不仅标志着"中华民族迎来了从站起来、富起来到强起来的伟大飞跃"①，而且为实现下一个宏伟目标描绘了蓝图，比如，继续夺取中国特色社会主义的伟大胜利、全面建设社会主义现代化国家、实现全体人民共同富裕、实现中华民族伟大复兴，进而在走近世界舞台中央的过程中不断为人类做出更大贡献。所有这些宏伟蓝图都需要我们一代代人的开拓和努力才能实现。"新时代属于每一个人，每一个人都是新时代的见证者、开创者、建设者。"② 而大学生作为社会主义现代化事业的建设者和接班人更应该将实现中华民族伟大复兴作为自己光荣的使命和责任。为了完成这一使命，提升自己并实现自身的全面发展是大学生的首要任务，其中核心任务是要提升自己的品德素质。因此，从思想政治教育学科视野下来评价大学生品德，不仅能够提高大学生的品德素质、促进大学生的全面发展，还能够检验大学生思想政治教育的效果，促进思想政治教育科学化发展。

　　自改革开放以来，在教育评价热潮的推动下，学生品德评价成为关注的重点问题。理论界对品德评价的内涵、功能、作用、方法、指标体系、具体评价路径等问题做了一定的研究，但是，由于品德本身的复杂性和教育功利化的影响，理论界对学生品德评价方面的研究还远远不够，主要还是依托教育评价、德育评价、思想政治教育评价、人才评价而存在。另外，在高校的实施情况来看，大学生品德评价主要依托大学生奖学金评定和综合素质测评而存在。对此，本书通过文本分析和问卷调查发现：随着党和国家政策的变动，高校对大学生品德评价的重视程度在逐渐提高，有的高校在学生综合素质测评中对品德评价

---

① 习近平. 决胜全面建成小康社会 夺取新时代中国特色社会主义伟大胜利 ［M］. 北京：人民出版社，2017：10.

② 习近平. 在第十三届全国人民代表大会第一次会议上的讲话 ［N］. 人民日报，2018-03-21 (2).

做了明确的规定，且品德评价在综合素质测评中所占的比重也在逐渐提升；另外，高校大学生品德评价在具体的评价过程中采取的评价方法多样化，但由于高校环境复杂，大学生品德评价的效果不足。其中，最为关键的问题集中在大学生品德评价的主体多元且各自为政、评价指标体系模糊化、评价机制不健全这三方面。基于此，本书借鉴相关的评价理论，在已有品德评价思想的指导下，从解决问题的角度为当代中国大学生品德评价提出自己的一点想法：当代中国大学生品德评价的主体仍然要以学校评价为主，大学生的自我评价和其他社会评价可以作为参考渗透到最后的评价结论中。当代中国大学生品德评价的指标体系遵循思想政治教育的基本内容以"政治品德、思想品德、道德品德、法纪品德"为一级指标，再结合大学生的实际情况在政治品德一级指标下围绕政治信仰、政治观点、政治鉴别力、政治觉悟四方面进行评价，在思想品德一级指标下围绕世界观、人生观、价值观三方面进行评价，在道德品德一级指标下围绕文明友爱、爱惜公物、保护环境、尊师重教、责任意识五方面进行评价，在法纪品德一级指标下围绕法律水平和遵守纪律两方面进行评价。这样就形成了一个内容清晰、层次分明的指标体系来评价大学生的品德水平。当代中国大学生品德评价的机制是为了保证整个评价过程的有序进行。对此，完善组织领导机制、协调衔接机制、结果反馈机制能够保障当代中国大学生品德评价的各个环节的有序开展，使其真正取得实效。

　　但是，随着研究的展开，笔者深感自己理论功底的不足，在有些问题的阐述上远远不够，甚至有的理论观点的提出是否合理都还需要进一步探讨。比如，书中提出的当代中国大学生品德评价指标体系是否合理，是否具有操作意义，还需在实践中进一步验证。另外，当代中国大学生品德评价是否还有其他评价方法能够对大学生品德进行评价，当代中国大学生品德评价的保障机制是否只包括组织领导机制、协调衔接机制和结果反馈机制等问题，都还需要进行深入的研究和完善。今后，笔者还会以此书为基础，不断加强和完善对当代中国大学生品德评价的理论和实践研究。

参考文献

著作类

[1] 中共中央马克思恩格斯列宁斯大林著作编译局．马克思恩格斯选集：第1卷 [M]．北京：人民出版社，2012.

[2] 中共中央马克思恩格斯列宁斯大林著作编译局．马克思恩格斯选集：第2卷 [M]．北京：人民出版社，2012.

[3] 中共中央马克思恩格斯列宁斯大林著作编译局．马克思恩格斯选集：第3卷 [M]．北京：人民出版社，2012.

[4] 中共中央马克思恩格斯列宁斯大林著作编译局．马克思恩格斯选集：第4卷 [M]．北京：人民出版社，2012.

[5] 中共中央马克思恩格斯列宁斯大林著作编译局．马克思恩格斯全集：第3卷 [M]．北京：人民出版社，1960.

[6] 中共中央马克思恩格斯列宁斯大林著作编译局．马克思恩格斯全集：第42卷 [M]．北京：人民出版社，1979.

[7] 中共中央马克思恩格斯列宁斯大林著作编译局．列宁全集：第1卷 [M]．北京：人民出版社，1984.

[8] 中共中央文献研究室．毛泽东文集：第二卷 [M]．北京：人民出版社，1993.

[9] 毛泽东．毛泽东选集：第三卷 [M]．北京：人民出版社，1991.

[10] 邓小平文选：第二卷 [M]．北京：人民出版社，1994.

[11] 邓小平文选：第三卷 [M]．北京：人民出版社，1993.

[12] 江泽民文选：第一卷 [M]．北京：人民出版社，2006.

[13] 江泽民文选：第二卷 [M]．北京：人民出版社，2006.

[14] 习近平．习近平谈治国理政：第一卷 [M]．北京：外文出版

社，2014.

［15］习近平．习近平谈治国理政：第二卷［M］．北京：外文出版社，2017.

［16］习近平．决胜全面建成小康社会 夺取新时代中国特色社会主义伟大胜利［M］．北京：人民出版社，2017.

［17］习近平．高举中国特色社会主义伟大旗帜 为全面建设社会主义现代化国家而团结奋斗［M］．北京：人民出版社，2022.

［18］沈壮海．新编思想政治教育学原理2版［M］．北京：中国人民大学出版社，2023.

［19］冯刚．改革开放以来高校思想政治教育编年史［M］．北京：北京师范大学出版社，2023.

［20］冯刚．思想政治教育学学科发展新论域［M］．广州：中山大学出版社，2022.

［21］骆郁廷．思想政治教育引论［M］．北京：中国人民大学出版社，2018.

［22］郭同峰．网络时代思想政治教育研究［M］．北京：九州出版社，2017.

［23］肖鸣政．党政干部品德测评方法研究［M］．北京：人民出版社，2017.

［24］马云霞．"互联网＋"时代高校思想政治教育研究［M］．北京：人民日报出版社，2017.

［25］任正臣．人员素质测评理论与方法［M］．南京：江苏凤凰科学技术出版社，2017.

［26］尹伟．道德量化评价与学校道德教育［M］．北京：人民出版社，2017.

［27］郑永廷．思想政治教育学原理［M］．北京：高等教育出版社，2016.

［28］陈全明，张广科．人才素质测评［M］．北京：高等教育出版社，2016.

［29］中共中央文献研究室．十八大以来重要文献选编：中［M］．北京：中央文献出版社，2016.

［30］胡中锋．教育评价学3版［M］．北京：中国人民大学出版社，2016.

［31］娄岩. 大数据技术与应用［M］. 北京：清华大学出版社，2016.

［32］樊重俊，刘臣，霍良安. 大数据分析与应用［M］. 上海：立信会计出版社，2016.

［33］周英，卓金武，卞月青. 大数据挖掘：系统方法与实例分析［M］. 北京：机械工业出版社，2016.

［34］马抗美. 人才法律制度新论［M］. 北京：党建读物出版社，2016.

［35］郑其绪. 人才评价理论与方法［M］. 北京：党建读物出版社，2016.

［36］王荣德. 现代德育论［M］. 北京：中国社会科学出版社，2016.

［37］谢晓娟，王东红. 多学科视角下的思想政治教育研究［M］. 北京：中国书籍出版社，2015.

［38］教育部思想政治工作司. 加强和改进大学生思想政治教育重要文献选编：1978—2014［M］. 北京：知识产权出版社，2015.

［39］肖鸣政. 人员测评理论与方法3版［M］. 北京：中国劳动社会保障出版社，2015.

［40］罗洪铁，周琪. 思想政治教育学理论的形成和发展研究［M］. 北京：中国文史出版社，2014.

［41］中共中央文献研究室. 十八大以来重要文献选编：上［M］. 北京：中央文献出版社，2014.

［42］刘爱书，庞爱莲. 发展心理学［M］. 北京：清华大学出版社，2013.

［43］郑其绪. 微观人才学概论［M］. 北京：党建读物出版社，2013.

［44］熊建生. 思想政治教育内容结构论［M］. 北京：中国社会科学出版社，2012.

［45］侯典牧，傅家荣. 人员素质测评［M］. 北京：科学出版社，2012.

［46］张向葵，桑标. 发展心理学［M］. 北京：教育科学出版社，2012.

［47］汪凤炎，郑红，陈浩彬. 品德心理学［M］. 北京：开明出版社，2012.

［48］沈壮海，佘双好. 学校德育问题研究［M］. 郑州：大象出版社，2010.

［49］黄蓉生. 青年学研究［M］. 成都：四川人民出版社，2009.

［50］陈绵水. 大学生个人品德修养［M］. 南昌：江西高校出版社，2008.

［51］鲁宇红，郭建生. 应用型本科高校大学生思想政治教育评价体系研究

[M]. 南京：东南大学出版社，2008.

[52] 肖鸣政. 人才品德测评的理论与方法 [M]. 北京：中国劳动社会保障出版社，2008.

[53] 陈万柏，张耀灿. 思想政治教育学原理 2 版 [M]. 北京：高等教育出版社，2007.

[54] 蒋笃运. 德育系统论 2 版 [M]. 郑州：郑州大学出版社，2007.

[55] 高岩. 德育学原理 [M]. 银川：宁夏人民出版社，2007.

[56] 王茂胜. 思想政治教育评价论 [M]. 北京：中国社会科学出版社，2006.

[57] 中共中央文献研究室. 十六大以来重要文献选编：中 [M]. 北京：中央文献出版社，2006.

[58] 陈秉公. 思想政治教育学原理 [M]. 北京：高等教育出版社，2006.

[59] 王玄武. 比较德育学 2 版 [M]. 武汉：武汉大学出版社，2003.

[60] 胡中锋，李方. 教育测量与评价 [M]. 广州：广东高等教育出版社，2000.

[61] 侯光文. 教育评价概论 [M]. 石家庄：河北教育出版社，1996.

[62] 章志光. 学生品德形成新探 [M]. 北京：北京师范大学出版社，1995.

[63] 肖鸣政. 品德测评的理论与方法 [M]. 福州：福建教育出版社，1995.

[64] 胡守芬. 德育原理 [M]. 修订版. 北京：北京师范大学出版社，1991.

[65] 竹立家. 品德教育与品德评价 [M]. 北京：中国发展出版社，1991.

[66] 康德. 论教育学 [M]. 赵鹏，何兆武，译. 上海：上海人民出版社，2005.

[67] 贝兰卡，查普曼，斯沃茨. 多元智能与多元评价：运用评价促进学生发展 [M]. 夏惠贤，等，译. 北京：中国轻工业出版社，2004.

[68] 亨廷顿. 文明的冲突与世界秩序的重建 [M]. 周琪，刘绯，张立平，等，译. 北京：新华出版社，1998.

[69] 洛克. 教育漫话 [M]. 徐诚，杨汉麟，译. 石家庄：河北人民出版社，1998.

［70］桑代克，合根．心理与教育的测量与评价［M］．叶佩华，邹有华，刘蔚成，译．北京：人民教育出版社，1985.

期刊类

［1］班建武．人工智能时代的品德评价：技术机遇、伦理风险及其规避［J］．当代教育科学，2023（9）.

［2］杨彦平．对学生品德发展评价的若干思考［J］．现代教学，2022（8）.

［3］谷月．莫让品德评价成教育短板［J］．中国德育，2018（13）.

［4］周思勇，徐俊生，裘广宇．论高职学生思想品德评价体系建设：基于养成教育的视角［J］．宁波职业技术学院学报，2017（4）.

［5］刘才刚．品德评价在高校学生评奖评优中存在的问题及对策分析［J］．江苏高教，2016（5）.

［6］井影，赵志远．基于大学新生思想品德测评的高校德育管理研究［J］．教育现代化，2016（30）.

［7］梁斌．模糊综合评价方法在高校学生思想品德评价中的应用［J］．陇东学院学报，2014，25（3）.

［8］周杰．大学生政治思想品德评价的现状及其评价模式的建构［J］．教育与职业，2014（33）.

［9］李卉，石丽艳．高职生品德测评方法探索［J］．职业技术教育，2012，33（29）.

［10］高飞，杨洪猛．学生主体性在品德评价中的建构［J］．内江科技，2012（1）.

［11］郭静．浅论大学生思想品德评价方法［J］．黑龙江科技信息，2011（34）.

［12］姜旭英．大学生思想品德评价：解构与重建：档案袋评价在大学生思想品德评价中的应用［J］．文教资料，2010（17）.

［13］张仕清．构建大学生思想政治品德教学考评模型的思考［J］．中国成人教育，2010（15）.

［14］方黛春．高职学生品德测评体系实践研究［J］．南昌高专学报，2009，24（4）.

［15］韦青松．大学生思想品德评价困难的成因与对策［J］．南方论刊，

2009（6）.

　　［16］许文蓓．构筑多维度大学生品德评价体系的思考［J］．高校理论战线，2008（3）.

　　［17］胡炳仙．素质测量法在大学生思想品德测评中的应用［J］．江苏高教，2007（2）.

　　［18］王茂胜．高校思想政治教育评价研究进展及其价值［J］．中国高等教育评估，2007（1）.

　　［19］王茂胜．思想政治教育评价一个亟需加强研究的课题［J］．思想理论教育，2007（5）.

　　［20］张力群，李君．社会转型期构建大学生思想品德评价指标体系的依据与原则［J］．理论导刊，2007（11）.

　　［21］马晓燕，魏立平，房亮．基于属性识别准则大学生思想品德量化的数学模型［J］．大学数学，2007（6）.

　　［22］王蕾．师范生思想品德评价的模糊优化算法［J］．贵州教育学院学报（自然科学），2006（2）.

　　［23］马征杰．大学生思想品德定量评价体系设计与程序［J］．安康师专学报，2001（4）.

　　［24］蒙晓毅．构筑学生思想品德评价体系的思考［J］．广西民族学院学报（哲学社会科学版），1999（3）.

　　［25］杜冰．初探品德评价体系，促进主体主动发展［J］．四川教育学院学报，1999（9）.

　　［26］闵永新．大学生思想品德量化评估指标体系的设计与操作［J］．中国高教研究，1996（1）.

　　［27］闵永新．建立大学生思想品德量化评估指标体系探析［J］．中国高教研究，1995（2）.

　　［28］陈红兵．学生品德评价方法的探讨：品德评价的量化表［J］．学科教育，1994（1）.

　　［29］付外仁．大学生思想政治品德评价科学化的探讨［J］．阴山学刊，1993（2）.

　　［30］张荷英，李华中，刘中文．大学生思想品德评定方法新探［J］．煤炭高等教育，1990（2）.

［31］郑培宁．关于高师学生品德评价的科学化问题［J］．临沂师专学报（社会科学版），1990（4）．

［32］张官禄．加强高校思想政治工作的一项措施：大学生思想品德评定［J］．山西财经学院学报，1990（3）．

［33］翟天山．学生品德评价初探：性质、功能和标准［J］．教育研究与实验，1986（3）．

报纸类

［1］高举中国特色社会主义伟大旗帜 为全面建设社会主义现代化国家而团结奋斗：习近平同志代表第十九届中央委员会向大会作的报告摘登［N］．人民日报，2022-10-17（2）．

［2］坚持中国特色社会主义教育发展道路 培养德智体美劳全面发展的社会主义现代化建设者和接班人［N］．人民日报，2018-09-11（1）．

［3］习近平．在北京大学师生座谈会上的讲话［N］．人民日报，2018-05-03（2）．

［4］人民日报评论部．以综合素养书写精彩人生：如何培养社会主义建设者和接班人⑥［N］．人民日报，2018-09-25（5）．

［5］中办国办印发《关于分类推进人才评价机制改革的指导意见》［N］．人民日报，2018-02-27（1）．

［6］中共中央国务院关于全面深化新时代教师队伍建设改革的意见［N］．人民日报，2018-02-01（1）．

［7］中共中央国务院印发《中长期青年发展规划（2016—2025年）》［N］．光明日报，2017-04-14（1）．

［8］把思想政治工作贯穿教育教学全过程 开创我国高等教育事业发展新局面［N］．光明日报，2016-12-9（1）．

［9］习近平．在会见第一届全国文明家庭代表时的讲话［N］．人民日报，2016-12-16（2）．

［10］习近平．在文艺工作座谈会上的讲话［N］．光明日报，2015-10-15（1）．

［11］中共中央国务院印发《国家中长期人才发展规划纲要（2010—2020年）》［N］．光明日报，2010-06-07（1）．

其他

[1] 余戡. 大数据时代背景下大学生综合素质评价体系研究：以安庆师范大学为例 [D]. 安庆：安庆师范大学，2017.

[2] 喻松. 大数据视角下学校德育评价的省思 [D]. 杭州：浙江师范大学，2016.

[3] 霍思卿. 近十五年来我国教育评价研究的演进分析 [D]. 开封：河南大学，2014.

[4] 张兰廷. 大数据的社会价值与战略选择 [D]. 北京：中共中央党校，2014.

[5] 赵祖地. 高校德育评估研究 [D]. 南京：南京师范大学，2014.

[6] 盛影莹. 大学生思想品德评价的现状、问题及对策研究：以上海市不同类型高校为例 [D]. 上海：上海师范大学，2013.

[7] 车菲菲. 高校思想政治教育评价体系和质量标准研究 [D]. 太原：中北大学，2010.

[8] 薛传佳. 对大学生德育评价体系构建原则的研究 [D]. 秦皇岛：燕山大学，2010.

[9] 韦青松. 大学生思想品德评价的困境与对策探讨 [D]. 武汉：华中师范大学，2007.

[10] 汪咏波. 思想政治教育评价运行过程初探 [D]. 武汉：华中师范大学，2004.

[11] 张辉. 大学生思想、政治、品德素质测试指标体系的研究 [D]. 长春：东北师范大学，2003.

附　录

附录一　大学生品德评价实施现状
调查问卷（学生卷）

亲爱的同学：

　　您好！非常感谢您在繁忙的学习生活中填写这个调查问卷。这是一份关于目前高校开展大学生品德评价实施情况的调查问卷。调查结果仅为改进和提高大学生品德评价之用，其中涉及的私人信息绝对保密，请您放心填写。问卷中若无特别注明，均为单选，您只需在所选项上打"√"，并在少数标有自填的地方写上您的答案即可。您的回答对我们的研究非常重要，恳请您抽出宝贵的时间予以协助。感谢您的支持！

　　第一部分　基本信息

　　1. 您的性别：A. 男　　　B. 女

　　2. 您所在学校的类别：A. 文史类　B. 理工类　C. 综合类　D. 艺术类
E. 其他

　　3. 您所在的年级：A. 大一　B. 大二　C. 大三　D. 大四

　　4. 您所读的专业：A. 文科类　　B. 理工类　C. 艺术类　D. 医学

　　E. 其他

　　5. 您的政治面貌：A. 中共党员　B. 共青团员　C. 群众　D. 其他

　　6. 您是否担任学生干部：A. 是　B. 否

高校开展大学生品德评价实施情况的调查问卷。调查结果仅为改进和提高大学生品德评价之用，其中涉及的私人信息绝对保密，请您放心填写。问卷中若无特别注明，均为单选，您只需在所选项上打"√"，并在少数标有自填的地方写上您的答案即可。您的回答对我们的研究非常重要，恳请您抽出宝贵的时间予以帮助。感谢您的支持！

第一部分　基本信息

1. 您的性别是：A. 男　　　B. 女

2. 您所在学校的类别：A. 文科类　B. 理工类　C. 综合类　D. 艺术类 E. 其他

3. 您的工龄为：A. 3 年以内　B. 3~5 年　C. 6~10 年　D. 10 年以上

4. 您的职称为：A. 助教　　B. 讲师　C. 副教授　D. 教授　E. 其他

5. 您的岗位是：A. 辅导员（班主任）　　B. 思想政治理论课教师　C. 思想政治教育专业课教师　D. 其他专业教师　E. 学校管理人员　F. 其他

第二部分　大学生品德评价实施现状

1. 您所在高校是否存在学生品德评价活动：

A. 存在　　　　B. 不存在　　　　　C. 不清楚

2. 您对于高校开展学生品德评价活动的态度：

A. 有必要　　　B. 较有必要　　　C. 可有可无　　　　D. 没有必要

3. 您认为大学生综合素质评价应该包括品德评价吗？

A. 有必要　　　B. 较有必要　　　C. 可有可无　　　D. 没有必要

4. 您认为在高校学生综合素质测评中，品德评价应该占据多大比重？

A. 5%　　　　　　B. 10%　　　　　　　C. 20%　　　　　　D. 20% 以上

5. 您认为高校开展学生品德评价活动的次数应为：

A. 每学期一次　B. 每学期两次或以上　C. 每学年一次　　　D. 无

6. 您所在院系的各类学生评奖评优活动与学生品德评价的关系为：

A. 关系较大　　B. 关系较小　　C. 无关系　　　D. 不清楚

7. 您认为高校学生品德评价的考评主体应该包括：（多选）

A. 学校领导　B. 辅导员（班主任）　C. 任课教师　D. 学生自己　　　E. 学生干部　F. 身边同学　G. 学生宿舍管理负责人　　H. 家长　　I. 社会

第二部分　大学生品德评价实施现状

1. 您就读的高校是否存在品德评价：

A. 存在　　　　　B. 不存在　　　　C. 不清楚

2. 您对高校开展大学生品德评价的态度：

A. 有必要　　　B. 较有必要　　　C. 可有可无　　　D. 没有必要

3. 您认为大学生综合素质评价应该包括品德评价吗？

A. 有必要　　　B. 较有必要　　　C. 可有可无　　　D. 没有必要

4. 如果您认为品德评价有必要，在综合素质评价中所占比重为：

A. 5%　　　　　B. 10%　　　　　C. 20%　　　　　　D. 20%以上

5. 您所在学院开展大学生品德评价活动的次数为：

A. 每学期一次　B. 每学期两次及以上　C. 每学年一次　　D. 无

6. 您所在院系的各类学生评奖评优活动与学生品德评价的关系：

A. 关系较大　　B. 关系较小　　C. 无关系　　　D. 不清楚

7. 您所在院系开展学生品德评价的考评主体包括：（多选）

A. 学校领导　B. 辅导员（班主任）　　　C. 思政课教师　　　D. 学生自己

E. 学生干部　F. 身边同学　　G. 学生宿舍管理负责人　H. 家长

I. 社会　　　J. 其他

8. 您认为高校学生品德应该从哪些方面来评价：（多选）

A. 政治品德　　　B. 思想品德　　　C. 道德品质　　　D. 法制品德

E. 个性心理　　　F. 行为规范　　　G. 其他

9. 您所在学校主要采用以下哪些方法进行品德评价：（多选）

A. 整体印象法（老师对学生的整体印象）

B. 操行评语鉴定法（操行评语）

C. 等第测评法（给学生按好、中、差或按 A、B、C、D 打等第）

D. 操行加减评分法（利用评价评分表打分评价）

E. 评分评语综合法（评分和评语相结合）

F. 调查测评法（通过各种途径，如使用调查问卷，向任课教师、同学、社区等调查进行评价）

G. 情境测评法（设置具体道德等情境，通过观察等方式对学生进行评价）

H. 其他

10. 您知道学校开展的学生品德评价的评价标准吗？

A. 知道　　　　　　B. 不知道　　　　　　C. 不清楚

11. 现行学生品德评价的各项因素中，您对哪些方面比较满意：（多选）

A. 评价标准　　　　B. 评价内容　　　　C. 评价方法　　　　D. 评价人员

E. 评价时间或次数　　F. 评价程序　　　　G. 评价环境　　　　H. 评价机制

12. 现行学生品德评价的各项因素中，您不满意的是：（多选）

A. 评价标准　　　　B. 评价内容　　　　C. 评价方法　　　　D. 评价人员

E. 评价时间或次数　　F. 评价程序　　　　G. 评价环境　　　　H. 评价机制

13. 您知道品德评价的最终评价结果吗？

A. 知道　　　　　　B. 不知道　　　　　　C. 不清楚

14. 现在对您进行的品德评价，是否能客观地反映您真实的情况：

A. 非常客观　　　　B. 比较客观　　　　C. 不太客观　　　　D. 不客观

15. 您是否重视学校对您所做的品德评价：

A. 重视　　　　　　B. 比较重视　　　　C. 一般　　　　　　D. 无所谓

16. 您认为高校开展学生品德评价所发挥的作用如何？

A. 作用较大　　　　B. 作用较小　　　　C. 无作用　　　　D. 不清楚

17. 您认为在高校学生品德评价工作中存在哪些问题：（多选）

A. 各方重视程度不够　　　　　　B. 定性评价难操作，常为量化指标

C. 操作程序不规范　　　　　　　D. 考评未及时反馈，评价结果使用率不佳

E. 学生对考评方式的不认可　　　F. 缺乏科学而可行的考评指标体系

G. 其他

18. 你对高校开展学生品德评价活动有何建议？

答：_____

_____

附录二　大学生品德评价实施现状
调查问卷（教师卷）

尊敬的老师：

您好！非常感谢您在繁忙的工作中填写这个调查问卷。这是一份关于目前

J. 其他

8. 您认为高校学生品德应该从哪些方面来评价：（多选）

A. 政治品德　　　B. 思想品德　　　C. 道德品质　　　D. 法制品德

E. 个性心理　　　F. 行为规范　　　G. 其他

9. 您所在学校主要采用以下哪些方法进行品德评价：（多选）

A. 整体印象法（凭自己对学生整体印象）

B. 操行评语鉴定法（操行评语）

C. 等第测评法（给学生按好、中、差或按 A、B、C、D 打等第）

D. 操行加减评分法（利用评价评分表打分评价）

E. 评分评语综合法（评分和评语相结合）

F. 调查测评法（通过各种途径，如使用调查问卷，向任课教师、同学、社区等调查进行评价）

G. 情境测评法（设置具体道德等情境，通过观察等方式对学生进行评价）

H. 其他

10. 您知道贵校开展学生品德评价的评价标准吗？

A. 知道　　　　　B. 不知道　　　　C. 不清楚

11. 您认为现行学生品德评价的各项因素中，您对哪些方面比较满意：（多选）

A. 评价标准　　　B. 评价内容　　　C. 评价方法　　　D. 评价人员

E. 评价时间或次数　F. 评价程序　　　G. 评价环境　　　H. 评价机制

12. 现行学生品德评价的各项因素中，您不满意的是：（多选）

A. 评价标准　　　B. 评价内容　　　C. 评价方法　　　D. 评价人员

E. 评价时间或次数　F. 评价程序　　　G. 评价环境　　　H. 评价机制

13. 您认为高校学生品德评价结果的反馈形式应为：（多选）

A. 反馈给学生个人　　B. 反馈给学校领导　　C. 反馈给家长

D. 反馈给相关教师　　E. 公布于众　　　　　F. 其他

14. 您对高校学生品德评价结果的看法是：

A. 非常客观　　　B. 比较客观　　　C. 不太客观　　　D. 不客观

15. 您认为高校开展学生品德评价应发挥的作用是：（多选）

A. 作为学生评奖评优的依据　　　B. 促进学生德智体全面发展

C. 帮助学生德育提升和人格完善　　D. 促进高校德育工作的发展

E. 作为学生升学入职的参考依据

16. 您觉得高校开展学生品德评价活动会使师生关系紧张吗？

A. 会　　　　　B. 几乎不会　　　　C. 完全不会

17. 您认为在高校学生品德评价工作中存在哪些问题：（可多选）

A. 各方重视程度不够

B. 定性评价难操作，常为量化指标

C. 操作程序不规范

D. 考评未及时反馈，评价结果使用率不佳

E. 学生对考评方式的不认可

F. 缺乏科学而可行的考评指标体系

G. 其他

18. 您对高校开展学生品德评价活动有何建议？

答：_____

_____